DANS LE SILLAGE DES OIES SAUVAGES

DU MÊME AUTEUR

Le Journal d'un loup, Les Éditions Noir sur Blanc, 1999
La Maison au bord de l'Oniégo, Les Éditions Noir sur Blanc, 2006
Dans les pas du renne, Les Éditions Noir sur Blanc, 2009
Portage, Les Éditions Noir sur Blanc, 2010

MARIUSZ WILK

DANS LE SILLAGE DES OIES SAUVAGES

Traduit du polonais par Laurence Dyèvre

LES ÉDITIONS NOIR SUR BLANC

Titre original : *Lotem gęsi*

ISBN : 978-2-88250-300-8

À Martoucha
pour son troisième Noël,
de la part de son papa

PROLOGUE

> Le chemin naît de la marche...
>
> ZHUANGZI

> Mon affaire, si je peux m'exprimer ainsi, c'est de poursuivre mon chemin, où que je sois.
>
> KENNETH WHITE

Savez-vous ce qui distingue le voyageur du vagabond ? Eh bien, c'est que les routes du voyageur mènent toujours à un but, qu'il soit de découvrir les sources de l'Amazone, de livrer un « duel avec la Sibérie » ou de collecter des données sur la tribu Hutu ou sur le sexe thaï, alors que le but du vagabond, c'est la Route en soi. Si le voyageur finit toujours par revenir de ses voyages, le vagabond, lui, poursuit inlassablement son chemin... Et si même il fait halte quelque part, séduit par la beauté d'un lieu perdu (la durée des envoûtements est élastique), cela ne signifie pas qu'il ne reprendra pas sa route. En effet, vagabonder est un *état d'esprit*, ce n'est pas une activité – un métier ou un loisir – comme voyager. Ryszard Kapuściński fut un grand voyageur du XXe siècle. Kenneth White, à mes yeux, est le modèle du vagabond contemporain.

Les façons dont on rencontre un livre sont très variées. Parfois, c'est vous qui en cherchez un, mais d'autres fois c'en est un qui vous trouve. *La Route bleue,* de Kenneth White, m'attendait à la loge de la maison du Globe[1], à Cracovie, dans une enveloppe grise à mon nom. J'ignore qui l'y avait déposé. Peut-être un lecteur qui avait assisté à la présentation de *La Maison au bord de l'Oniégo*[2] au club Alchemia. C'était en mai 2006. Je n'avais jamais entendu parler de l'auteur du concept de « nomadisme intellectuel ».

Je partis sur *La Route bleue* de White en sirotant un café matinal au petit bar de mon hôtel de la rue Sławkowska. Dès la première page, je fus totalement transporté par ma lecture. Parvenu à la phrase : « Peut-être l'idée est-elle d'aller aussi loin que possible – jusqu'au bout de soi-même – jusqu'à un territoire où le temps se convertit en espace, où les choses apparaissent dans toute leur nudité et où le vent souffle, anonyme[3] », je sus que j'avais trouvé en lui un nouveau frère, un homme « prisonnier de l'exil occidental », pour reprendre ses mots, qui devait passer par le Nord pour trouver son Orient.

Je jetai un coup d'œil à la notice biographique qui figurait à la fin du livre. Né à Glasgow en 1936, il fait des études de lettres et de philosophie d'abord dans sa ville natale puis à Munich et à Paris à partir de 1959, et passe ses étés dans une vieille ferme de montagne où il étudie la pensée orientale. En 1963, il enseigne la poésie française à l'université de Glasgow. Il s'établit en France en 1967, dans les Pyrénées-Atlantiques, et vit actuellement dans le nord de la Bretagne. Après une thèse de doctorat sur le nomadisme intellectuel, il obtient en 1983 une chaire de poétique du XXe siècle à la Sorbonne. Il fonde l'Institut international de géopoétique et

---

1. Siège de l'éditeur polonais de Mariusz Wilk. *(Sauf mention contraire, les notes sont de la traductrice.)*

2. Mariusz Wilk, *La Maison au bord de l'Oniégo,* trad. du polonais par Robert Bourgeois, Les Éditions Noir sur Blanc, 2007.

3. Kenneth White, *La Route bleue,* trad. de l'anglais par Marie-Claude White, Grasset, 1983, p. 12. Toutes les citations de *La Route bleue* sont tirées de cette édition.

dirige les *Cahiers de Géopoétique.* Auteur de plus d'une vingtaine d'ouvrages, il est couronné par le prix Médicis étranger pour *La Route bleue,* par le prix Alfred de Vigny pour son recueil de poésie bilingue *Atlantica* et par le grand prix du Rayonnement français de l'Académie française pour l'ensemble de son œuvre.

Il y avait matière à réfléchir. Je revins au début du livre. Mon café avait refroidi.

La Route bleue raconte le voyage à l'aventure que fit White à travers le Labrador. Pourquoi le Labrador ? Parce qu'il en avait assez de « l'occupation du monde par Jéhovah[1] ». Son expédition dans le Grand Nord était un moyen d'échapper aux Saintes Écritures et à la confusion intellectuelle qu'elles avaient entraînée. Il escomptait qu'au Labrador il verrait son propre visage originel. « Ce qu'il me faut avant tout en ce moment, avouait-il, c'est de l'espace, un grand espace de vie pour la méditation ultime[2]. » Au Labrador, il cherchait aussi des tribus parce qu'il en avait soupé des nations et des États. « Et merde ! On ne peut pas rester écossais toute sa vie, lus-je en finissant mon café. Il faut savoir sortir de son trou et se mêler au monde[3]. »

– Et merde ! répétai-je à sa suite en payant l'addition. On ne peut pas rester polonais toute sa vie.

Ainsi, pendant des jours, je me fis l'écho de Kenneth. *La Route bleue* est lapidaire, j'en connus donc bientôt par cœur la plupart des phrases. D'ailleurs, elles me trottaient toutes seules dans l'oreille grâce à la traduction de Radosław Nowakowski (le batteur du groupe Osjan[4]). Radek en avait magnifiquement rendu l'étonnante mélodie qui fait penser au chant guttural des chamans de l'Altaï et de Touva. J'aurais pu contresigner une phrase sur deux de White. Ses réflexions sur l'appauvrissement de la culture occidentale et son espoir qui repose sur les Autres se rapprochaient des miennes (ses

---

1. *Ibid.*, p. 23.
2. *Ibid.*, p. 24.
3. *Ibid.*, p. 18.
4. Radosław Nowakowski (1955), écrivain, traducteur, voyageur et musicien. Osjan [Ossian], groupe de musiciens polonais créé au début des années soixante-dix.

Innus rappelaient mes Samis ; chez les premiers comme chez les seconds, la Nature est une présence commune et non pas domination et asservissement). Nous citions les mêmes auteurs, de Thoreau à Bashō, et appartenions à la même compagnie des « oies sauvages » humaines.

Ensuite, la prose rythmée de Kenneth bivouaqua avec moi dans la péninsule de Kola, en parfaite harmonie avec la musique des Samis. J'achevais alors l'écriture de *Dans les pas du renne*[1] et projetais de clore ce livre sur un entretien avec White. Las, personne parmi mes connaissances ne put me procurer son adresse.

Pour finir, nous nous rencontrâmes au festival Étonnants Voyageurs de Saint-Malo, sur la côte nord de la Bretagne. Cette petite ville située sur un grand rocher entouré par la mer fut des siècles durant la place forte des corsaires français. Alexandre Dumas la comparait à un nid d'oiseaux marins. Le navigateur Jacques Cartier, qui découvrit le Canada en 1534, naquit et mourut à Saint-Malo, et c'est là qu'appareillèrent, en 1649, les vaisseaux chargés de prostituées en vue du peuplement de la nouvelle colonie française. C'est là aussi que naquit l'écrivain romantique François René de Chateaubriand, qui se fit ériger sur l'îlot du Grand Bé un tombeau où Gustave Flaubert, venu là en 1847, cueillit une fleur en souvenir pour l'envoyer à sa maîtresse – la sépulture était encore vide, l'auteur d'*Atala* ne décéda qu'un an plus tard. Difficile de trouver meilleur lieu de rendez-vous pour les « étonnants voyageurs ».

Nota bene, tout au long de sa route vers le Labrador, White ne se sépare pas de *Voyages de découverte au Canada* de Cartier, réédités à Paris en 1968[2]. Il avait été marqué par une intéressante coïncidence : « [...] beaucoup de ceux qui vivaient en France à ce moment-là souhaitaient la fin d'une culture

---

1. Mariusz Wilk, *Dans les pas du renne*, trad. du polonais par Robert Bourgeois, Les Éditions Noir sur Blanc, 2009.

2. Jacques Cartier, *Voyages de découverte au Canada, entre les années 1534 et 1542*, Éditions Anthropos, 1968, d'après l'édition de la Société littéraire et historique de Québec, 1843.

et le commencement d'*autre chose*[1]. » Cette autre chose, c'était, d'après Ken, « sortir de l'histoire pour entrer dans la géographie ». Fait frappant, le festival de Saint-Malo est organisé par un groupe de gens liés à cette époque, que certains qualifient malicieusement de *gauche caviar* sous prétexte qu'ils se goinfreraient d'œufs d'esturgeon et rouleraient en Jaguar. Je ne cache pas que je me sens plus proche de la gauche caviar que de la droite inculte à la Giertych[2] ou à la Le Pen. Donc, sans être amateur de ce type de rassemblement, j'avais accepté l'invitation au festival Étonnants Voyageurs avec curiosité.

L'idée de commencer la manifestation à la gare Paris-Montparnasse, d'où un train spécialement affrété (le *Train du livre*) nous emmenait à Saint-Malo, m'avait plu, car on fait plus facilement connaissance en voyage. Je remarquai tout de suite que quelques-uns venaient de très loin. Leur regard vif et vigilant trahissait la concentration typique des vagabonds. Néanmoins, la majorité des passagers faisait penser à une petite colonie d'oiseaux distraits. Ils se retrouvaient bruyamment en se claquant des bises sonores sur les joues et en prenant de grands airs. C'étaient les éditeurs, les journalistes, les critiques et les invités associés à la manifestation depuis des années.

Les paysages de la Normandie, ses terres fertiles, ses vaches grasses et ses fermes solides défilaient devant les fenêtres. Il n'est pas étonnant qu'il n'y ait pas eu de navigateurs ni de découvreurs de nouveaux continents parmi les Normands, leurs biens les retenaient sur place comme des ancres. Contrairement à eux, les Bretons furent transbahutés par la misère aux quatre coins du monde. Poche vide prend le vent comme une voile, disent-ils.

Saint-Malo nous accueillit avec le soleil. Puis ce furent les discours de bienvenue et le grand raout dans la cour du château (avec crustacés et coquillages, flots de vin et serveurs en costume de pirate), le kaléidoscope des têtes,

1. Kenneth White, *La Route bleue, op. cit.*, p. 86.

2. Roman Giertych (1971), homme politique polonais, fondateur en 2001 d'un parti nationaliste, conservateur et eurosceptique. Il fut ministre de l'Éducation de 2006 à 2007.

les poignées de main, les photos de groupe et les premières interviews. Quand soudain le temps changea. Le vent se mit à souffler, des trombes d'eau s'abattirent sur nous. Dès lors, la tempête se déchaîna sans discontinuer. La mer écumait au pied des remparts, la bourrasque déracina plusieurs arbres et il fallut fermer la grande tente sous laquelle se déroulait le salon du livre car des structures n'avaient pas résisté à la force des éléments. En considération de la sécurité des touristes, l'accès au tombeau de Chateaubriand fut interdit. Les bars et restaurants, eux, restèrent ouverts *non-stop*. Nous passions le plus clair de notre temps à manger.

Le plus grand intérêt de Saint-Malo résidait dans les rencontres qu'on y faisait[1]. Et c'est sans doute dans ce but que des vagabonds du monde entier s'y rassemblent. Quand je parle de rencontres, je n'ai pas à l'esprit ces tables rondes auxquelles participent plusieurs écrivains accompagnés chacun d'un interprète (le mien était une charmante Ukrainienne prénommée Nastia, qui me traduisait du russe), car dans pareille tour de Babel, il est impossible de communiquer. Je pense à ces rencontres fortuites que l'on fait dans les cafés et les restos.

Tenez ! Prenons l'exemple de ma rencontre avec Dan O'Brien. Nous avions rencontré notre public ensemble au Café littéraire, je savais donc deux ou trois choses de lui, notamment qu'il vivait dans les Rocheuses, élevait des bisons et était l'ami des Indiens. Cependant, nos échanges avaient été confus (il y avait aussi avec nous Mélanie Wallace et Suketu Mehta), et par-dessus le marché, O'Brien n'était pas en forme, il était arrivé en retard au festival à cause d'une chute de cheval. Mais dès que je l'aperçus dans le coin le plus sombre du *Café des Voyageurs* où nous nous étions mis

1. Dans un entretien fleuve intitulé *Routes et déroutes*, Nicolas Bouvier dit à Irène Lichtenstein-Fall avoir rencontré à Saint-Malo la confrérie la plus joyeuse et la plus spirituelle du monde car personne ne s'y prenait au sérieux (entre parenthèses, je viens juste de voir que Nicolas Bouvier cite une phrase de White en épigraphe au *Poisson-Scorpion*). À Saint-Malo, j'ai compris que la confrérie des « oies sauvages » dont Ken parlait était une réalité. *(N.d.A.)*

à l'abri de la pluie, Tadeusz et moi, j'allai m'asseoir à sa table comme si c'était un vieux copain.

– Tu ne trouves pas que notre présence ici fait penser à la rencontre d'un bison et d'un renne ? me demanda-t-il après plusieurs tequilas.

Oui, ce type de rencontres valait le voyage. Je ne comprends pas très bien pourquoi, dans *Lapidarium*, Kapuściński, venu à Saint-Malo quelques années auparavant, ne parle que de la foule et des tonnes de livres. Il ne parle d'aucune personne, et encore moins de bisons et de rennes.

Avec Kenneth White, il s'en est fallu d'un cheveu qu'on ne se rate. J'ignorais qu'il figurait parmi les invités du festival. Le matin, à l'hôtel *Elizabeth*, l'esprit encore embrumé par les festivités de la veille, je parcourais distraitement la liste des invités (la plupart des noms ne me disaient rien) en attendant café et brioche, quand j'arrivai au mien. Par les caprices de l'alphabet, le nom de « Kenneth White » se trouvait juste au-dessus. C'était une blague ? Un sortilège ?

Je le dénichai sans problème au milieu de « la foule et [des] tonnes de livres ». Sur le stand des Éditions Actes Sud, il dédicaçait *La Maison des marées* à une ravissante jeune demoiselle. Lorsqu'il leva la tête, je reconnus dans ses yeux gris délavés (hyperboréens) les grands espaces bleus familiers. Nos regards se croisèrent et nous éclatâmes tous deux d'un rire tonitruant.

En effet, que pouvions-nous faire d'autre ? Moi, je ne pipais pas un mot de français et mes rudiments d'anglais avaient été entièrement balayés par la tempête venue de l'Atlantique. Ken, de son côté, ne connaissait pas un traître mot de russe, alors ne parlons pas du polonais ! Tadeusz et Vera lui glissèrent bien quelques explications, mais de toute façon, les mots étaient inutiles, les rires et les bourrades dans le dos nous suffisaient. Encore un peu, et ils vont se frotter le bout du nez comme les Esquimaux, pouvait-on se dire à nous observer. Finalement, nous partîmes en bande déjeuner à la *Taverne du Corsaire*. Ken était accompagné de sa femme Marie-Claude, et moi de l'équipe de Noir sur Blanc.

Je n'ai aucun souvenir de ce que nous avons mangé dans ce restaurant (ma seule certitude est que nous y avons mangé). Quoi qu'il en soit, Vera et Marie-Claude n'arrêtaient pas de poser devant nous des mets délicieux, Marie-Françoise veillait à ce que nos verres soient toujours pleins, et Tadek se mettait en quatre pour jouer les interprètes. Néanmoins, il avait du mal à nous suivre car nous parlions dans un volapük où les mots, celtes ou slaves, tenaient le rôle du gazouillis des oiseaux. Autrement dit, nous communiquions dans le dialecte des gens qui, décelant chez leur interlocuteur la même nature que la leur, un même style de vie et une fantaisie intellectuelle semblable, en disent plus long d'un geste qu'avec une phrase développée.

Ainsi, par exemple, pour comparer nos maisons, *La Maison des marées* et *La Maison au bord de l'Oniégo*, nous n'eûmes qu'à imiter avec la main le mouvement des vagues de l'autre côté de la fenêtre pour qu'il fût immédiatement clair qu'il s'agissait de nos maisons vagabondes.

À un moment, nous passâmes à la langue des images. Pour m'expliquer son concept de « nomadisme intellectuel », Kenneth dessina dans mon calepin une longue ligne droite symbolisant l'autoroute de la culture européenne, selon ses termes, qui s'interrompait brusquement à la charnière du XXe siècle ou peut-être un peu après. Plusieurs flèches en partaient un centimètre ou deux avant le point de rupture. Sous l'une d'elles, White écrivit « Nietzsche », sous une deuxième, « Rimbaud », et il laissa les autres sans légende. Ces flèches représentaient les nomades intellectuels, et l'espace circonscrit l'étendue de la géopoétique.

– La géopolitique ? se fit préciser Tadek qui n'avait pas bien entendu.

– La géopoétique, répéta Ken. La géopolitique, c'est une ligne droite qui finit par un krach.

Par la suite, à chaque fois que je regardais le dessin de Ken dans mon calepin, j'avais l'impression d'avoir sous les yeux un pétroglyphe des débuts du néolithique.

Savez-vous ce qui distingue un récit de voyage d'un récit de chemin ? Le premier, d'après White, est une collection de verstes, une forme de tourisme culturel (une pincée d'histoire, un soupçon de cuisine, un brin de ceci, un rien de cela). Le second est du vagabondage au sens premier du terme. Vous écrivez sans jamais savoir où vous allez arriver ! Les récits de chemin n'ont ni début ni fin, ce sont les traces successives d'un seul et même chemin, dont le prologue apparaît parfois comme un épilogue, et l'épilogue comme un prologue.

Saint-Malo, 2007

PETROZAVODSK

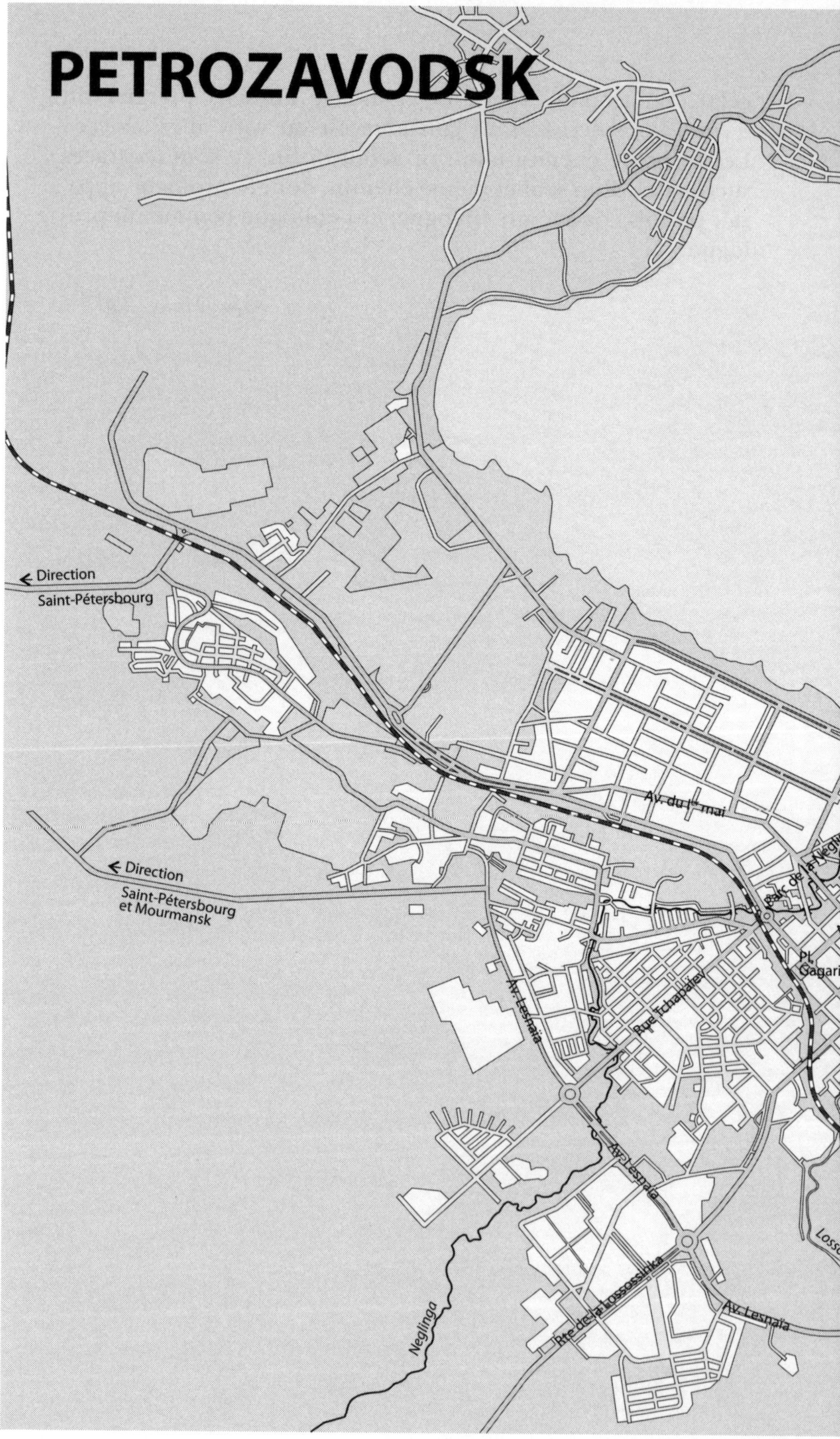

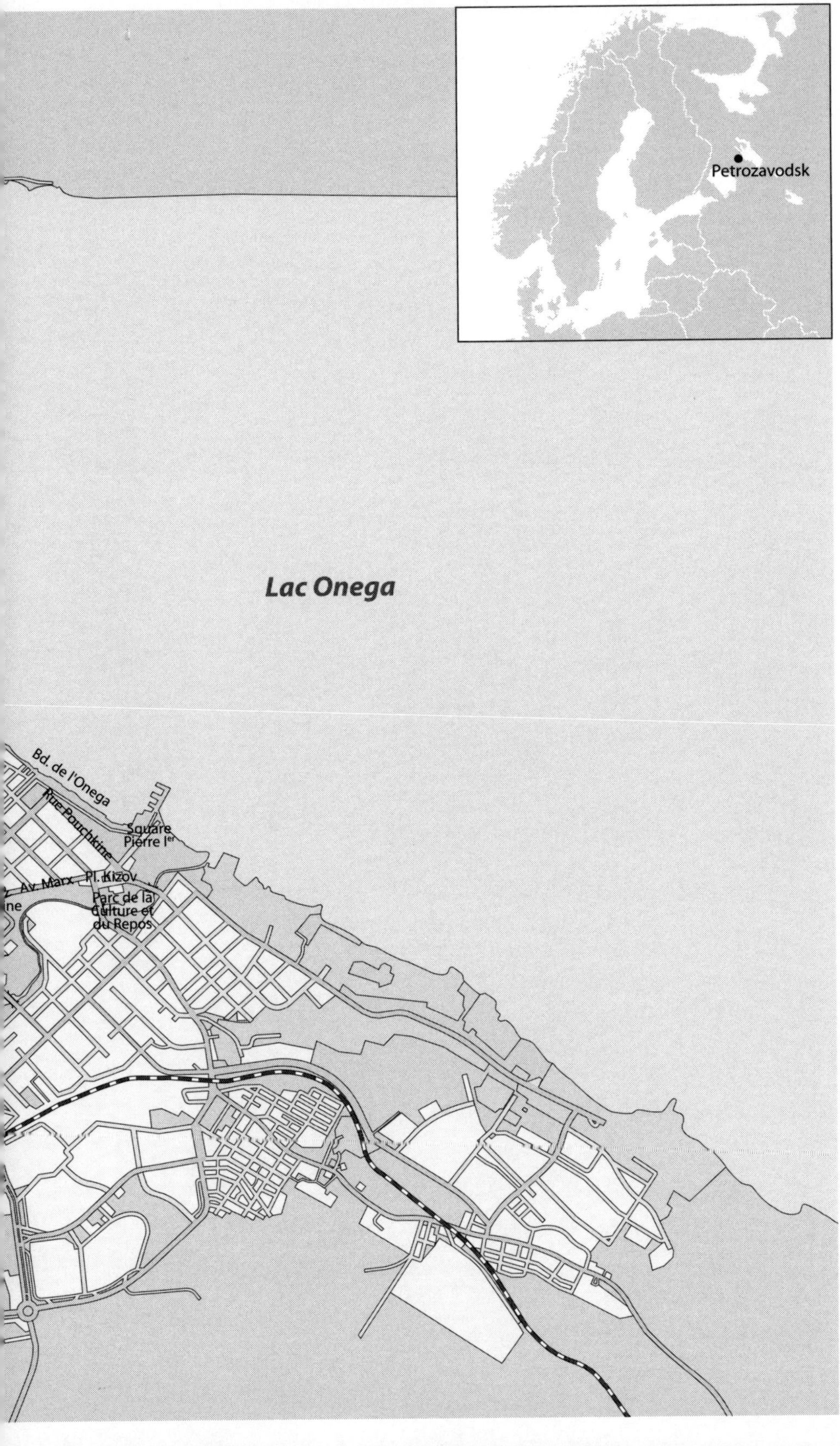
Petrozavodsk
Lac Onega
Bd. de l'Onega
Rue Pouchkine
Square Pierre Ier
Av. Marx
Pl. Kizov
Parc de la Culture et du Repos

LE MIROIR D'EAU

Qui se lance à l'intérieur de cette ville ne sait jamais ce qu'il va voir l'instant d'après ni par qui il sera vu.

W. G. SEBALD

« Si nous observons la rue à travers la fenêtre, disait Kandinsky, ses bruits sont atténués, ses mouvements sont fantomatiques et la rue elle-même, à cause de la vitre transparente, mais dure et rigide, paraît un être isolé palpitant dans un "au-delà". Mais que l'on ouvre la porte : nous sortons de l'isolement, nous participons de cet être, nous y devenons agissants et nous vivons sa pulsation par tous nos sens, pour se plonger dans ce spectacle, y prendre une part active et ressentir ses vibrations de tout son être[1]. »

Depuis mon intérieur, par les fenêtres, j'observe l'avenue Lénine, l'artère principale de la capitale de la Carélie ; à l'heure du déjeuner, on peut y croiser la plupart des gens de sa connaissance. Sur la gauche, on voit l'édifice imposant de la mairie et la statue d'Otto Kuusinen ; en face, le palais des Mariages (d'où nous parviennent des *Gorko ! Gorko !*) ; à

1. Vassily Kandinsky, *Point. Ligne. Plan.*, Denoël-Gonthier, coll. « Médiations », 1983, p. 25.

proximité, Ralif Safin, roi du pétrole et père de la chanteuse Alsou, fait construire un hôtel de luxe (celui-ci doit accueillir le match des prétendants au titre de champion du monde d'échecs) ; à côté, le père Nikolaï a recouvert son *osobniak*, son manoir, d'une toiture de cuivre (il lui a fallu commander en Finlande la tôle patinée verte, introuvable ici). Et sur la droite, la vue s'ouvre sur l'Onega. La bordure de pierre de la promenade fait ressembler le lac à un miroir dans un cadre ornemental.

Depuis un certain temps, je rêve d'un *konterfekt* de la ville. Pourquoi j'emploie ce mot et non les mots *paysage*, *fac-similé* ou *médaillon* ? Parce que le mot polonais *konterfekt*, emprunté à l'allemand *Konterfei* (ressemblance), lui-même emprunté au français *contrefait*, a une double signification. C'est un terme désuet qui est synonyme de *portrait* (effigie, tableau) d'une part, et d'autre part désigne une chose contrefaite, falsifiée.

Situé au bord du lac Onega, Petrozavodsk se mire en permanence dans ses eaux comme dans un miroir et, selon la grosseur des vagues ou l'angle de chute des rayons du soleil, la ville découvre son visage dans des torsions, des reflets, des foyers lumineux et des masques de toutes sortes. L'été, les nuits blanches y sourdent d'un halo mat (les maîtres anciens obtenaient le même effet en utilisant de la tempera à l'œuf), sous l'effet duquel les choses se transforment pour n'être plus que leur ombre. « Dans le paysage hivernal, remarque Constantin Paoustovski dans *Le Destin de Charles Lonceville*, deux couleurs dominaient : le gris et le blanc. La terre était blanche et c'était le ciel qui était gris et sombre. C'est pourquoi, à l'encontre des lois courantes, la lumière, au lieu de tomber, montait du sol, donnant à la ville, aux jardins transformés par le givre en de gigantesques visions de dentelles, et aux visages des passants éclairés par en dessous, une grâce rare et fantastique[1]. »

Traînant chaque matin sur le boulevard de l'Onega, j'admire ce jeu de reflets, de grimaces, de déformations et d'hallucinations. Et je me dis que, pour raconter l'histoire de la capitale de la Carélie (et enfermer la réalité dans des mots),

---

1. Constantin Paoustovski, *Le Destin de Charles Lonceville et autres histoires*, trad. du russe par Lydia Delt et Véra Varzi, Gallimard, 1970, p. 38.

il faut osciller entre le réel et l'imaginaire. Pour paraphraser Kandinsky, il faut métamorphoser la surface matérielle du texte en l'espace illusoire de la ville.

Paoustovski arriva à Petrozavodsk en 1932, à l'initiative de Gorki, pour narrer l'histoire des établissements Petrovskié. Gorki, obsédé par le *kolektyvniï troud*, le travail collectif, avait eu l'idée d'une collection qui traiterait de l'histoire des usines et entreprises russes, dont les titres seraient écrits par un « système de brigade ». Ainsi, il projetait de déléguer dans les usines des brigades d'écrivains qui rassembleraient des documents et produiraient un ouvrage collectif dont serait gommée toute trace de style personnel. Paoustovski refusa net de travailler en brigade ; à ses yeux, un *artel*, une coopérative, ne pouvait pas plus créer de livres qu'il n'y avait moyen de jouer sur une même flûte à plusieurs. Il proposa donc en échange à Gorki d'écrire seul sur la fabrique de métallurgie fondée par Pierre le Grand au bord du lac Onega.

– Camarade, on pourrait t'accuser de fatuité et d'orgueil ! lui dit Alexeï Maximovitch en tambourinant des doigts sur la table. Enfin bon ! En ce qui me concerne, c'est d'accord. Seulement ne t'égare pas en cours de route ! Le livre doit être prêt à temps ! Il n'y a pas de discussion possible ! Je te souhaite bonne chance !

Constantin Paoustovski découvrit la capitale de la Carélie pendant la période des nuits blanches. Petrozavodsk était alors une vilaine bourgade mal entretenue, avec des rues pavées de pierres moussues, mais la lumière nacrée que reflétait la surface lisse de l'Onega donnait aux maisons l'éclat du mica. L'écrivain loua une chambre chez une ancienne institutrice, Serafima Ionovna, puis il se mit au travail. Hélas, malgré les heures qu'il passait dans les archives à rassembler une vaste documentation historique, son sujet lui échappait. Impossible de former un tout cohérent à partir des éléments épars, et même assez bien écrits, qu'il avait pondus. Il se révélait incapable de faire revivre les événements tirés des archives et de restituer l'esprit de l'époque. Et puis on n'y sentait pas la vie des gens. Il renonça. Il se résolut à rentrer à Moscou sans le livre, parfaitement conscient d'encourir la disgrâce de Gorki. Il réunit ses hardes et alla informer Serafima Ionovna de son départ.

– Jeune homme ! s'exclama-t-elle. Tu me rappelles mes sottes d'élèves avant un examen. Elles avaient la tête si farcie qu'elles étaient hors d'état de distinguer le détail de l'essentiel ! Certes, je ne suis pas écrivain, néanmoins j'ai comme l'impression qu'on ne peut pas écrire de force. Tu ne fais que t'énerver, ce n'est pas bon pour le travail. Ne pars pas sur un coup de tête ! Souffle donc un peu ! Va faire un tour sur le quai, le vent chassera de ton esprit les pensées inutiles et, du coup, tu arriveras peut-être à quelque chose !

Paoustovski écouta ce sage conseil et partit se promener au bord du lac. Le vent violent en provenance de l'eau lui dégagea effectivement l'esprit et lui rafraîchit les idées, et c'est sans s'en apercevoir qu'il franchit les limites orientales de la ville. Les maisons s'étaient raréfiées ; en revanche, les jardins étaient de plus en plus nombreux, des croix et des pierres tombales se dressaient au milieu des potagers. C'était autrefois un cimetière réservé aux étrangers, lui expliqua un petit vieux en train de sarcler des carottes, mais maintenant que le terrain a été distribué en lopins à cultiver, les tombes auront *skoro* – bientôt – disparu. Une stèle en granit, presque invisible sous les chardons et entourée d'une grille en fer forgé, attira l'attention de l'écrivain. Il s'en approcha et déchiffra une épitaphe en français à moitié effacée. C'était la tombe de Charles Lonceville, ingénieur d'artillerie de l'armée napoléonienne, mort à Petrozavodsk durant l'été 1816.

Constantin Gueorguïevitch sentit qu'il avait enfin trouvé l'élément qui lui manquait. Le destin d'un individu ! Du cimetière, il se rendit directement aux archives municipales. Un conservateur desséché le guida dans ses fouilles. Au terme de neuf jours de recherches, ils avaient entre leurs mains le certificat de décès de Lonceville, quatre lettres personnelles où son nom était mentionné, ainsi qu'une dénonciation anonyme signalant la présence à Petrozavodsk de la femme de l'ingénieur français, Marie-Cécile, venue de Paris s'occuper de la sépulture de son mari. Ce n'était pas grand-chose, mais déjà mieux que rien. Paoustovski allait broder le reste là-dessus.

La lecture des documents découverts dans les archives lui apprit uniquement que l'ingénieur d'artillerie français Charles Lonceville avait pris part à la Révolution et à la campagne de Russie de Napoléon, et que, fait prisonnier par les Cosaques lors de la bataille de Gjatsk, il avait été envoyé comme ingénieur fondeur de canons à la fabrique de Petrozavodsk où, pris de fièvre, il avait bientôt succombé.

Ce dernier détail permit à Paoustovski de montrer la capitale de la Carélie à travers le regard d'un malade atteint de fièvre maligne. Dans *Le Destin de Charles Lonceville*, les lueurs des hauts-fourneaux éclairent la ville endormie durant la nuit et extirpent des ténèbres (comme un flash) des pans d'une réalité fantasmagorique : les moustaches hérissées d'un factionnaire et un pont défoncé, le nez morveux d'un ivrogne qui braille « Tu ne sais pas, mère, combien mon cœur a mal, tu ne connais pas ma peine », ainsi qu'un avis en lambeaux informant que, en vue de la construction d'une église commémorant la visite de Son Excellence à la fonderie, deux kopecks seront retranchés de tout rouble gagné. « Sur l'eau noire du lac flottait la carte [...] du ciel nordique étoilé[1]. »

Pour remplir la mission imposée par Gorki, Paoustovski prêta à Lonceville son goût personnel pour les biographies. Ainsi, non seulement l'ingénieur français lisait Plutarque à ses moments de loisir, mais il taquinait aussi la plume et démêlait la vie d'autrui comme une pelote de laine car, selon lui, il n'était pas « d'existence humaine [...] dans laquelle ne se reflète une époque, [aussi] brutale et cruelle [que] celle du règne d'Alexandre Ier »[2]. En citant les prétendues notes de son héros, l'écrivain soviétique pouvait à travers le texte d'un autre blâmer à cœur joie les règles en vigueur dans les manufactures impériales et leurs administrateurs étrangers (du Hollandais Henning à l'Anglais Armstrong), sans, du reste, se départir de son rôle de reporter objectif.

Le passé révolutionnaire de Lonceville (attesté par des documents) correspondait idéalement à l'image qu'on avait

1. *Ibid.*, p. 12.
2. *Ibid.*, p. 14.

d'un défenseur de la justice sociale, et l'homme faisait presque figure de précurseur du communisme par rapport aux Anglo-Saxons cyniques et imbus d'eux-mêmes qui représentaient le *samodjerjavié*, l'absolutisme russe. Il ne restait plus à Paoustovski qu'à inventer quelques dialogues et quatre ou cinq didascalies. Tenez ! Voici un passage d'une conversation entre l'ingénieur français et Adam Armstrong, administrateur des établissements Alexandrovskié à l'époque :

« – *Vous êtes un gentleman et je veux vous parler en toute franchise.* (L'Anglais avait des traits boursouflés, comme coulés dans de la fonte.) *Les conséquences de* Liberté, Égalité, Fraternité *sont si évidentes et si détestables que la cruauté s'avère indispensable.*

Armstrong habitait une construction en hémicycle autour d'une place gazonnée. Les deux hommes s'entretenaient dans un cabinet de travail obscur qui évoquait l'intérieur d'une vieille forge encombrée d'échantillons des produits de la fabrique : des boulets en fonte, des chaînes (dont la qualité se jugeait au cliquetis qu'elles émettaient), et des modèles réduits de canons.

– *Vous êtes britannique. Vous êtes un des fils du pays qui clame à tous les carrefours son respect de l'être humain.* (Lonceville gardait la vision du dos d'un ouvrier strié de traces sanglantes.) *Comment pouvez-vous tolérer le principe du châtiment corporel ?*

Armstrong le coupa d'un ton sec :

– *Les lois des autres ne me regardent pas. Je suppose cependant que dans l'armée de Bonaparte, il était également d'usage, pour obliger les chevaux à travailler, de les cravacher et non de les gaver de sucre*[1]. »

L'attitude d'Adam Armstrong envers ses ouvriers n'était pas isolée. En 1694, le Danois Butenandt, propriétaire des toutes premières manufactures métallurgiques de Carélie, avait extorqué au tsar un oukaze qui asservissait à sa fabrique les paysans du *kijski pogost*, la paroisse de Kiji, au motif qu'ils refusaient d'y travailler de leur plein gré. (Ce fut la première

1. *Ibid.*, p. 11-12.

tentative de recours au travail forcé en Europe.) Wilhelm Henning, quant à lui, se plaignit dans une lettre qu'il adressa au comte Apraxine en 1714, de ne savoir quoi faire avec les paysans paresseux auxquels tous les prétextes étaient bons pour échapper au travail, parce que ces derniers n'avaient pas peur du knout et que les pendre serait un péché.

Les administrateurs étrangers profitaient-ils des lois esclavagistes de la Russie tsariste pour exploiter le pays comme leurs colonies ? Se heurtaient-ils à des individus dont le rapport au travail était si inexistant qu'ils n'entendaient que le knout ? On peut se poser la question. Paoustovski penchait à n'en pas douter pour la première hypothèse. C'était d'ailleurs, en son temps, la position officielle de l'historiographie soviétique, que beaucoup soutiennent encore aujourd'hui.

On a découvert que Paoustovski avait inventé Charles Lonceville de toutes pièces ! Il n'y a pas eu de tombe, on n'a trouvé aucune pièce concernant l'ingénieur d'artillerie français dans les archives ni aucune trace de lui nulle part ! Seul son nom a réellement existé, mais il appartenait à un tout autre homme : François de Lonceville, mort en 1795, était le précepteur des enfants du général-gouverneur Toutolmine, gouverneur de la province d'Olonets et d'Arkhangelsk. En bref, l'histoire narrée par Paoustovski est une mystification littéraire dont l'objectif était de le sortir du mauvais pas dans lequel il s'était trouvé du fait de son incapacité à remplir les ordres de Gorki.

La chose m'a été racontée par Mikhaïl Dankov, du musée du Tourisme régional. Détail cocasse, son bureau est situé dans le palais en hémicycle où Charles Lonceville avait prétendument festoyé avec Armstrong. À l'époque, on apercevait des fenêtres une place gazonnée ; aujourd'hui, on voit une statue de Lénine entourée d'épicéas bleus (comme ceux qui bordent les murs du Kremlin). Le bureau de Micha ne ressemble plus en rien au cabinet de travail dans lequel l'administrateur du Petrovski Zavod, la Fabrique de Pierre, reçut l'ingénieur français. Chaînes, boulets et canons en modèles réduits ont cédé la place à des livres, cartes et gravures ayant trait à l'époque de Pierre le Grand. En effet, Mikhaïl

Iourevitch est en Russie l'un des trois grands spécialistes vivants de l'histoire de Pierre le Grand. L'un de ses dadas est ce qu'on appelle l'*Ossoudareva Doroga,* la Route impériale, cette voie légendaire qui relia Nioukhtcha, au bord de la mer Blanche, à Povenets, au bord du lac Onega. Piotr Alexeïevitch[1] aurait fait transporter par là en 1702 les deux frégates qui permirent à son armée de s'emparer de la forteresse de Nöteborg (d'abord baptisée Orechek puis Chlisselbourg), sur le Ladoga, lui donnant ainsi accès à la mer Baltique.

– C'était un sacré *tchouvak,* un sacré mec ! – De l'admiration perçait dans la voix de Micha. – D'ailleurs, toute l'équipe qui a fait la route de Nioukhtcha à Povenets avec lui était une sacrée bande ! Cette route marque le début de l'histoire de Petrozavodsk, mon cher ami, et avec elle, celle de l'Empire russe.

Mikhaïl Iourevitch fait partie des nouveaux historiographes russes. C'est la première génération d'historiens libérée de l'encombrante doctrine. Et, contrairement aux érudits d'avant la révolution, la génération de Dankov dispose d'un très riche fonds documentaire, d'un accès illimité aux archives et aux bourses étrangères, ainsi que de méthodes de recherche ultramodernes. Qu'ils portent des regards neufs n'a donc rien de surprenant.

– Regarde ! m'a dit Micha en posant un petit miroir de poche entre nous deux. Toi, tu vois dedans la fenêtre et la maison d'en face, et moi, la porte et la bibliothèque. C'est pareil avec les faits historiques. Quand on les observe du coin de l'œil, on n'en voit qu'un seul aspect. Il faut donc les éclairer sous tous les angles, parmi les autres faits, et laisser au lecteur la possibilité d'exercer son propre jugement. Si tu montres à quelqu'un le monde extérieur dans le miroir d'un texte, n'oublie pas que l'aspect sous lequel il le verra est celui sous lequel tu le lui montreras ! Plus il y a de reflets, plus l'image du monde est complète.

À chacune de mes rencontres avec ce grand et barbu compatriote de Lomonossov (Dankov est né à Arkhangelsk en 1954), je suis frappé par sa vivacité d'esprit, son énergie

1. Pierre le Grand.

débordante et son invraisemblable ardeur au travail, et je le quitte avec l'impression que lui aussi est un sacré *tchouvak*. Même Kostia Paoustovski n'aurait pas inventé pareil « sacré mec » !

Au cours de mes flâneries dans Petrozavodsk, ses rues et les intrigues de son histoire, je me heurte à un sujet que j'ai, semble-t-il, déjà épuisé, mais qui réapparaît sous un nouvel éclairage, avec de nouveaux reflets. Alors, que faire dans une telle situation ? Modifier mes propos et en effacer les traces, ou bien les compléter (d'un post-scriptum) en consignant mon chemin personnel ? Comme je suis parti du principe que « Le Miroir d'eau » n'est pas une visite touristique de la ville sous l'égide d'un guide, mais une forme de vagabondage à travers elle, jouer les guides qui savent tout sur tout serait une violation manifeste du genre. Donc je choisis mon chemin en escomptant que vous flânerez à travers mon « Miroir » comme moi à travers Petrozavodsk.

Il y a quelque temps, Lena Koutkova, du département des livres rares et précieux, m'a montré un numéro du *Monde de Paoustovski* dans lequel est paru en 2003 mon texte intitulé en polonais « Mon chemin de Carélie[1] ». Elle a été très étonnée d'apprendre que j'ignorais jusqu'à l'existence de cette revue et par le fait que celle-ci ne m'ait pas informé de sa publication.

Je l'ai feuilletée avec curiosité. Dans la rubrique « Un Paoustovski inconnu », j'ai pu lire des lettres et des notes de l'écrivain rédigées à Petrozavodsk à l'époque où il rassemblait des matériaux pour *Le Destin de Charles Lonceville*. Si j'en avais eu connaissance plus tôt, je me serais épargné bien des détours inutiles.

Les notes et les lettres de Carélie que Paoustovski écrivit à Petrozavodsk ne révèlent pas seulement les dessous du mécanisme de sa supercherie littéraire – dont l'auteur de *Kara-Bougaz* était un véritable champion –, elles prouvent aussi que l'écrivain vivait dans un monde de fantasmes qu'il ne distinguait pas de la réalité. Ainsi, dans une lettre datée

1. « À travers la Carélie » in : *Portage*, trad. de Roger Bourgeois, Les Éditions Noir sur Blanc, 2010.

du 16 mai 1932, il fait part à sa femme de sa découverte de la tombe de Lonceville en lui présentant l'épisode que nous connaissons comme si c'était la vérité absolue ! Or ses notes nous apprennent qu'il travaillait sur plusieurs variantes à la fois. Dans l'une d'elles, c'est la jolie komsomole Lena qui le conduisit sur la tombe de l'ingénieur français. Faïna Makarova, qui en a préparé le manuscrit pour l'impression, affirme qu'en réalité, ce sont les Leskov qui lui indiquèrent la tombe de Lonceville. Constantin Gueorguïevitch, paraît-il, leur rendait de fréquentes visites. Comme ils habitaient dans le quartier de Zareka, situé à proximité du cimetière « allemand[1] », leurs promenades avec leur invité les menaient souvent de ce côté-là. Un jour, l'écrivain était venu leur faire ses adieux, déprimé de ne pas être arrivé au bout de son sujet. Ils s'étaient rendus une dernière fois au cimetière et là...

Là, la tête m'a tourné. C'était bel et bien l'histoire de Paoustovski, mais le rôle de la vieille Serafima Ionovna y était tenu par Maria Petrovna Leskova, qui l'avait raconté à Makarova et à l'ethnographe Nikolaï Koutkov, le père de Lena.

Quant à l'institutrice chez laquelle Paoustovski aurait logé, il ne fait aucun doute à mes yeux que l'écrivain l'a imaginée. Dans la lettre qu'il écrivit à sa femme le 18 mai 1932, il disait être descendu à l'hôtel *La Maison du Paysan.* Makarova et Koutkov auraient-ils inventé Maria Petrovna ? Nikolaï Koutkov, heureusement, existe en chair et en os, je peux donc lui poser la question directement. Il s'étrangle alors de rire tout en me servant de la *brajka*[2] de sa fabrication.

– Maria Petrovna, ce n'est encore rien ! Figure-toi qu'un jour l'éminent érudit et poète carélien Iourka Linnik m'a raconté avoir lu dans sa jeunesse *Le Destin de Charles Lonceville* et avoir retrouvé avec son équipe de pionniers la tombe abandonnée de l'ingénieur français. Ils l'avaient débarrassée des bardanes qui la couvraient. La supercherie de l'écrivain a pris le pas sur la réalité.

1. L'adjectif « allemand » désigne ici tout étranger. L'auteur donne l'explication plus loin.

2. Diminutif de *braga,* bière faiblement alcoolisée à base de fruits, de baies ou de céréales.

– Pour moi, l'histoire de Lonceville est la marque de fabrique de ta ville, Kolia. En découvrant son histoire, je me heurte constamment à la supercherie. La supercherie est le chic petrozavodskien.

Un livre distrayant, *Ingénieurs de l'âme*, de Frank Westerman, m'est tombé entre les mains. Cet écrivain hollandais effectua en 1990 un voyage sur les traces de Constantin Gueorguïevitch Paoustovski afin de confronter le monde réel avec son reflet dans ses récits. Que l'auteur du *Destin de Charles Lonceville* ait pu à ce point négliger la réalité socialiste et ne pas s'en tenir aux faits le dépassait : « J'étais ahuri que Paoustovski, même dans ses mémoires, jongle ainsi avec les faits. Un récit sur "la réalité" paré de fabulations est une chose, mais subordonner le cours de sa propre vie aux lois de l'écriture, cela trahissait une existence entre vérité et légende[1] », confesse Westerman après sa visite au siège du *Monde de Paoustovski.*

Moi, ce qui m'a ahuri, c'est l'épisode du voyage de Westerman qui se déroule à Petrozavodsk. Il se réveille à l'arrêt du train en gare d'« Usine à Pierre » (traduction libre de l'auteur, comme celui-ci le précise), se rappelle qu'« il se trouvait ici une fonderie où le tsar Pierre commandait des canons et des ancres[2] », puis il se rend au wagon-restaurant prendre son petit-déjeuner. Au lieu d'un serveur, c'est un chasseur qui s'approche de lui, avec des fourrures sur l'épaule, et l'homme lui propose des queues d'hermine à offrir à sa femme ou à sa maîtresse. On s'étonne que, par la fenêtre du train, Frank n'ait pas vu un ours blanc dressé sur ses pattes arrière au débouché de l'avenue Lénine sur la place Gagarine.

14 octobre

Dans la peinture de Balthus, le miroir jouait un rôle important. Non seulement en tant que symbole du Tao, comme il le dit à Costantini dans *Balthus à contre-courant*, mais également

1. Frank Westerman, *Ingénieurs de l'âme*, trad. du néerlandais par Danielle Losman, Christian Bourgois Éditeur, 2004, p. 107.

2. *Ibid.*, p. 84.

« comme moyen de contrôle pour voir une vision inusitée[1] ». Le taoïsme associait le miroir et le vide ; on enseignait même dans ses écoles de combat que l'esprit devait être comme « un miroir d'eau ». Dans l'art du paysage taoïste, la beauté, c'est la nature qui se reflète en elle-même.

Léonard de Vinci conseillait aux artistes de regarder leur tableau en cours dans un petit miroir plat, car dans le reflet ils en verraient les défauts comme s'il était l'œuvre d'un autre. Ce n'est pas par hasard que Balthus pouvait se présenter comme « un peintre occidental qui, par une coïncidence singulière, a la vision de la nature qu'avaient et ont encore les peintres orientaux ». Son œuvre est une synthèse de la vision du monde taoïste et de la tradition européenne.

Je méditais sur les miroirs de Balthus ce matin, au cours de ma balade quotidienne sur le boulevard de l'Onega. Au-dessus de l'ovale opale de la baie flottaient les vapeurs grises de l'aube (impossible de savoir à quel endroit le brouillard monte et où il retombe), la promenade était encore déserte, seuls quelques canards piétinaient nerveusement sur la balustrade en porphyre (l'excitation de l'oiseau avant l'envol), puis le soleil a fini par percer les nuages et dissiper les pâles voiles gris au-dessus de l'eau.

Ma marche matinale est une forme de prière. Balthus en prononçait une avant de se mettre à peindre, pour mieux se concentrer et faire abstraction de sa personnalité.

Le mieux, pour décrire la capitale de la Carélie, c'est de commencer par une promenade sur le boulevard de l'Onega, à l'endroit où l'élément aquatique pénètre dans la ville et lui communique son énergie. Cela en fait le lieu de prédilection de la jeunesse locale, qui s'y réunit tous les soirs d'été avec de la bière dans le but apparent de recharger ses batteries pour le restant de l'année. Au petit matin, des femmes en gilets orange fluo ramassent les bouteilles vides.

De l'avenue Lénine, je descends directement jusqu'au lac et là, je respire à pleins poumons l'odeur de l'eau. Inspiration,

---

1. *Balthus à contre-courant*, entretiens avec Costanzo Costantini, trad. de l'italien par Nathalie Castagné, Les Éditions Noir sur Blanc, 2001.

expiration ! Ah ! Ce que ça fait du bien ! Aucun parfum, aucune cigarette ne saurait remplacer l'air pur ! Surtout le matin de bonne heure, quand tout le monde dort encore, qu'il n'y a pas de voitures et que le vent en provenance de l'Onega a chassé les relents de la nuit. Une ultime inspiration puis j'oblique à droite. En direction de la statue de Pierre le Grand.

La promenade est dallée de trois types de pierre. En premier lieu, du quartzite framboise de Chokcha. C'est le seul endroit sur terre où l'on en trouve de cette couleur ! Cette pierre très précieuse est le matériau qui a servi, entre autres, à la fabrication du sarcophage de Napoléon Ier à Paris et du mausolée de Lénine sur la place Rouge, à Moscou. À Petrozavodsk, des prisonniers de guerre allemands en ont pavé l'avenue du 1er-Mai. C'était, il paraît, l'avenue la plus chère du monde ! À la fin des années quatre-vingt du XXe siècle, les dalles ont été déplacées sur le boulevard de l'Onega et l'avenue du 1er-Mai asphaltée.

La deuxième sorte de pierre, c'est du granit du Ladoga. Dans différentes nuances de gris et de rouge vif, parfois avec de fines veines plus foncées, presque des veinules. En 1973, le sculpteur Boris Dioujev façonna dans ce matériau la statue de l'académicien Otto Kuusinen, qui fut le compilateur d'une nouvelle version du Kalevala et, sous Staline, le président du Soviet suprême de la République socialiste soviétique carélo-finnoise. Je passe tous les jours devant, à l'angle de l'avenue Lénine et de la rue Pouchkine.

Quant à la troisième, c'est de la diabase noire. Polie, elle ressemble à du marbre et, après la pluie, dans le granit mouillé, elle brille sur la promenade telle une incrustation d'ébène. Ou un chapelet lamaïste.

Des statues et autres œuvres d'art ponctuent le boulevard de l'Onega, cadeaux des villes jumelées avec Petrozavodsk à travers le monde. Première à venir à ma rencontre, je vois émerger de l'avant-aube (le soleil se réveille tout juste) la beauté nue aux seins ronds offerte par la ville de La Rochelle, en France. Conçue avec drôlerie, elle regarde le lac d'un œil et, de l'autre, la rue Pouchkine, parallèle au boulevard de l'Onega, comme si elle admirait l'Université de pédagogie à travers le feuillage doré. Une plaque sur la façade de l'université informe que l'édifice, dessiné par l'architecte Rekhmoukov et construit en 1961, est classé.

Derrière la belle de France dépassent des triangles métalliques de tailles croissantes plantés dans le sol. C'est l'*Ystavyyden aalto*, d'Anna Kettunen, don de la ville finlandaise de Varkaus. Les habitants de Petrozavodsk disent, moqueurs, que cette *Vague d'amitié* en tôle argentée fait penser à la denture et au sourire de travers de Sergueï Katanadov, le gouverneur de la Carélie. Le consulat de Finlande se situe rue Pouchkine, en face du cadeau.

À quelques pas de là, l'arcade bleue (allégorie de l'unité de la Carélie) offerte par une autre ville finlandaise, Joensuu. Selon l'endroit où l'on est, on la voit en totalité ou avec le haut coupé. Les touristes aiment parader dessous en couple, main dans la main, car cela augure, à ce qu'on dit, une longue vie ensemble (cette perspective donne envie de se soûler la gueule).

De loin, on peut manquer l'*Unter den gleichen Sternen*, de Rainer Kessel, le cadeau de Neubrandenburg – bof ! c'est juste un morceau de tôle concave troué –, mais de près, on s'aperçoit qu'il s'agit, en fait, d'une carte stellaire. La nuit, à ce qu'on prétend, les étoiles brillent dans les trous. Un diplomate polonais de Saint-Pétersbourg avec lequel je me promenais par là cet été y a vu, lui, des traces de balles. « Regardez ça ! Cette sculpture ressemble à un mur d'exécution », s'était-il écrié dans un éclat de rire.

En revanche, impossible de rater le *Tübinger Pflockfeld*, de Geiselhart et Vogelmann, cadeau de Tübingen, en Allemagne. Cette gigantesque construction de soixante-quatre tiges métalliques de hauteurs et de formes différentes, dans l'esprit des artistes, illustre les diverses routes de la vie. Son aspect monumental répond à l'énorme édifice de la filiale de l'Académie des sciences russe en Carélie, qu'on aperçoit plus haut (dans la trouée des bouleaux) sur la rue Pouchkine, et l'anachronisme soviétique sur le fronton du siège des scientifiques caréliens est aussi émouvant que la sculpture d'avant-garde allemande.

Si je fais un lien entre le boulevard de l'Onega et l'édifice ci-dessus, ce n'est pas sans une raison valable : en effet, ils composent à eux deux la physionomie de Petrozavodsk vue du lac. Encore assez récemment, la ville ne pouvait contempler l'Onega que depuis les immeubles de la rue Pouchkine dont seulement un côté avait été reconstruit après la guerre ; la berge, elle, était envahie de buissons commodes *dla vypitki*, pour les beuveries. La partie est du boulevard de l'Onega a été achevée en juillet 1994, à l'occasion du cinquantième anniversaire de la libération de la capitale de l'occupation finlandaise, et la partie ouest pour le tricentenaire de la ville, en 2003. Aujourd'hui, Petrozavodsk tourne vers l'Onega un visage marqué par la schizophrénie du temps : la Russie postmoderniste dominée par le mastoc poststalinien.

On voit très bien de quoi je parle si l'on regarde, sur leur rocher près du rivage, *The Fishermen* offerts par la ville américaine de Duluth et, dans le même axe, sur la hauteur, la Maison de la culture physique soviétique. La sculpture de Rafael Consuegro, qui date de 1991 (le tournant de l'époque !), a inauguré la galerie d'art du boulevard de l'Onega et suscité des réactions pleines d'humour parmi la population locale. Les gens, qui prenaient les pêcheurs yankees pour des Indiens ou des *zeki* [1] de Dachau, les revêtaient de vieilles hardes. Avec en toile de fond les colonnes doriques du foyer soviétique de la force physique, les deux silhouettes rachitiques avec leurs côtes en barreaux d'acier leur paraissaient vraiment dignes de compassion.

Plus loin, le boulevard de l'Onega et la rue Pouchkine se séparent. De la promenade, on ne voit ni la Bibliothèque nationale, où je fréquente à loisir Djerjavine, Raïevski, Rybnikov et Glinka, ni la statue de bronze voisine d'Alexandre Sergueïevitch[2]. Cependant, on peut engager une polémique à propos de la sculpture norvégienne (cadeau de Mo i Rana) qui représente un groupe de six femmes tenant un bouquet vert : faut-il y voir un symbole de la Terre Mère ou un symbole féministe ?

Et pour finir, *L'Arbre à souhaits*, d'Andersen, présent de la ville suédoise d'Umeå. Ce moignon calciné et dénudé ressemble au petit arbre d'Hiroshima qui a été planté dans le

1. Appellation des détenus dans les camps du Goulag.
2. Pouchkine.

parc Szczytnicki de Wrocław en commémoration de la bombe atomique lancée sur la ville japonaise par les Américains. Andersen avait accroché à sa sculpture des grelots dorés, mais ils ont été volés dès la première nuit. Maintenant, les habitants attachent des chiffons multicolores à ses branches dénudées (ils ont adopté la coutume bouriate) et chuchotent leurs vœux les plus secrets dans son trou en forme d'oreille – ils l'appellent « l'oreille du FSB[1] ». J'ai même vu une excursion de militaires solennels former une longue file devant elle dans un tintement de décorations.

Il est temps d'expliquer que, pendant mes balades matinales, j'accorde beaucoup moins d'attention à ces sculptures qu'elles n'en occupent dans la présente description. Je voulais simplement souligner ici le rôle des designers étrangers dans l'aspect de la *vizytnaïa kartotchka* – la carte de visite – de Petrozavodsk, comme on appelle le boulevard de l'Onega. D'ailleurs, les étrangers européens occupent une place importante dans l'histoire de la ville depuis sa naissance, mais j'y reviendrai à une autre occasion.

Le véritable objet de ma contemplation, à l'aube, ce sont l'air et l'eau. Avec leurs reflets chaque jour différents, ils donnent son ton à la journée qui s'annonce. Aujourd'hui, le ciel rougeoyait et posait des ombres mauves sur l'eau, le pavé renvoyait des reflets roses et la grande roue qui dépasse de derrière la gare portuaire dessinait une auréole noire. Les trottoirs en diabase près de l'entrée du square Pierre-le-Grand me faisaient penser à l'escalier du *Café de l'Odéon* de Balthus. Arrivé là, je fais généralement demi-tour.

Voilà ! Il m'aura fallu je ne sais combien de jours de labeur pour décrire à peine un quart de mon parcours matinal, qui me prend en tout une heure et demie. « Une vue longue d'une coudée et demie se peint parfois avec des centaines de milliers de verstes », disait Wang Wei.

Il y a une douzaine d'années, avec le soutien de l'académicien Likhatchev et du réalisateur Mikhalkov, Mikhaïl Dankov a lancé un projet de recherche sur l'*Ossoudareva Doroga*, dans

1. Le service de renseignement russe, successeur du KGB.

le cadre duquel il dirige chaque année des expéditions archéologiques et de prospection sur les traces de Pierre le Grand. Pendant ces expéditions, des volontaires venus de toute la Russie travaillent sous l'œil de spécialistes de domaines très différents. Ensuite, Dankov s'empresse de décrire leurs découvertes et de les répandre dans les médias. Une série d'articles démontrant que les frégates n'ont pas pu être traînées à travers la *taïbola*[1] de Carélie fut l'événement de la saison dernière. « C'est un mythe », affirme Micha.

– Soucieux de dissimuler aux Suédois son projet de traverser la Carélie, Pierre ordonna de tracer l'itinéraire de la voie à travers des zones peu peuplées. C'est la raison pour laquelle la Route impériale s'est imprimée dans les mémoires uniquement sous forme de légendes liées à la toponymie. Selon une croyance populaire, le mont Chtchepotev, par exemple, serait le lieu où Pierre le Grand aurait tranché en personne la tête du bombardier d'artillerie Mikhaïl Chtchepotev – qui n'était autre, soit dit en passant, que l'ingénieur en chef de la route –, pour avoir causé la mort de centaines d'hommes à la tâche sur le chantier. On devine ici cette éternelle croyance du peuple en un tsar plein de bonté entouré de méchants boyards. Or l'on sait que Mikhaïl Chtchepotev n'a pas seulement achevé la construction de la voie, mais qu'il s'est encore distingué plus tard dans de nombreuses batailles, notamment à Nöteborg et à Nienchantz, et qu'à sa mort, à Vyborg en 1706, son corps fut recouvert du drapeau de Saint-André[2] et transporté avec les honneurs jusqu'à Saint-Pétersbourg à bord du navire dont il s'était emparé. Chtchepotev mérite d'ailleurs un ouvrage à part. Officier et ingénieur de guerre remarquable, constructeur de vaisseaux et navigateur, il comptait parmi les plus proches compagnons de Pierre le Grand (l'un et l'autre étaient d'infatigables adorateurs de Bacchus). C'est sous son contrôle que furent construits dans les docks au bord de la rivière Svir les premiers bateaux de la flotte baltique de la Russie : le *Standard*,

---

1. Nom de la taïga dans la région d'Arkhangelsk, humide et marécageuse, couverte d'une forêt rabougrie.

2. Ce drapeau, une croix bleue en X sur un fond blanc, était – et est redevenu – l'emblème de la marine de guerre russe.

le *Livreur de bière*, la *Bourse*, ainsi que le *Puisoir à vin*, qui entrèrent dans les eaux de la mer Baltique le 8 août 1703. Le tsar tenait le gouvernail du *Standard* et Mikhaïl la barre du *Livreur de bière*. Quant aux frégates, ni les archives ni les études sur le terrain ne confirment leur portage à travers les boues de Carélie. Aucun érudit, que ce soit en Russie ou à l'étranger, ne peut se vanter d'avoir trouvé la moindre preuve de pareille traversée ! À l'inverse, des faits en série et de nombreux témoignages portent à croire que rien de semblable n'a eu lieu. Il est temps de ranger l'histoire des frégates parmi les mythes.

– Tu pourrais me montrer la carte de la Route impériale ?

– Hélas, non ! Je l'ai retirée de notre site Internet. Imagine-toi qu'une société de tourisme s'en était servie pour organiser des trekkings et qu'elle a même déposé le nom d'*Ossoudareva Doroga*. Des bikers russes, autant dire des fous à moto, y font maintenant du motocross. Tu peux imaginer le résultat : le sol labouré, tassé ; les traces de feux, les monceaux d'ordures... Dans pareilles conditions, plus question de rêver de poursuite des fouilles... Ce formidable vestige de la pensée de l'ingénieur, je le crains, aura bientôt totalement disparu de la surface de la terre et plus personne ne sera capable d'en résoudre les énigmes.

– Les énigmes ?

– La première, c'est la cadence extraordinaire à laquelle la Route impériale a été construite. Pour déboiser une voie de deux cent soixante kilomètres de long dans la forêt rabougrie dépeuplée de Carélie, faire basculer d'énormes rochers postglaciaires, déplacer les palplanches à travers les boues, se frayer un chemin à travers deux chaînes de montagnes dont il fallut tailler les flancs et évacuer la terre, Mikhaïl Chtchepotev n'eut besoin que de trois semaines en employant deux ou trois mille serfs. Armés uniquement de pics et de pelles, ils charrièrent plus de sept millions de mètres cubes de terre. Sans compter la construction de deux ponts flottants.

– C'est incroyable !

– Encore plus incroyable, mais vrai, c'est le rythme auquel les quinze mille hommes de Pierre le Grand parcoururent cette voie. Ils marchèrent huit jours durant, ce qui fait du trente-quatre kilomètres par jour. À l'époque, c'était un record du monde. Il n'y a qu'à comparer avec la marche éclair de l'armée du prince John Churchill, duc de Marlborough, qui alla des Pays-Bas jusqu'en Bavière en suivant le Rhin. Le passage des deux cent cinquante mille soldats de la coalition antifrançaise prit cinq semaines alors qu'ils se déplaçaient en zone habitée avec de la nourriture et du fourrage à profusion et que les charges étaient transportées par voie fluviale. Même les Allemands, en juillet 1941, ne faisaient que du vingt-cinq kilomètres par jour quand ils ont marché sur Moscou par la route de Minsk.

– Et les autres énigmes ?

– L'itinéraire de la Route impériale est mystérieux car, à l'heure où je te parle, nous ne le connaissons toujours pas en totalité. On ignore aussi pourquoi cette voie n'a pas été réutilisée. Et enfin, il y a les signes francs-maçons…

– Les signes francs-maçons ?

– Avant de se lancer dans la route, les soldats de Pierre le Grand construisirent une pyramide aux Solovki. Plus tard, sur un oukaze de Catherine II, la même pyramide fut introduite dans le blason de Povenets, là où finissait la Route impériale. Le symbole de la pyramide surmontée de l'œil omniscient figurait aussi sur l'étendard de combat du régiment Preobrajensky qui participait à la marche. Sous cet œil, Neptune, à bord d'une barque, initie Piotr Alexeïevitch aux secrets de la franc-maçonnerie. Deux ans plus tôt, l'Écossais Bruce avait créé à Moscou une loge maçonnique secrète sous le nom de « Fraternité de Neptune ». Pierre présidait souvent en personne les séances de la loge, qui avaient lieu dans la tour Soukharev.

– Dans un de tes articles, tu dis que la Route impériale était pour lui une marche sur l'Occident dans le dessein d'établir sa domination sur le Grand Nord.

– En vérité, elle symbolise les transformations qui eurent lieu tant en Russie qu'en Europe aux temps de Pierre Ier. Cependant, en abandonnant Arkhangelsk, au sens propre et au sens figuré – des oukazes postérieurs affaiblirent l'importance commerciale de la ville à l'embouchure de la Dvina septentrionale –, le tsar rompait avec la tradition de la Rus' de Kiev dont elle avait été l'unique port reliant le pays à l'Europe. Ce qui est remarquable aussi, c'est que le percement de la voie à travers les boues de Carélie, le refuge des vieux-croyants[1], s'est effectué en compagnie de francs-maçons, flibustiers et spadassins venus de toute l'Europe. À peine eurent-ils débarqué sur le cap de Vardegora, dans le district de Nioukhtcha, que Gaspard Lambert de Guérin, un flibustier de Saint-Malo, tua en duel le capitaine hollandais Pieter van Paemburg. Van Paemburg était l'un des premiers capitaines de Pierre le Grand. C'est sous son commandement, en 1699, que le navire russe *La Forteresse* avait jeté l'ancre à Constantinople, chargé d'une mission diplomatique. Le Hollandais, sous l'empire de l'ivresse, y avait déclenché une fusillade si nourrie que deux femmes du harem du sultan saisies d'effroi accouchèrent prématurément. Quant à Gaspard Lambert de Guérin, il fut le premier étranger décoré de l'ordre de Saint-André – pour ses services au combat et pour l'ébauche de la forteresse Pierre et Paul –, après quoi il s'enfuit de Russie et rédigea un pamphlet contre le prince Menchikov qui eut en Europe un grand retentissement. Ah ! C'était de sacrés types ! Beaucoup d'entre eux s'inscrivirent durablement dans l'histoire de la Russie. Pour finir, la Route impériale mena l'armée russe à la prise de « la clé de la Baltique » (la forteresse de Nöteborg), grâce à la série de victoires qu'elle remporta sur Charles XII dans le conflit qui l'opposait à Pierre pour la domination du Nord. S'ensuivit une modification de l'équilibre des forces politiques sur tout le continent européen.

– Tu veux dire que cette marche de Pierre le Grand à travers la Carélie a déplacé les vecteurs du développement de l'Europe ?

– C'est bien cela !

Le bureau de Micha Dankov donne sur la place Lénine. Autrefois s'y dressait la statue de Pierre le Grand et la place s'appelait la place Pierre. Aujourd'hui, sur l'emplacement de la statue de l'empereur de toutes les Russies, le camarade Lénine est penché par-dessus une tribune de pierre, tenant sa chapka à la main. Le granit dont est fait le chef de la

1. Membres d'une secte qui se forma à la suite des réformes introduites dans l'Église orthodoxe russe en 1653 par le patriarche Nikon.

Révolution était extrait par des prisonniers sur l'île de Golets. Dankov se bat depuis des années pour obtenir le retour de l'empereur dans son ancien site et la restitution de son ancien nom à la place. Pour le moment, sans succès ! Le gouverneur Sergueï Katanandov avance comme arguments qu'il y a encore des communistes en vie et que l'opinion publique ne s'intéressera pas au retour de Pierre le Grand sinon pour s'exciter : « Ils nous ont piqué notre Oulianov ! » Nonobstant, Micha ne se décourage pas :

– Les bolcheviks finiront bien par tous mourir un jour, non ?

L'histoire des pérégrinations de la statue de Pierre le Grand dans Petrozavodsk frise le genre littéraire « *fantasy* de voyage ». Son dévoilement avait été prévu pour le deux centième anniversaire de la naissance du tsar (le 30 mai 1872), sur la place Ronde rebaptisée pour la circonstance place Pierre. À l'époque, cette place était le nombril de la ville. Cependant les choses n'avancèrent pas comme on l'avait souhaité – les caisses de l'État étaient vides –, et le jour dit, il fallut se contenter d'un « sarcophage » de pierre portant une plaque commémorative (avec deux pièces d'or et seize roubles-argent), et d'une exposition de la maquette de la statue à l'échelle 1/4 dans le palais du gouverneur. La cérémonie du dévoilement eut finalement lieu le 29 juin 1873, le jour de la Saint-Pierre-et-Paul. Avant la révolution, la Saint-Pierre-et-Paul était la principale fête de la ville.

La population des environs se rendit en masse à Petrozavodsk pour les festivités. Les dignitaires arrivèrent de la capitale à bord du *Tsar*, et les chœurs du régiment Preobrajensky à bord de la *Tsarine*. Une procession, le carillon de toutes les cloches de la ville et une parade militaire signalèrent le début des célébrations. Après une salve de trente et un coups de canon, la statue de bronze de Pierre le Grand (exécutée d'après un projet de l'académicien Schreder) apparut sur son socle de granit du Ladoga aux yeux du public ému. « Beaucoup avaient les larmes aux yeux », put-on lire le lendemain dans le journal local. Le photographe Monstein prit des photos. On inaugura également, dans le palais du gouverneur, une exposition des souvenirs du séjour de Pierre le Grand dans la province d'Olonets. Un éditeur publia pour la circonstance une brochure composée par un spécialiste de l'histoire locale, Alexandre Ivanov : *L'Empereur Pierre le Grand et son action dans l'Olonets. Précis historique pour le peuple.* Les habitants de Petrozavodsk purent y lire, entre autres, que « la Carélie, jusqu'à Pierre le Grand, [avait été] un immense désert plongé dans un profond sommeil et [que] l'empereur [l'avait] réveillée à la vie ». Le soir, le cirque des frères Wolf donna une représentation et un feu d'artifice tiré sur la berge du lac Onega clôtura la fête.

La statue de Pierre le Grand devint aussitôt l'une des principales attractions de la ville. Le poète Constantin Sloutchevski, qui visita Petrozavodsk en 1874 dans le cortège du grand-duc Vladimir Alexandrovitch, nota dans son journal de voyage : « Une assez jolie statue. L'Empereur y a plus de prestance qu'à Peterhof. Il n'est pas étonnant que la population de Petrozavodsk invite les touristes à l'admirer. »

À l'époque soviétique, sa beauté lui épargna de finir fondue.

En novembre 1918, lors du premier anniversaire de la révolution d'Octobre, un nœud coulant fut lancé autour du cou de Pierre le Grand et l'on renversa le tsar avec un attelage de chevaux de trait ; la place fut rebaptisée place du 25-Octobre. Dans la liesse et la beuverie générales, on oublia l'empereur de bronze. La nuit, quelqu'un l'emmena sur un traîneau jusqu'à une remise située dans l'ancien parc du gouverneur. Le bruit courut ensuite que le mystérieux transporteur était Linevski, le découvreur des dessins rupestres de la mer Blanche. Pierre le Grand demeura dans son abri jusqu'à la venue, l'été 1926, d'une commission d'experts présidée par le professeur Romanov. La commission déclara la statue trop précieuse pour être fondue. Toutefois, ce n'est qu'au printemps 1940 qu'elle fut dressée sur la place de la Fabrique, devant l'église Alexandre Nevski transformée en musée de l'athéisme. En juin 1978, l'empereur fut amené en grande solennité dans un square spécialement aménagé sur le boulevard de l'Onega, tout près de la gare portuaire, et c'est là qu'il se trouve encore aujourd'hui.

Le tsar est un peu disproportionné par rapport au square. Schreder avait pris en compte dans la conception de l'œuvre la dimension de la place Ronde et des bâtiments environnants. Dans son bosquet de bouleaux rachitiques au bord de l'Onega, Piotr Alexeïevitch a l'air de s'être arrêté pisser. Malgré tout, il en impose. Surtout par le geste impérieux de son bras droit. Sur la place Ronde, le bras du tsar était tendu vers l'embouchure de la Lossossinka où allait être construite la manufacture d'armement en vue de la guerre contre les Suédois. Actuellement, son doigt touche le bout du square.

Des vandales assoiffés arrachent régulièrement les éperons de la statue pour les vendre à la ferraille contre une bouteille de vodka. Aujourd'hui, le geste de Pierre signifie peut-être donc simplement : « Gare à vous, malotrus ! »

Mme Irena Sijałowa-Vogel, professeur à l'Académie de musique de Cracovie, a séjourné il y a quelque temps chez nous. Un soir après le dîner (une omelette aux lactaires), elle m'a demandé de lui lire des passages de mon journal. Elle a commenté ma lecture d'une remarque sur le tempo *andante non troppo* de mon écriture, un tempo calme, assez lent, caractéristique du deuxième mouvement des sonates.

– J'écris comme je marche, chère Madame, lui ai-je répondu. Sans me presser. Pour qu'on puisse contempler en me lisant ce que je vois en marchant. Cette prose n'est pas destinée aux amateurs de vitesse et d'images scintillantes. Je pense aussi que c'est une question d'âge. Avec les années, je suis de plus en plus sensible à l'automne. Chaque pas en réduit le nombre.

19 janvier

À Petrozavodsk, c'est le dégel… L'Onega donne l'impression de pleurer. Les yeux humides, dit-on, voient mieux que les yeux secs. En fin d'après-midi, de la neige recouvrait encore les glaces du lac et maintenant, une fine couche d'eau voile la lumière de sa surface bleutée. D'où vient cette lumière ? Le ciel est couvert de nuages gris, elle ne peut donc pas provenir d'un rayon de soleil. Je suis descendu à pas prudents sur la glace… Une lueur bleuâtre sourdait des profondeurs. C'était comme si je voyais au fond d'un œil mon propre reflet flou. Volatil – comme de la fumée.

Cet après-midi, à la galerie Vykhod, inauguration d'une exposition personnelle de Natacha Egorova, *Sfumato.* Tout *le beau monde*[1] de Petrozavodsk a été invité au vernissage et bien qu'en général, je fuie ce genre de réunions, j'ai fait une exception. Pour deux raisons : Egorova est, à mon avis, un espoir de l'art russe et, par ailleurs, beaucoup de ses œuvres sont nées dans notre maison de Konda.

Notre amitié date de plusieurs années. Cette peintre austère (elle tranchait sur les artistes d'ici, qui brillent en tous lieux), fille d'un modeste pêcheur du village de Kolejma, sur la côte de la mer Blanche, m'avait spontanément attiré. J'écrivais à l'époque sur Nikolaï Kliouïev et lui en ai fait découvrir la poésie. Du coup, comme travail de fin d'étude, Natacha a fabriqué un livre aux magnifiques illustrations avec mon texte *Un été avec Kliouïev.*

Dans son cycle *Sfumato* inspiré par Léonard de Vinci, Velázquez et Moore, Natacha a reconstitué la luminosité de l'isba de son père. La manière dont les faisceaux lumineux pénétraient par les fenêtres dans l'intérieur obscur s'était gravée dans sa mémoire d'enfant. Une silhouette qu'elle place dans le cadre d'une fenêtre se détache de l'ombre et produit ainsi un effet de vide. Les lumières jouent dans ce vide avec des ombres de teintes différentes ; une forme floue dans la fenêtre, c'est tout ce qui persiste de l'individu.

Trois des quinze photogrammes exposés dans la galerie de la rue Marx ont été réalisés chez nous cet été. Sur l'un d'eux, je me suis reconnu à ma table de travail : le dossier bordeaux de ma chaise, la masse de mon corps et ma tête allongée comme un pieu dans une trouée de lumière. La trouée évoquait la vision d'Ivan Ilitch avant sa mort. Mais d'où venait cette clarté bleue sur le plancher ?

– C'est simple, m'a dit Natacha en riant. Léonard de Vinci déjà affirmait que le bleu naît de l'ombre et de la lumière. Comme le ciel.

Le square Pierre-le-Grand est à un jet de pierre de la Bibliothèque nationale, sise au 5 de la rue Pouchkine dans

1. En français dans le texte.

un palais pourvu d'une abside. Mobilisons-nous ! Peut-être ont-ils la brochure d'Ivanov sur l'action du tsar en Carélie.

La bibliothèque, dessinée par Constantin Goutniev, est d'ores et déjà classée monument historique architectural alors qu'elle n'est entrée en service qu'en 1959. J'aime beaucoup son abside vitrée d'où s'étend un panorama sur l'Onega très reposant pour les yeux. Je l'apprécie d'autant plus que mes yeux sont généralement fatigués par le déchiffrage de textes anciens. Souvent, quand il neige comme aujourd'hui et que le monde extérieur est aussi flou que le texte que je lis, je lève le regard de mon livre pour le poser sur les jolies filles, qui, ici, ne manquent pas ! La contemplation de leurs visages procure à mes yeux autant de repos que l'Onega.

La première bibliothèque publique de Petrozavodsk fut inaugurée le 15 octobre 1833. Elle occupait trois armoires au domicile du gouverneur Iakovlev. Une quinzaine d'années plus tard, elle avait disparu sans laisser de traces. Pavel Rybnikov, un libre-penseur envoyé ici en exil, fit une nouvelle tentative. Grâce à ses contacts à Moscou et à la gloire que lui avait attirée sa collecte de bylines[1], Pavel Nikolaïevitch enrichit la bibliothèque de Petrozavodsk des œuvres des grands écrivains russes et l'abonna aux périodiques russes les plus intéressants, dont *Rousski vestnik* [*Le Messager russe*], *Biblioteka dla tchtenia* [*La Bibliothèque pour la lecture*], *Sovremennik* [*Le Contemporain*], *Otetchestvennye Zapiski* [*Les Annales de la patrie*]. Hélas, au départ de Rybnikov, nommé vice-gouverneur à Kalisz, ses collections s'évaporèrent. Une nouvelle *poublitchka* fut ouverte à Petrozavodsk avant la révolution, dans l'ancien corps de garde. Mais elle aussi fut pillée avant que les bolcheviks ne s'emparent du pouvoir.

Les nouvelles autorités du pays s'engagèrent avec un enthousiasme renouvelé dans l'organisation de la lecture populaire dans la capitale de la Carélie. Créées à partir des riches collections réquisitionnées dans un séminaire religieux, auprès de l'association des marchands ainsi qu'au lycée de garçons et au lycée de filles, la Bibliothèque et la Salle

1. Forme traditionnelle de la poésie narrative héroïque de la Russie ancienne, de transmission orale.

de lecture de la Province furent inaugurées en grande pompe en 1919.

Par la suite, elles changèrent de nom et opérèrent de multiples purges dans leurs fonds afin d'en éliminer les livres « nuisibles ». La plus grande d'entre elles eut lieu en 1929. Furent alors retirés de la consultation tous les ouvrages antérieurs à 1918 (considérés comme dépassés). Ils furent volés par la suite.

Pendant la guerre, la bibliothèque de Petrozavodsk fut évacuée par bateau à Kem, au bord de la mer Blanche. Des bombardiers finlandais coulèrent une des péniches, provoquant la noyade de deux jeunes bibliothécaires, Serafima Pogorska et Zinaïda Soukhanova. À Kem, la majeure partie du fonds disparut. Quant aux livres qui n'avaient pas été évacués à temps, ils constituèrent une partie du butin des Finlandais.

En 1947, sur la place Kirov, dans le bâtiment qui héberge actuellement le musée des Beaux-Arts, on inaugura la nouvelle Bibliothèque publique de la République de Carélie finlandaise dont les collections furent transférées dans l'édifice de la rue Pouchkine en 1959. En 1991, la bibliothèque reçut le statut de Bibliothèque nationale et célébra solennellement en 2003 le cent soixante-dixième anniversaire de son existence. Ce sera tout pour l'Histoire.

Ce n'est pas sans une bonne raison que j'ai raconté les vicissitudes de la bibliothèque de Petrozavodsk. En effet, on y peut saisir les difficultés que rencontrait toute personne qui essayait de fouiller honnêtement le passé de cette ville. Nombreux sont ceux qui écrivirent son histoire, de Balandine à Dankov, des gens de conditions et de religions diverses, sans parler des censeurs. Chaque changement d'orientation politique ou de front idéologique fut porteur de modifications tant dans la sélection des faits que dans leur interprétation. Ce serait un moindre mal si toutes les publications étaient disponibles sur place, si l'on pouvait faire des rapprochements, des comparaisons, et éclairer les images du passé sous différents angles de vue pour, dans un premier temps, les comprendre et, ensuite, les présenter au public. Mais comme les vagues successives des tempêtes de l'histoire et les oukazes des individus propulsés à leur crête ont balayé de la bibliothèque des rayonnages entiers, il ne reste que deux solutions : soit adopter des raccourcis, autrement dit s'appuyer sur ce qu'il reste en sachant d'avance que le tableau sera incomplet, voire totalement erroné – telle est la démarche de la plupart des gens qui écrivent – ; soit s'adonner à un lent vagabondage qui peut vous conduire sur de fausses pistes.

Malheureusement, les temps ne sont pas favorables aux vagabonds. Tantôt c'est mon éditeur qui me presse pour répondre à la demande de nouveautés, tantôt ce sont les lecteurs qui s'irritent parce que j'écris plus lentement qu'ils ne lisent. Le monde accélère, et moi, je n'aime pas me hâter.

Je prends plaisir à traîner ! Dans l'espace ou dans le temps, dans une ville ou dans la toundra, en passant d'un individu à un livre ou l'inverse, peu importe. Mon chemin suit de véritables méandres car à chaque tournant s'ouvrent de nouveaux horizons, surviennent des rencontres inattendues – un nouveau cercle d'amis, un livre sur lequel je tombe par hasard –, de nouvelles lectures par dizaines. Il arrive qu'en chemin je doive m'arrêter : c'est le ferry qui tombe en panne, un bonhomme qui est en retard, un livre qui manque et qu'il faut commander dans une autre bibliothèque située dans une autre ville. Rien ne se fait de force, dans la précipitation. Le vagabondage enseigne la patience.

En voici un exemple. Dans la brochure d'Ivanov, je découvre l'histoire, racontée par un certain Balandine, des débuts de la *sloboda*, cette sorte de colonie libre créée par Pierre le Grand, et tel un chien de chasse à l'odeur du gibier je fonce au département bibliographique. Là, j'apprends que Tikhon Vassilevitch, un habitant de Petrozavodsk, est le premier historiographe de Carélie. Il relata des événements du passé à partir des récits de témoins oculaires, les copains de son père qu'il écoutait du haut du poêle… Des années plus tard, Pavel Rybnikov publia les manuscrits de Balandine en épisodes dans *Olonetskié goubernskié vedomosti* [*Nouvelles de la province d'Olonets*] sous le titre de *Petrozavodskié severnye vetchernye besedy* [*Conversations vespérales du Nord à Petrozavodsk*], avant de les faire paraître en volume séparé. À la longue, sous la plume de ses successeurs, les événements décrits par Balandine furent l'objet de déformations d'un texte à l'autre, car rares étaient ceux qui remontaient à la source.

Le service de renseignements de la bibliothèque m'informe que le Balandine le plus proche se trouve à la Bibliothèque nationale russe Saltykov-Chtchedrine à Saint-Pétersbourg. Faire venir le microfilm prendra deux ou trois semaines. Et merde, ai-je juré intérieurement, il va me falloir attendre !

Je suis retourné dans l'abside. Dehors, la neige s'était arrêtée et le ciel s'éclaircissait un peu. Une frêle blonde qui étudiait avec dévotion un gros livre ancien occupait ma place. Les puristes ne vont pas manquer de m'attaquer sous prétexte que les absides n'existent que dans les églises. Je vais donc me justifier d'emblée afin de prévenir les critiques : pour moi, toutes les bibliothèques sont des églises.

2 février

Mes flâneries à travers Petrozavodsk ressemblent à une errance à travers le fonds de sa bibliothèque. Au cours de ses trois siècles d'existence, la ville a changé d'aspect à maintes reprises. Les rues portent d'autres noms et conduisent ailleurs qu'autrefois, voire nulle part. Les églises ont disparu les unes après les autres, remplacées par des théâtres et des bars. De nouveaux monuments ont été substitués aux anciens. Le palais du gouverneur et poète Djerjavine a été détruit, seule une plaque commémore son emplacement. Le cimetière allemand a été asphalté, et des voitures se garent sur la tombe de l'ingénieur Gascoigne[1]. Même la Lossossinka a changé de lit ! Il suffit de comparer des cartes postales anciennes de Petrozavodsk avec des vues de l'actuelle capitale de la Carélie pour constater que ce sont des villes différentes. Et quelle que soit la personne que j'interroge sur le passé de la cité, elle a sa version des faits et les énonce avec une telle assurance que – d'instinct – je mets ses dires en doute.

1. Charles Gascoigne (1738-1806), industriel écossais d'origine française établi en Russie à partir de 1786. Il modernisa l'industrie sidérurgique et la fabrication des canons, et dirigea les mines et fonderies de Petrozavodsk, dont les mines de l'Olonets.

Pour comprendre par moi-même, je quitte la bibliothèque avec, sous le bras, des plans et des gravures de la *sloboda* de Pierre le Grand : des estampes topographiques du colonel d'artillerie Wittver datant de 1720 et de Tikhon Balandine datant de 1810 ; une petite carte de l'archéologue Andreï Spiridonov qui a récemment mis au jour un premier établissement au bord de la Lossossinka dans le parc de la Culture et du Repos. Dehors, il neige depuis des jours, comme à Kars, la ville de *Neige*[1]. Le ciel bas comprime la tête des piétons qui avancent péniblement sur le trottoir, dans la bouillasse de glaçons, de sel et de sable qui recouvre une épaisse croûte de glace. La bibliothèque est à deux pas du parc de la Culture, il suffit de remonter la rue Pouchkine jusqu'à l'avenue Marx, de passer le coin de la rue devant le bar *XxxX* – où vous pouvez bien vous « distrai-ai-aire » –, puis devant l'hôtel *Maski* bâti sur le site de l'ancienne église de l'Ascension qui a brûlé dans un incendie, et vous voilà au parc.

Le parc est totalement désert. Pas âme qui vive, à l'exception de corneilles enrouées. À voir ce lieu abandonné, on a même peine à croire que c'est ici que la ville fut conçue, que le palais de Pierre le Grand se dressait là tout près et que l'empereur en personne avait planté des bouleaux tout autour, suivant les critères de composition du jardin à la française du XVIIe siècle[2]. Les plans et les dessins anciens montrent que c'était un « palais d'étape » – un peu comme les tours

1. Roman d'Orhan Pamuk.

2. Lors de son voyage à travers l'Europe en 1697-1698, Pierre le Grand avait envié les magnifiques parcs de Londres et de Dresde dessinés par André Le Nôtre, le créateur de celui de Versailles, et il fit venir en Russie un élève de ce dernier, Jean-Baptiste Le Blond, qui allait être l'architecte de nombreux palais de Saint-Pétersbourg et l'initier personnellement à l'art des jardins. Le canon français, dans sa version nordique, orientait la façade du palais sur la cour d'honneur, qu'on appelait *kourdoner*, et dessinait à l'arrière un parc classique qui descendait d'ordinaire vers une pièce d'eau dans laquelle se reflétait le chef-d'œuvre. Peterhof fut construit sur ce modèle et c'est le même, dit-on, qui inspira Berezovaïa Rochtcha, la résidence de Pierre le Grand dans la *sloboda. (N.d.A.)*

des Samis – typique du tsar nomade. Cela explique la taille miniature du site – à peine cent mètres de long sur deux cents mètres de large – qui, néanmoins, respectait les normes du parc à la française, avec une large avenue qui en constituait l'axe principal et en ordonnait l'espace. L'avenue partait du petit miroir d'eau d'un bassin, devant la saillie centrale du palais bâti au point culminant du parc, et descendait en épousant le relief de la rive vers la perspective chatoyante du lac Onega.

Entre parenthèses, dans les croyances primitives, le reflet dans l'eau est l'esprit de ce qui s'y reflète, et sans doute est-ce par atavisme que j'ai pensé préférable de montrer les esprits de la *sloboda* de Pierre le Grand et de Petrozavodsk dans le miroir de l'Onega. Et puis de nos jours, des savants comme le Japonais Emoto ou l'Allemand Schauberger affirment que l'eau « a une mémoire », aussi n'est-il pas impossible que nous voyions un jour dans le miroir du lac à quoi le palais de Pierre le Grand de Berezovaïa Rochtcha – le Bosquet de bouleaux – ressemblait dans la réalité.

Aujourd'hui, il ne reste aucune trace du palais de Pierre le Grand et il est même difficile d'en définir l'emplacement malgré les prétendus vestiges exhumés par Spiridonov. Dankov m'a dit dans des hurlements de rire que plus de soixante-dix pour cent des objets trouvés par Andreï sont en fait des tessons de verrerie à vin (des éclats de bouteilles et de *chtofy*, des mesures à vodka) ainsi que des débris de pipes hollandaises. Or l'Olonets était peuplé à l'époque de vieux-croyants non buveurs et non fumeurs. Voilà une preuve de plus, s'il en faut, que la *sloboda* de Pierre a été fondée par des étrangers.

À une cinquantaine de sagènes[1] du bassin dans la direction du lac, le tsar faisait dresser, pour la durée de ses séjours à Berezovaïa Rochtcha, ce qu'on appelait une église d'étape, soit une tente qui abritait une pierre, l'autel d'offrande. Seule la pierre a survécu. Dans les années quatre-vingt du siècle dernier, le sculpteur arménien Davidian a placé dessus une

1. Ancienne unité de mesure russe, correspondant à 2,13 mètres.

jeune fille nue coulée dans du bronze. Il m'arrive de venir auprès d'elle.

À partir des bribes de sa vie que je pioche par-ci par-là, j'essaie de tracer les contours de l'histoire de Balandine. Avant la révolution, Vassili Megorski est seul à évoquer son nom dans *Légendes sur les origines de Petrozavodsk,* si l'on excepte les brèves mentions de Fiodor Glinka dans les notes accompagnant son poème « La Carélie ». Ensuite, il y a un grand blanc, un très grand blanc, et ce n'est que vers la fin des années quatre-vingt que le professeur Ivanov, auquel Alexandre Pachkov a depuis peu emboîté le pas, a commencé à s'intéresser à lui. Cela dit, on ne sait toujours pas grand-chose sur Balandine. On ne connaît même pas sa date de naissance, ni celle de sa mort. Pour donner un exemple, chez Pachkov, Balandine est venu au monde tantôt en 1745, tantôt en 1749. Pour ce qui est de sa mort, on s'accorde à penser qu'il est décédé en 1830 ou aux alentours. Ses racines sont obscures. Selon les uns, il serait issu d'une famille de contremaîtres ; selon les autres, d'une famille de marchands.

Fait significatif : la plupart des informations sur la vie de Tikhon Balandine ne sont guère que des présomptions fondées sur ses notes.

Balandine commença à prendre des notes dès son plus jeune âge, à peine eut-il appris à écrire. Des années plus tard, il dira avoir pris la plume dès lors qu'il eut compris qu'il fallait absolument conserver pour la postérité les récits que faisaient les anciens de la visite de Pierre le Grand à la fabrique locale et des premières années de la *sloboda.* Outre l'histoire, il voulait aussi témoigner de son époque : il notait le prix des vivres et les potins qui circulaient en ville, les changements de temps, le développement de la fonderie, la vie quotidienne. Cet attrait pour l'ethnographie locale a de quoi étonner chez un adolescent vivant dans une province russe reculée. Il n'avait pas eu de maître, pourtant, ni de devanciers.

En 1762, ses parents envoyèrent le jeune Tikhon au service à Saint-Pétersbourg, selon l'usage communément admis en Carélie jusqu'au XXe siècle. Avant son départ, le garçon rangea ses notes dans le coffre de son père. À la capitale, il servit comme commis au Gostiny Dvor[1] et noua de nombreux contacts avec les milieux ecclésiastiques. Il les utilisa à maintes reprises par la suite. À son retour à Petrozavodsk, il se maria et obtint un emploi de scribe à la municipalité, mais il perdit rapidement son poste à cause de sa santé déficiente. En 1779, il entama un pèlerinage dans différents monastères, qui dura près de trente ans. Les notes qu'il prit pendant tout ce temps demeurent à l'état de manuscrit.

Si l'on traçait sur une carte l'itinéraire du pèlerinage de Balandine, qui va des Solovki et de Paleostrov à la Volhynie et à la Crimée, on verrait une toile d'araignée dont les fils relient la plupart des monastères de l'Empire russe. Dans les uns, il s'arrêtait juste quelques jours ; dans les autres, il prêtait *posloucháné* – obédience – pour une durée plus longue. En 1798, il se sépara de sa femme pour se faire moine puis se ravisa. Son travail dans les ateliers de copistes lui avait fait découvrir la littérature spirituelle de la Rus' de Kiev et il avait acquis une connaissance suffisante des vies de saints pour s'essayer lui-même à ce genre. La copie qu'il a faite de *La Vie de Lazare Mouromski* a introduit le texte dans le circuit scientifique. Quant à *La Vie de Fadeïev de Petrozavodsk*, elle n'aurait pas existé sans lui !

Au cours de ses pèlerinages, Tikhon Vassilevitch faisait parfois un détour par Petrozavodsk, désireux de s'y trouver une occupation – sans résultat. En 1786, il y avait fondé une école privée, qui avait dû rapidement fermer car elle soustrayait ses élèves (et donc les frais de scolarité !) à l'école publique. Ce n'est qu'en 1808 qu'Adam Armstrong, l'administrateur des établissements Alexandrovskié, l'engagea dans son secrétariat. Ainsi s'acheva le pèlerinage spirituel de Balandine. Il troqua sa robe de bure contre la fonction d'*Unter-Schichtmeister* de IIIe rang, puis de IVe, et avança rapidement au grade de *Schichtmeister* de XIVe rang, qui lui fit acquérir la noblesse personnelle.

(*Nota bene,* Balandine et Paoustovski voyaient Adam Armstrong sous un jour différent… D'après Tikhon Vassilevitch,

1. Grande galerie marchande de Saint-Pétersbourg située sur la perspective Nevski.

l'Anglais était également un humaniste. S'il amoindrit les coûts techniques de la fonte du minerai brut en remplaçant par du bois la houille importée d'Angleterre à prix d'or, il se souciait aussi du bien-être des paysans assujettis à la fabrique et introduisit en Carélie la culture de la *kartochka*, la pomme de terre, ce qui évita à la population de se nourrir d'écorce de pin et de paille les années de mauvaises récoltes.)

Au secrétariat d'Armstrong, Tikhon Vassilevitch trouva enfin sa vocation – l'ethnographie régionale. Il écrivit d'abord une *Brève histoire des établissements Petrovskié, appelés présentement ville de Petrozavodsk*, à laquelle il adjoignit *Exemple d'un aperçu établi en 1810 à Petrozavodsk, indiquant les restes des bâtiments, les traces de la digue de terre et des hauts-fourneaux, les vestiges du palais, du bassin, de la palissade et de l'avenue de bouleaux*. Ces textes constituèrent un préambule à l'œuvre de sa vie : *Les Conversations vespérales du Nord des anciens de Petrozavodsk sur la découverte de l'endroit, la construction, l'expansion et le déclin des établissements d'armement Petrovskié et de la manufacture de boulets, ainsi que sur l'installation de paysans venus de toutes parts et sur la reconstruction ultérieure des établissements d'armement Alexandrovskié et addenda...* On peut affirmer sans crainte qu'avec son ouvrage, le modeste *Unter-Schichtmeister* a posé la première pierre de l'histoire de la ville.

Tikhon Balandine mourut dans la misère. S'est conservée une lettre qu'il adressa à Alexander Fullon, l'un des directeurs qui succéda à Armstrong. Le vieil ethnographe, souffreteux, s'y plaint de ne pas avoir d'endroit à lui et sollicite un domestique et un soutien financier. Fullon s'empressa d'exploiter la situation : il publia l'aperçu de la *sloboda* de Pierre le Grand de Balandine accompagné d'un commentaire personnel précisant que ce plan avait été établi sur la base des témoignages d'habitants de Petrozavodsk très âgés qui se souvenaient des vestiges des bâtiments, mais il n'évoqua pas, fût-ce d'un mot, la personne qui l'avait établi.

Fullon ne fut malheureusement pas une exception. Après la mort de Balandine, son ouvrage subit maintes manipulations semblables. Soit qu'on passât totalement l'auteur sous silence en partant du principe qu'il s'agissait d'un amateur et que ses écrits n'avaient donc aucune valeur scientifique ; soit qu'on s'appropriât ce que bon semblait ou qu'on en imprimât anonymement des fragments épars comme *La Vie de Fadeïev de Petrozavodsk*, par exemple, qui fut publiée par Alexandre Ivanov avec pour seule mention « œuvre d'un habitant de Petrozavodsk ».

Dans ce dernier cas, il pouvait s'agir de la volonté d'effacer toute trace de l'auteur afin que le lecteur, n'ayant pas accès à l'original, ne pût découvrir les modifications apportées.

Un courriel m'a signalé l'arrivée du microfilm du Balandine à Petrozavodsk. Je n'avais plus qu'à payer seize roubles (cinquante centimes d'euro !) pour son transfert de Saint-Pétersbourg, et au boulot !

L'unique lecteur de microfilms se trouve dans le département des livres rares. En fait, c'est un lecteur de microfiches qui a été transformé : il faut donc passer le film manuellement sous la fenêtre du projecteur.

– Qu'est-ce que c'est qu'une microfiche ? ai-je demandé à la fille qui me montre comment fonctionne l'appareil.

– C'est un plan séparé de microfilm, dans un cadre.

Au contraire de mon abside, le département des livres rares, une salle aveugle, fait penser à une cave sentant le renfermé, et la *grajdanka*[1] pâle sur l'écran sombre – à des pétroglyphes datant d'il y a huit mille ans. Au bout de quelques essais, je maîtrisais suffisamment le côté manuel de la lecture pour pouvoir me concentrer sur le texte. C'était la copie d'un journal. Chaque colonne était coupée en trois, donc pour lire une page, il fallait la balayer trois fois du haut en bas.

Au milieu de la première page, un titre en abrégé : *Petrozavodskié severnye vetchernye besedy* et le sous-titre *Roukopis* [*Manuscrit*] *de Tikhon Balandine.* L'ensemble est divisé en trente chapitres qui s'intitulent « soirées ». Serait-ce un hommage à Joseph de Maistre, dont les célèbres *Soirées de Saint-Pétersbourg* étaient alors à la mode parmi le public des lecteurs ? Quoiqu'on soit loin de la précision du maître français ! Dès la première phrase, le texte est si confus (excès d'amplification) que par endroits on a du mal à saisir ce

1. La *grajdanka* désigne l'alphabet civil imposé par Pierre le Grand pour remplacer le slavon, désormais réservé à la religion.

que l'auteur veut dire. Il me faut un bon moment avant de comprendre que c'est écrit dans le style des « mots tressés » dont j'ai gardé le souvenir depuis les Solovki. J'ai l'impression de lire une biographie écrite par Épiphane le Très Sage. Il saute aux yeux que Tikhon Vassilevitch a fait des stages dans les ateliers de copistes des monastères.

À présent que le style m'en est devenu familier, je reprends le texte depuis le début. Ainsi, dans la première « soirée », l'auteur maudit la Suède perfide qui, au mépris des traités, a attaqué la Russie alors même que celle-ci affectionne la paix. Plus bas, il fait l'éloge du Grand Monarque Pierre Ier, élu de Dieu et oint par Dieu, très intelligent et invincible, si clairvoyant et si intrépide, qui a décuplé ses troupes avec des Russes et des étrangers et a constitué une armée régulière pour offrir une résistance à l'ennemi suédois. Mais ne voilà-t-il pas que parmi les Russes se trouvent des hommes qui, sans craindre Dieu et sans égard pour le serment prêté au Grand Tsar Oint du Seigneur, Autocrate et Père de toutes les Russies, et sans écouter la voix de leur conscience qui crie en vain, cherchent à échapper au service militaire en se réfugiant dans leurs villages au milieu des forêts et des boues ou dans d'autres lieux pareillement perdus… Fin de la première soirée.

Dans la deuxième, il est question du fait que Sa Grâce le Tsar, amoureux de l'ordre, a envoyé dans la province d'Olonets un détachement militaire conduit par un *tchinovnik*, pour rattraper les recrues fugitives et les rosser à coups de knout. Le détachement s'enfonce interminablement dans des forêts vierges où ne pénètrent que des rennes, des élans et des biches, et des oiseaux sauvages. Les hommes arrivent non sans peine à l'embouchure de la Lossossinka et là, ils aperçoivent un moulin à eau, un meunier et des pêcheurs (probablement des habitants de la ville voisine de Chouïa venus chercher du frai de saumon dans la Lossossinka).

Troisième soirée. Le meunier et les pêcheurs accueillent cordialement ces hôtes inattendus, ils les font asseoir à table et leur offrent un véritable festin, comme c'est la coutume chez eux. Le *tchinovnik* impérial est si ému par la chaleur de ce repas qu'il prononce un bref discours de remerciement puis sombre dans les bras de Morphée. À son réveil, il interroge le meunier et les pêcheurs sur le lieu où la rivière prend sa source. Où donc commence-t-elle et comment se rendre à cet endroit ? La rivière s'écoule de deux lacs situés en amont, le Machezero et le lac Lossossinnoïé, lui répondent le meunier et les pêcheurs. De l'embouchure de la Lossossinka jusqu'au Machezero il doit y avoir dans les vingt verstes, mais il est difficile d'y arriver en longeant la rivière car une forêt épaisse empêche de progresser, partout ce ne sont que marécages et ruisseaux. Quiconque n'a pas l'habitude de la besogne fera mieux de s'abstenir. « C'est différent pour les gens d'ici, ajoute un des pêcheurs, ils sont habitués. Pour nous, plus la peine est grande, plus l'*oum*, l'esprit, est lucide. » Le *tchinovnik* les remercie avec empressement de cette mise en garde, mais il s'en tient à son but. « Les gars, déclare-t-il, poussé par le devoir et la curiosité, j'ai la volonté de me lancer dans les épreuves de cette expédition en vue de l'intérêt de l'État et pour les biens de la patrie qui gisent là en vain depuis des siècles, sans produire. Si le Seigneur tout-puissant le permet, vous verrez encore, et vos enfants, les trésors extraits de là pour la gloire de notre Mère Russie et pour la honte de ses ennemis. Et l'on peuplera ce désert en créant une ville autour d'une fabrique qui apportera aux gens richesse et emploi. »

Le meunier et les pêcheurs, très surpris par ces propos, ne savent qu'en penser. (Pour dire la vérité, moi pareil : d'où sort tout à coup cette histoire de fabrique alors qu'il est à la poursuite de soldats fuyards ? Tikhon Vassilevitch, par un excès de maladresse, aurait-il laissé sa plume lui échapper ?)

Sur ces entrefaites, le *tchinovnik* clôt la conversation et, mû par la curiosité, remonte la rivière pour se dégourdir les jambes et voir un peu ce qu'il en est. Bientôt, il s'aperçoit que les éminences qui la surplombent s'ouvrent sur une petite plaine idéale pour la construction d'une fabrique. Parvenu à cet endroit, il se plonge dans une profonde méditation sur les voies impénétrables de la Providence qui l'ont amené là pour la gloire et l'intérêt de la patrie. L'atmosphère se prête à la rêverie. Il fait un temps radieux : le soleil répand en tous lieux sa dorure, une brise légère apporte de la fraîcheur, des poissons folâtrent dans l'Onega de cristal, la rivière blanchit les pierres d'écume, les fleurs embaument les prés le long des berges ; au loin, la forêt verdoie et les oiseaux s'égosillent pour célébrer la munificence du Seigneur. Le *tchinovnik* du tsar sent le sommeil le gagner, il s'allonge dans l'herbe à l'ombre des bouleaux et, là, se croit au paradis. Il s'endort. À son réveil, il examine de nouveau les alentours avec méticulosité et élabore un projet. Là-dessus s'achève la troisième soirée.

La quatrième raconte la très pénible expédition du *tchinovnik* (qui à partir de cet endroit, pour une raison inconnue, est dénommé le patriote), guidé par le meunier et les pêcheurs, en amont de la Lossossinka. Après une longue marche semée d'embûches à travers les boues, les branchages tombés à terre et les éboulis rocheux, ils atteignent tant bien que mal le Machezero qui se déverse par un ruisseau dans la Lossossinka. Là, le patriote du tsar inspecte le voisinage et, après avoir été restauré par les habitants du coin, interroge ces derniers sur les minerais de fer et autres (au lieu de les questionner sur les fugitifs), après quoi, satisfait, il décide d'aller au monastère Saint-Ilya[1], sur l'île voisine, afin d'y prier. Ils rentrèrent au moulin par le chemin des champs.

Arrivé là, j'ai interrompu ma lecture et décidé de partir en expédition jusqu'au Machezero pour voir de mes propres yeux à quoi les lieux ressemblent aujourd'hui. J'ai lu le texte de Balandine avec mes mains ; à présent, j'ai envie de le voir avec mes pieds.

L'autocar régulier entre Petrozavodsk et Machezero circule trois fois par semaine : les mercredis, samedis et dimanches. Départ à neuf heures, retour à dix-neuf heures. Il dessert les datchas des habitants de Petrozavodsk. Au milieu des années soixante-dix du siècle passé, les salariés de la coopérative de

1. À cet endroit, chez Balandine, une note nous apprend que le monastère et l'église avaient été construits aux temps d'Ivan le Terrible et dotés des accessoires liturgiques grâce à la générosité du tsar. La Providence divine les avait protégés du pillage pendant l'invasion des *vory* – des voleurs – lituaniens. La transformation du monastère en ermitage, auquel ont été affectés un pope et un gamin de la paroisse comme domestique, est récente. *(N.d.A.)*

l'Usine de tracteurs de l'Onega se sont vu allouer des lopins de six cents mètres carrés de terrain chacun.

– Ça a causé un boom *bez ouma*, de folie, dit Natacha. Ils ont détruit ce vieux village carélien. D'ailleurs, tu verras.

Nous sommes partis de la maison un dimanche matin. Petrozavodsk récupérait de la fièvre du samedi soir. Les rues étaient désertes, seuls des soiffards affluant de tous côtés avec leurs gros filets chargés de bouteilles vides se dirigeaient vers le parc au bord de la Neglinga. Là, tous les dimanches, on peut rapporter les bouteilles consignées... Soudain un joyeux tumulte a retenti dans les airs. Les *tchaïki*, les mouettes, étaient arrivées !

Combien de fois déjà ai-je été témoin, dans le Nord, de cette excitation joyeuse des oiseaux ? De leurs cabrioles sous la voûte du ciel et de leurs cris à tue-tête ? On dirait que des étincelles blanches jaillissent du soleil et se répandent avec le cri des mouettes.

– Tu te rappelles les cygnes de Lovozero ?

À la gare, un embarras de taille ! Devant la caisse, une queue d'hommes à la barbe de trois jours et aux yeux injectés de sang est en train de pester. Il s'avère que pendant la nuit, on est passé à l'heure d'été, l'autocar à destination de Machezero est donc parti il y a une heure.

– Si on ne trouve pas de solution de transport, il va falloir se coltiner le trajet à pied.

– On peut prendre le trolleybus jusqu'à Drevlianka. C'est de là que part la route pour Machezero.

Drevlianka est le tout dernier arrondissement de Petrozavodsk, et donc le plus au sud du lac Onega. À l'arrêt de la rue Tchapaïev, deux gosses boivent de la bière ; à vue de nez, ils n'ont pas plus de douze ou treize ans. Le trolleybus numéro un arrive. À bord, une petite babouchka avec des tulipes et un jeune mec accompagné d'une nana ivre. À ses yeux, je vois qu'elle ne pige pas qu'on n'est plus samedi.

– Elle est restée encore plus loin dans le temps que nous, ai-je lancé à Natacha à mi-voix.

– À moins qu'elle n'en soit complètement sortie !

Par la rue Tchapaïev, nous grimpons la Perevalka et nous éloignons de l'Onega. Le paysage sur la droite ressemble à un champ de ruines ; à voir l'état des isbas (ici, une charpente noircie sans toiture ; là, un toit qui repose sur une carcasse), les barrières défoncées et les étables écroulées, on pourrait se croire au lendemain d'une guerre civile. Sur la gauche, un quartier en construction : des tours de béton (çà et là, une grue dans un fossé ; ailleurs, une grande dalle de béton prise dans la boue), des voitures partout et, où que le regard se pose, des graffitis « Terror.ru ». À chaque arrêt, les vitrines d'un Zodiak ouvert *non-stop* : bière, chips, cigarettes. Nous passons devant le marché Tchapaïevski. La babouchka aux tulipes descend.

Plus on s'éloigne du centre, plus c'est l'horreur !

Au rond-point devant l'hypermarché Sigma (hypertrophie de la consommation), nous tournons dans l'avenue Lesnaïa, l'avenue de la Forêt. La forêt ne murmure ici que dans le nom de la rue, la rivière a disparu sous l'asphalte. Devant nous, l'industrie malade. De monstrueux poteaux de haute tension tendent leurs bras au-dessus de la chaussée à plusieurs voies, l'électricité vibre dans l'air. Sur les bas-côtés, des panneaux publicitaires avec une fille au regard vide et le slogan du réseau mobile Beeline : *Govori den' i notch' !* Parle jour et nuit ! Un vent violent balaie les ordures.

Sur notre gauche, très loin en bas, le scintillement de l'Onega. Sur la droite, le béton armé de Drevlianka. Ici s'étendait naguère une vaste pente boisée d'où l'on avait une vue magnifique sur le lac. Aux temps de Catherine la Grande, le général-gouverneur Ivan Toutolmine y avait sa résidence d'été (à peu près là où se dresse maintenant l'Hôpital républicain), mais dans la première moitié des années quatre-vingt du siècle dernier, Iouri Andropov est devenu *gensek*[1], des crédits énormes ont été alors affectés à la construction de logements dans la capitale de la Carélie, et cette atrocité de béton a surgi de terre sur la pente de Drevlianka.

Au rond-point suivant, le trolleybus descend vers une cité-dortoir où l'on rêve certainement de la fin du monde. Il marque un arrêt tout près d'un mastodonte commercial qui

1. Abréviation de *Generalnyï Sekretar*, secrétaire général du Parti communiste.

fait penser à une église en brique rouge. Sur une des enseignes, « Warszawa » – Varsovie – en cyrillique. Une marque de vêtements, je crois. Un peu plus loin, une aire de jeux semblable à une cour de prison. Nous arrivons au terminus, devant le supermarché CSKA. Le jeune mec et sa nana dorment.

Nous quittons cette vision de cauchemar par la route du lac Lossossinnoïé. Entre les arbres des bas-côtés, des taches de lumière, on dirait un tableau de Stronk[1]. Tapage des oiseaux ! La neige fond, la route flotte au soleil. Il n'y a pas beaucoup de circulation, la belle saison n'a pas encore commencé pour les datchas. Nous arrêtons la première voiture qui se présente. La Lada, à bout de souffle, peine à freiner.

– Si ç'avait été une jeep, elle nous aurait éclaboussés, me crie Natacha en courant vers la voiture.

Le moujik fonce vers un hameau au bord du Lossosinnoïé vérifier si les lapins n'ont pas boulotté ses pommiers dans le jardin de sa datcha. Il nous fait la causette, mais le boucan de son moteur est tel qu'à l'arrière, je n'entends pas ce qu'il raconte, je me contente de hocher la tête. Nous arrivons à un carrefour près du lac. Les pêcheurs, sur la glace, ont l'air de points d'interrogation sur une feuille de papier vierge. Chacun penché au-dessus de son trou. La route vers Machezero bifurque vers l'est.

– D'ici, vous avez douze kilomètres, nous montre le moujik. Longez d'abord la rive jusqu'au barrage sur la Lossossinka et après, prenez par la forêt, le long des clubs de tourisme ! Mais je ne vous conseille pas d'y aller, vous vous y feriez estamper !

Et effectivement… Dans le premier club où nous avons fait halte pour boire le thé dont nous avions rempli notre thermos, la cantine était verrouillée. On nous a demandé six cents roubles pour l'ouvrir. Voilà le capitalisme *à la russe* ! Dire que le Grand Nord russe était naguère célèbre pour son hospitalité ! Il faut se pincer pour y croire.

Nous avons bu notre *tchaï* sur le barrage qui a été construit à l'endroit du lac où la Lossossinka prend sa source. C'est

1. Gueorgui Stronk (1910-2005), peintre paysagiste de Carélie.

le point de départ d'un puissant système hydraulique (il y a un second barrage sur le ruisseau reliant le Machezero à la Lossossinka), qui assurait aux établissements – d'abord Petrovskié, ensuite Alexandrovskié – l'énergie indispensable à la production de ferraille mortifère. La glace, sur la rivière, avait fondu et les méandres d'eau sombre au milieu des lambeaux de neige en bas me faisaient penser à l'un de mes paysages des Tatras favoris de Rafał Malczewski[1].

Qui croirait que ce filet d'eau paresseux a pu être dangereux ? Et pourtant, lors d'une crue au printemps de l'année 1800, la Lossossinka emporta le barrage inférieur et entraîna une partie de la manufacture dans l'Onega avant de retrouver son lit. Les gens disaient que les génies du Machezero et de la Lossossinka avaient fiancé leurs enfants et fait une java telle que la rivière avait débordé.

On a avalé les douze kilomètres jusqu'à Machezero sans s'en apercevoir. De temps à autre, des voitures nous dépassaient à vive allure. Quelques automobilistes ralentissaient, à l'affût d'un pouce levé, mais nous les ignorions. Aucun trajet en voiture ne remplacera le bonheur de marcher dans une forêt du Nord sur une route ensoleillée. Je pense que Wolfgang Büscher nous aurait compris ! J'ai lu récemment son voyage à travers l'Allemagne, et l'autre – à pied jusqu'à Moscou –, et je suis content d'avoir découvert une oie sauvage de plus en Europe.

Tout à coup, à la sortie d'un tournant, Machezero a surgi avec ses datchas – une, deux, trois, puis quatre, puis des tas, par dizaines, par centaines. Plantées d'une façon désordonnée, de la rive du lac jusqu'à l'horizon – n'importe comment. Des bicoques faites de parpaings ou de planches, avec des toits en tôle ondulée ou en ardoises. Çà et là, parmi les masures, des toitures de cuivre posées sur de solides charpentes « en patte d'oie » brillaient au soleil. La plupart des datchas étaient encore fermées : les portillons étaient enfouis sous la neige et les fenêtres condamnées par des planches. La nouvelle église orthodoxe, peinte dans des jaunes criards et un vert caca d'oie, était déserte, elle aussi. Selon toute

1. Rafał Malczewski (1892-1965), peintre, dessinateur et écrivain polonais.

apparence, le Bon Dieu également ne vient que pendant la saison.

Pour voir enfin d'infimes traces de vie – de la fumée qui s'échappait d'une cheminée et un chat posté derrière une fenêtre –, nous avons dû aller jusqu'au cœur du village où quelques vieilles isbas bordaient la route. Nous sommes partis en quête de renseignements. J'ai accosté un petit vieux qui déblayait de la neige :

– Avant, l'église était sur une île, paraît-il. C'était laquelle ?

– L'île Saint-Ilya, m'a-t-il répondu en indiquant l'îlot le plus proche. Des touristes y avaient mis le feu. Là-bas, il ne reste plus que le cimetière.

– Ça s'est passé quand ?

– Oh là là ! Je ne me rappelle pas. Ça doit faire dans les vingt ans, mais peut-être plus ! Qui est-ce qui s'intéresse à ça, aujourd'hui ?

La route finissait au bout de Machezero. Sur la neige piétinée était garée une horde de gros 4 × 4 aux vitres fumées. Leurs propriétaires pêchaient sur le lac.

Pour atteindre l'île Saint-Ilya, nous avions environ un kilomètre et demi à faire sur la glace. Un vent violent ployait les joncs dorés. Parvenu à une certaine distance, je me suis retourné. Le *posiolok*, au loin, ressemblait à une termitière.

– En son temps, ce devait être un village charmant.

– Dis-moi, Mar ! Qu'est-il arrivé aux gens ? Autrefois, ils choisissaient les plus beaux endroits pour s'établir, mais aujourd'hui, ils ne savent plus que les saloper. Dans le temps, on savait construire des maisons superbes, et maintenant on ne sait même pas dresser une cabane correcte. Pourquoi ?

– Je ne sais pas, ma douce.

Au fur et à mesure que nous approchions de l'île Saint-Ilya, le silence se faisait plus profond. À l'orée de la forêt, dans l'ombre bleutée, on n'entendait plus un bruit. Pas un trille d'oiseau, pas un souffle de vent sous la voûte des arbres. La lumière, tamisée, filtrait à travers les rameaux dépouillés. La neige, sur les tombes, était tapissée d'aiguilles desséchées ; par-ci, par-là, se dressaient des croix ornées de couronnes de roses artificielles ; au-dessus d'une tombe, un crêpe noir pendait à un pin. Natacha m'a chuchoté que c'était l'île des défunts.

Quittant l'ombre du petit cimetière, nous avons débouché dans une vaste clairière inondée de soleil. À la lisière, devant un rideau d'arbres, une croix en métal était piquée dans la neige. Sur le moment, j'ai pensé qu'il s'agissait d'une tombe, mais en m'approchant, j'ai lu sur la plaque que c'était la croix qui dominait l'église du saint prophète Ilya – élevée en 1564 par l'higoumène Ioasaf qui avait fondé un monastère masculin sur l'île –, et que l'église avait été incendiée le 19 juillet 1979. Au sommet de la croix quelqu'un avait attaché à l'aide de fil de fer un médaillon avec une photo de l'église Saint-Ilya. D'ordinaire, les médaillons qui sont placés sur les tombes renferment le portrait des défunts.

C'est étrange que, tant d'années après l'incendie, aucun arbre n'ait repoussé dans la clairière.

J'ai retrouvé ma cellule. C'est-à-dire le département des livres rares. « Ma cellule » parce que le plus clair du temps, j'y suis seul comme un moine dans son atelier de copiste, abstraction faite du personnel féminin qui s'affaire parmi les manuscrits, incunables, livres rares et précieux. Les lecteurs y viennent peu. En revanche, dans la salle informatique, on se bouscule pour consulter Internet. La hâte et la facilité, signes des temps, font qu'il est plus simple de taper une entrée sur un clavier, et de se contenter de la pulpe d'information qui apparaît sur l'écran, que de fouiller soi-même dans les fichiers, commander des piles d'in-folio et éplucher des notes en petits caractères à la recherche d'un détail susceptible d'être utile en s'usant les yeux et en respirant la poussière.

L'occupation à laquelle je me livre ici rappelle aussi celle d'un copiste dans un monastère, car afin de mieux comprendre le texte de Balandine, j'ai entrepris de le recopier à partir du microfilm. La lecture des clichés m'empêchait de me concentrer, ma vue embrouillait les mots et, régulièrement, je me rendais compte que le sens de la page que je venais de lire m'échappait. En revanche, en copiant le texte dans mon cahier de moleskine, non seulement je me familiarise avec les tours et les détours de la pensée de Balandine, mais encore je découvre au passage les règles de l'ancienne orthographe russe (antérieures à la réforme de 1872) : les principes de l'usage du *i* bref et du *i* long, les règles des *jer*, etc. En suivant Balandine mot à mot, je suis la marche de ses pensées.

J'avais parcouru deux fois la cinquième soirée – pendant laquelle le patriote discute avec le meunier et les pêcheurs de leur récente expédition au Machezero –, mais ce n'est qu'à ma troisième lecture, le crayon à la main, que j'ai été frappé par « ... le secret du cœur du héros réfugié dans le silence afin de ne pas perdre la confiance de ses interlocuteurs et les amadouer dans le dessein qu'ils lui montrent les lieux où des minerais gisaient au fond de la terre ». Par conséquent, si le fonctionnaire arrivé au bord de la Lossossinka à la poursuite de recrues fugitives évoque sans rime ni raison une manufacture, ce n'est pas une erreur dans le récit de Tikhon Vassilevitch, mais un procédé narratif signalant le masque du héros dont la langue s'était prématurément déliée sous l'effet de l'alcool. En réalité, affirme Vassili Megorski, le fonctionnaire patriote n'était autre que Johann Blücher, dépêché par Pierre le Grand dans l'Olonets à la recherche de minerai d'argent, de fer et de cuivre.

Blücher est l'un de ces *nemtsy* avec lesquels Pierre le Grand fonda la puissance de son Empire. J'écris « *nemtsy* » avec une minuscule parce qu'il ne s'agit pas de la nationalité allemande (bien qu'en l'occurrence, l'arpenteur-géomètre Johann Blücher fût originaire de Saxe), mais, d'une façon générale, de ces étrangers qui ne maîtrisaient pas la langue russe et étaient donc *nemye* – muets – en russe. Je doute que Balandine ait eu Blücher à l'esprit quand il parlait du *tchinovnik* patriote, car enfin ni le meunier ni les pêcheurs n'auraient compris un « muet ». Je pense donc qu'il s'agissait plutôt d'Ivan Patrouchev, le commandant de la patrouille militaire qui escortait l'expédition géologique de Blücher en 1702. Si Balandine parlait bien de cette expédition-là.

D'ailleurs, qui qu'il fût, le héros de Balandine remplit plus que parfaitement sa mission de renseignement. En effet, non seulement il embobina si bien le meunier et les pêcheurs qu'ils finirent par lui trahir les secrets de la métallurgie locale, mais encore ils lui révélèrent les lieux d'extraction des minerais. Ils l'emmenèrent faire la tournée des villages où l'on fondait le minerai brut dans des fours à charbon de bois et lui montrèrent les forges où l'on produisait du fer et un alliage à partir de la fonte.

Eurêka ! Je comprends maintenant pourquoi le *tchinovnik* patriote de Balandine joua les imbéciles en disant qu'il cherchait des recrues en fuite. Depuis des siècles, la population locale gagnait le pain que la terre leur refusait grâce à l'extraction et à l'exploitation des minerais de fer, aussi n'y a-t-il rien de surprenant à ce que, redoutant la concurrence de l'État (et, pour parler franc, de voir l'État leur prendre leurs gisements et les envoyer à coups de knout travailler comme des bagnards dans ses manufactures), ils aient tenu leur langue. J'aurais fait pareil.

Ensuite, la fonte des métaux, depuis la préhistoire, passait pour un travail mystérieux, le labeur du forgeron était comparé à l'activité d'un chaman. Mircea Eliade parle même des « racines communes de la sacralité du chaman et du forgeron » et il affirme que les deux étaient réputés « maîtres du feu ». Il n'est que de lire le Kalevala, la Bible chamane des Caréliens et des Finlandais, et de s'interroger sur le personnage du forgeron Ilmarinen qui forge le moulin d'abondance magique de Sampo. On ne confie pas ce genre de secrets à n'importe qui.

Je vais donc faire un nouveau détour pour remonter plus en arrière, aux débuts de la métallurgie dans le Grand Nord. Et j'expliquerai au passage ce qu'était cet alliage.

La naissance du minerai de fer est racontée par le vieux Väinämöinen dans la neuvième rune du Kalevala. L'Air était la mère du Fer ; l'Eau et le Feu, ses frère et sœur aînés. Le Fer vint au monde en dernier, une fois qu'Ukko, le dieu des espaces célestes, eut séparé le ciel et l'eau et fait émerger la terre de l'eau. Ensuite, Ukko se frotta longuement les paumes et les pressa sur son genou gauche dont sortirent trois vierges aux seins ronds. Les vierges partirent sur des nuages. Du lait coula de leurs mamelles gonflées et se répandit sur la terre. L'aînée versa du lait noir, à l'origine du fer à forger ; la cadette, du lait blanc, qui donna le jour à l'acier dur ; la benjamine fit goutter du lait rouge qui créa la fonte. Au bout d'un certain temps, le fer désira faire la connaissance du feu, mais celui-ci se déchaîna tant et si bien qu'il manqua brûler son frère cadet. Le fer dut s'ensevelir dans la boue pour n'être pas atteint par la fournaise de son frère.

Dès lors le fer resta caché,
Soigneusement dissimulé
Dans un marécage mouvant,
Dans une source murmurante,
Sous la surface d'une plaine,
Au sommet d'un mont escarpé,
Où les cygnes pondent leurs œufs,
Où l'oie réchauffe ses petits[1].

Initialement, donc, les hommes fondaient du fer extrait des minerais de boue. Ils en trouvaient dans les traces que laissaient les pattes de loup dans les marécages et il faut peut-être voir là l'origine du nom de « gueule de loup » qui fut donné aux premiers fours primitifs destinés à la fonte du minerai. Il s'agissait de trous en général creusés à flanc de colline, afin d'utiliser le vent comme soufflet pour entretenir une température élevée, et dont les parois étaient tapissées d'une épaisse couche d'argile bleue ou de pierres. La Carélie en est couverte.

Vers le xe siècle, advint l'ère des fours à charbon de bois et des soufflets manuels. La production de sel sur les côtes de la mer Blanche, qui garantissait une demande régulière de fer, fut le ressort du développement de la métallurgie en Carélie. Pour produire le sel, on utilisait d'énormes poêles métalliques qu'on appelait *tsreny*. Dès 1137, le prince de Novgorod Sviatoslas Olegovitch publiait un oukaze par lequel il accordait à la cathédrale Sainte-Sophie le droit de collecter dans le Nord un tribut « par poêle ». Soixante sauneries sont mentionnées dans le registre des impôts perçus en 1496 dans le Pomorié, au bord de la mer Blanche : à Nioukhta, Souma et Kolejma ainsi qu'à Soukhoï Navolok. Deux poêles par saunerie constituaient la norme.

---

1. *Le Kalevala*, texte établi par Elias Lönnrot, trad. du finnois par Jean-Louis Perret, Honoré Champion, 2009.

Faisons le calcul ! La taille d'une poêle : seize sagènes carrées avec un bord d'une hauteur de huit *verchok*[1]. Si l'on convertit ces mesures dans le système métrique, cela fait plus de trente-deux mètres carrés plus les trente-cinq centimètres de hauteur du havage. Chacune des cent quarante ou cent cinquante *politsa* (on appelait ainsi les baguettes de fer servant à la fabrication des poêles) faisait entre dix et onze millimètres d'épaisseur. Avec ces dimensions (auxquelles il faut encore ajouter trois pouds de clous pour fixer les *politsa*), on obtenait de trois cent cinquante à quatre cent dix pouds de fer par poêle. Une poêle durait un an ! Au total, donc, les soixante sauneries de la mer Blanche consommaient bon an mal an, à raison de deux poêles chacune, entre quarante et cinquante mille pouds de fer.

Il n'est pas étonnant qu'avec une telle demande, les forges de Carélie soient devenues célèbres et que chaque commune ait acquis une certaine notoriété grâce à ses produits. Les Lopskie pogosty, par exemple, des communes situées au nord-ouest de l'Onega, excellaient dans la production de *politsa*, et celles de Chouïa, d'Ochta et de Megra dans celle des barres de fer. L'Outre-Onega se spécialisa dans la production d'alliage et de produits finis (Chounga dans les ancres, Tolvouïa dans les haches, Kiji dans les couteaux). Soum-Possad s'enorgueillissait de ses fusils, et Olonets de ses mortiers et de ses boulets. Bref, la renommée des forgerons caréliens se fondait sur des bases solides et franchissait largement les frontières de la province.

Cette activité ne manqua pas d'attirer l'attention des étrangers entreprenants. Parmi des documents du XIIIe siècle, s'est conservé un contrat par lequel Novgorod la Grande cédait à des marchands de la Hanse le droit d'extraction et de traitement de minerais de fer en Carélie. Il ne s'agissait pas d'exporter la matière première au-delà de la frontière de la principauté, attestent les historiens, mais de fabriquer des produits finis en utilisant la main-d'œuvre locale et de les vendre sur place, en partie à Novgorod même.

Cependant, c'est dans la seconde moitié du XVIIe siècle qu'une véritable « fièvre du fer » s'empara des étrangers.

1. Un *verchok* est une ancienne mesure linéaire qui correspondait à 4,4 cm.

L'Outre-Onega devint alors le Klondike du fer en Russie et on peut le qualifier de berceau de la métallurgie carélienne, puisque c'est ici que les archéologues ont découvert les plus anciennes traces de fonte des minerais ferreux. En 1666, un type de Novgorod, Semen Gavrilov, amena à Tolvouïa le fondeur Denis Joris et l'arpenteur-géomètre Nils Andersen qui avaient travaillé jusque-là dans des mines de Laponie suédoise. Gavrilov cherchait du cuivre, mais il échoua à en trouver, et en 1669, le tsar Alexis Mikhaïlovitch céda la concession pour l'extraction de minerai dans l'Outre-Onega à Pieter Marselis, issu d'une famille fameuse de marchands néerlandais de Hambourg. Marselis mérite un paragraphe à part.

Marselis arrive à Moscou en 1629 (son père Gabriel faisait du commerce avec la Russie depuis trente ans), et il développe aussitôt une large activité. Il détient notamment à Arkhangelsk le monopole sur le marché de l'huile de foie de morue, du saumon et du bois de mâture. Ses contacts brêmois font de lui un intermédiaire dans le commerce avec l'Europe entière. Il pratique des menées diplomatiques dans les deux sens, qui lui attireront, du reste, des misères passagères. Il introduit également la culture des roses en Russie. Jusqu'au jour où il comprend que l'affaire de sa vie, c'est le fer ! Dès 1639, profitant des difficultés financières d'Andreas Winius (le constructeur du premier haut-fourneau de Russie), il rachète ses établissements métallurgiques de Toula. Par la suite il obtient du tsar la délivrance de concessions pour la construction de nouvelles manufactures sur les bords de la Vaga, de la Cheksna et de la Kostroma. La renommée des minerais de Carélie devait un jour ou l'autre exciter sa convoitise. Mais il n'a pas le temps de réaliser la concession d'Outre-Onega, il meurt en 1673.

La première fabrique métallurgique de Carélie fut construite par le Danois Heinrich Butenandt, associé de Pieter Marselis et tuteur de son petit-fils Christian, encore mineur, qui avait hérité des droits sur la concession d'Outre-Onega à la mort de Pieter Marselis le jeune. Butenandt renonça aussitôt à extraire du minerai de cuivre dans l'Outre-Onega pour se consacrer exclusivement au fer. À partir de 1676, dans un bref laps de temps, il bâtit quatre établissements, d'abord à Oust Reka et à Foïmogouba puis à Lijma et à Kedrozero, et il engagea des contremaîtres de Toula et de l'étranger. La main-d'œuvre était recrutée sur place. La révolte ne tarda pas à gronder. En 1694, le Danois demanda au tsar Piotr Alexeïevitch d'« attribuer » par oukaze les paysans du village de Kiji à ses manufactures. Il introduisait ainsi l'esclavage en Carélie.

Au début, Butenandt ne fondait pas le fer, mais achetait dans les villages avoisinants ce qu'on appelle des *kritsa* (des blocs de fer brut de douze pouds), qu'il transformait dans ses fabriques à l'aide de gigantesques marteaux hydrauliques. Ses produits jouirent bientôt d'une grande réputation aussi bien sur le marché intérieur de la Russie qu'au-delà de ses frontières. Ce n'est qu'en 1681 qu'il construisit, dans la fabrique d'Oust Reka, le premier haut-fourneau d'Outre-Onega.

En décembre 1701, les manufactures de Butenandt reçurent de Pierre le Grand une commande d'importance : cent canons de douze livres et soixante-quinze mille boulets de douze livres ; cinq mille boulets de dix livres, mille deux cents bombes de quatre pouds chaque et en sus deux mille pouds de fer en barres, et encore plusieurs milliers de pelles et de pioches. Tout devait être livré en mars 1702. D'après Mikhaïl Dankov, c'est grâce aux canons de Butenandt que Piotr Alexeïevitch, après avoir parcouru la Route impériale, put prendre Nöteborg et Nienchantz aux Suédois et s'ouvrir la voie vers la Baltique. En d'autres termes, l'empire de Piotr connut son expansion grâce au fer de Carélie.

Alors, comment expliquer le déclin des entreprises de Butenandt et la misérable fin de leur propriétaire ? Les historiens se disputent sur le sujet. Les uns évoquent la rapacité du prince Menchikov, alors général-gouverneur des provinces septentrionales de la Russie, qui se serait « approprié » des établissements rentables. Aucun document ne vient confirmer ces conjectures. D'autres suggèrent que le fer du Danois était de piètre qualité, et ses fabriques peu productives. Ce que les faits contredisent. Il suffit de lire le passage suivant d'une lettre adressée par le premier commandant de la flotte russe de la Baltique, l'amiral Cornelius

Cryus, au colonel Ivan Iakovlev, commandant d'Olonets : « Moi-même, je transportais le fer de Butenandt en Europe et je peux vous garantir qu'il ne le cède en rien au fer suédois. » Par ailleurs, Dankov a calculé, sur la base de la commande de 1701 effectuée par le tsar, que les manufactures d'Outre-Onega fournissaient 22,6 pour cent de toute la production de fer russe de l'époque ! Donc, d'où vient le problème ?

Je pense que le tsar n'est pas étranger à cette histoire... La décision de fermer des établissements d'une telle envergure n'a pas pu être prise par n'importe qui. Je soupçonne Piotr Alexeïevitch d'avoir saisi l'importance stratégique du fer de Carélie (au fond, la guerre contre les Suédois ne faisait que commencer !), et d'en avoir déduit que c'était à lui d'en détenir le monopole. Surtout que Butenandt (comme jadis Pieter Marselis père) jouait double jeu et menait ses propres affaires sous le patronage du roi du Danemark, ce qui lui avait valu de la part de Christian V, en 1688, un titre de noblesse et le nom de Butenandt von Rosenbuch. On peut donc comprendre le tsar. En situation de guerre, il ne faut jamais faire totalement confiance à ses alliés, et encore moins laisser une matière première stratégique entre des mains étrangères !

Seules les raisons pour lesquelles le Danois ne fut pas payé restent obscures. Il avait pourtant exécuté la commande avec sérieux et dans les délais. La nonchalance de l'empereur vis-à-vis de sa dette est à mettre, me semble-t-il, sur le compte du « régime patrimonial » qui, d'après Richard Pipes, se fonde sur le fait que le tsar était à la fois le maître et le propriétaire de toutes les Russies. Butenandt mourut à Moscou dans la misère et l'abandon en 1710, réclamant en vain son dû jusqu'à son dernier souffle. De ses quatre manufactures d'Outre-Onega, il ne subsiste aucune trace, hormis une pelle de mineur exhumée à Foïmagouba.

Il me reste à expliquer ce qu'était ce fameux alliage qui rendit célèbre l'Outre-Onega. J'ai longuement fouillé la littérature spécialisée avant de tomber sur un livre de Fullon, l'administrateur des établissements Alexandrovskié, intitulé *De la fonte du fer dans les bas foyers selon la méthode catalane* et paru en 1819. « L'alliage n'est ni du fer ni de l'acier, c'est un métal spécial combiné des deux », écrit l'Anglais. Les qualités de l'alliage permettaient la fabrication de couteaux, de haches et d'outils agricoles, ainsi que d'instruments pour la taille du marbre. Et les établissements Petrovskié utilisaient des forets fabriqués dans cet alliage pour évider les canons. Alexander Fullon décrit également le processus de la fonte de l'alliage et comme il s'agit d'un produit spécifique de la région, il n'est pas déplacé de citer l'auteur ici : « Pour transformer la *kritsa* en alliage, on la met dans le foyer de la forge puis on la recouvre de charbon. Après l'introduction d'un courant d'air à l'aide d'un soufflet cylindrique, on chauffe jusqu'à l'apparition d'étincelles blanches. On extrait alors la *kritsa* du charbon puis on la trempe dans de l'eau ; en hiver, on la jette dans la neige. La surface de la *kritsa* ainsi refroidie est détachée du reste de la masse et recueillie dans l'eau sous forme de fines feuilles ; le reste est remis à chauffer jusqu'à l'apparition d'étincelles blanches puis extrait, décrassé, remis dans le feu, et ainsi de suite jusqu'à épuisement de la *kritsa.* On sélectionne les plus grandes feuilles en premier et on en tasse le plus grand nombre possible dans un second foyer. On trempe ensuite la vingtaine de livres ainsi rangée en ajoutant progressivement des morceaux de plus petite taille. La masse obtenue porte ici le nom de *paregoïa.* C'est un métal très souple et résistant. Extraite du foyer, la *paregoïa* est débarrassée du charbon, taillée en deux et forgée en barres pour la vente. »

L'alliage de Carélie ne le cédait en rien, paraît-il, à l'acier d'aujourd'hui. On l'appelait le métal de Mars, car il se prêtait à merveille à la fabrication des armes blanches.

À Petrozavodsk, il y a une rue Iouri Andropov. Andropov a commencé sa carrière politique en Carélie. Elle démarra sans gloire. Au début de l'année 1950, lorsque la vague de répressions liée à ce qu'on appelle l'« Affaire de Leningrad » atteignit Petrozavodsk, dans le but de sauver sa peau, il accabla le camarade Guennadi Kouprianov, le Premier secrétaire du Comité central du Parti communiste (bolchevik) de Carélie, alors même qu'il l'avait toujours entouré de respect et avait combattu sous son commandement dans la résistance carélienne pendant la guerre[1]. Kouprianov fut condamné à vingt-cinq ans de camp. Libéré au bout de six ans, il fut réhabilité par Nikita Krouchtchev. Entre-temps, Andropov avait été promu à Moscou.

– La vie, Ioura, c'est comme le pont mouillé d'un bateau ; pour ne pas glisser dessus, il faut faire attention où on met les pieds.

Iouri Andropov se rappela toute sa vie ces paroles du vieux quartier-maître qui lui avait appris à naviguer sur la Volga dans les années trente. Jamais il ne dérapa. Ni comme ambassadeur en Hongrie en 1956, ni comme chef du KGB de 1967 à 1982, ni non plus lorsqu'il fut à la tête de l'URSS, à la fin de sa vie.

Après la mort d'Andropov, l'été 1984, son nom fut donné à une petite rue du centre de Petrozavodsk (elle relie les avenues Marx et Lénine). Dans cette rue, il y a au numéro un le restaurant où Natacha et moi avons arrosé notre *raspiska* (notre mariage civil), et au numéro cinq le siège du FSB, l'ancien KGB, une grande bâtisse rose et beige.

Andropov évoquait souvent son expérience en Carélie. En septembre 1981, lors de sa rencontre avec le ministre de l'Intérieur polonais Czesław Kiszczak – au cours de laquelle fut envisagée l'instauration de l'état de guerre en Pologne –, il mit celui-ci en garde contre les répressions massives susceptibles de durcir la résistance et de provoquer des réactions à l'Ouest. Il lui conseilla de procéder uniquement à l'arrestation des personnages clés de l'opposition et lui cita l'exemple du travail des flotteurs de Carélie.

– Quand un train de bois obstrue la rivière ou le fleuve, les flotteurs dégagent avec précaution la bille « maîtresse » et le reste part tout seul emporté par le courant.

« Dans les œuvres d'art réalisées hors d'Europe, il n'y a jamais d'ombres, écrit David Hockney dans *Savoirs secrets*[2].

1. « Dans un système totalitaire, il était impossible d'occuper un poste élevé sans vendre de temps à autre un ami, un camarade ou tout simplement un innocent », écrit l'historien Roy Medvedev dans sa biographie d'Andropov. *(N.d.A.)*

2. David Hockney, *Savoirs secrets. Les techniques des maîtres anciens*, trad. de l'anglais par Pierre Saint-Jean, Seuil, nouvelle édition augmentée, 2006.

Les peintres chinois, perses et indiens, dont l'art était pourtant sophistiqué, ne représentaient jamais les ombres. » Les ombres sont aussi absentes des peintures rupestres des grottes de Lascaux et des tableaux égyptiens et byzantins, ainsi que dans la peinture de l'Europe médiévale. Un jour, Hockney en demanda la raison à une dame chinoise au goût très raffiné. Elle lui répondit que les ombres n'étaient pas nécessaires. « Pourquoi, alors, les Européens les peignent-ils ? – Parce que vous les voyez. »

Hockney rattache l'apparition de l'ombre dans l'art européen à l'introduction de la *camera obscura* dans la panoplie de l'artiste. Elle marque le début de l'explosion des images et d'un monde dominé par la projection optique, « mais elle n'est qu'une façon de voir le monde, une manière de voir qui sépare le monde extérieur, une méthode qui sépare du monde extérieur », précise-t-il.

« Les *camerae* sont restées pratiquement secrètes jusqu'en 1839 et l'Église exerçait son pouvoir sur la société en contrôlant les images. On comprend donc que ce pouvoir a décliné avec l'essor fulgurant des chambres noires. [...] Désormais, la diffusion des images a changé. On fabrique des millions d'appareils photo (même les téléphones mobiles en sont équipés). Nous regardons le monde extérieur dans des miroirs et des lentilles. »

Comparant un rouleau chinois à un tableau européen, David Hockney dit encore, toujours dans *Savoirs secrets* : « On est loin, ici, de la fenêtre d'Alberti. On n'est pas à l'extérieur de la scène, mais on chemine à travers un paysage. On bénéficie de nombreux points de vue différents comme lorsqu'on se déplace dans le monde. »

Petrozavodsk, 2007-2008

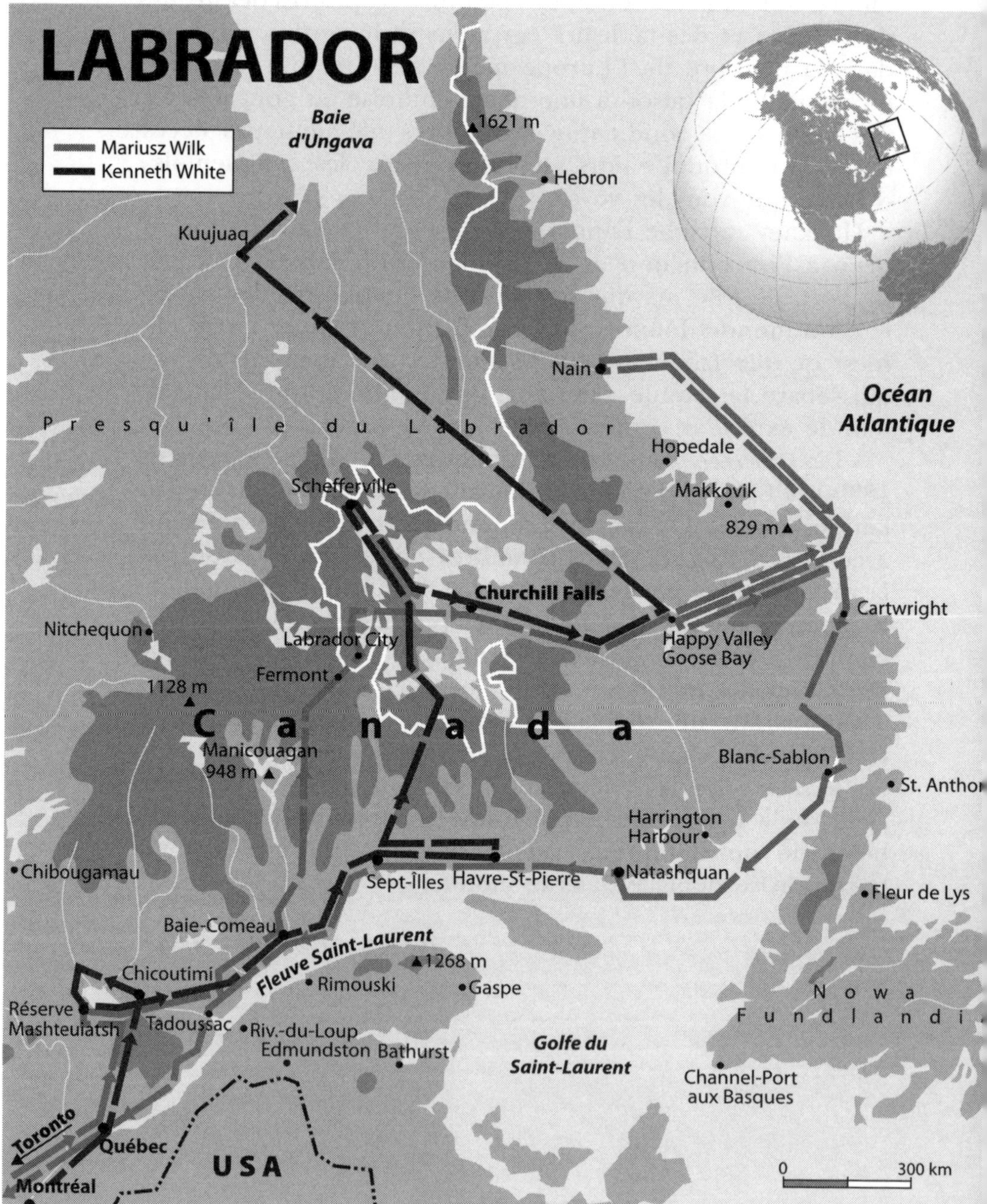

LABRADOR
Mariusz Wilk
Kenneth White
Baie d'Ungava
1621 m
Hebron
Kuujuaq
Nain
Océan Atlantique
Presqu'île du Labrador
Hopedale
Makkovik
829 m
Schefferville
Churchill Falls
Cartwright
Nitchequon
Labrador City
Happy Valley Goose Bay
Fermont
1128 m
Canada
Manicouagan 948 m
Blanc-Sablon
St. Anthon
Harrington Harbour
Chibougamau
Sept-Îlles
Havre-St-Pierre
Natashquan
Fleur de Lys
Baie-Comeau
Fleuve Saint-Laurent
1268 m
Chicoutimi
Rimouski
Gaspe
Nowa Fundlandi
Réserve Mashteuiatsh
Tadoussac
Riv.-du-Loup
Edmundston
Bathurst
Golfe du Saint-Laurent
Channel-Port aux Basques
Toronto
Québec
USA
Montréal
0
300 km

LE HACHIS DE CARIBOU

> Le monde mérite qu'on y voyage, il n'existe plus que dans les anciens récits de voyage.
>
> NICOLÁS GÓMEZ DÁVILA

L'idée d'une expédition au Labrador sur les traces de White a commencé à poindre dans mon esprit dès ma première lecture de *La Route bleue,* à Cracovie. De l'idée à la réalisation, plus de deux ans se sont écoulés. Beaucoup de personnes m'ont apporté leur concours aux différentes étapes de cette aventure, mais j'ai rencontré la plupart d'entre elles à Toronto, ce qui n'est pas étonnant puisque le mot *toronto* (dans la langue des Hurons) désigne le « lieu des rencontres » situé au bord du lac Ontario.

L'Ontario, les Hurons, certes... Il est des expéditions que l'on vit dès l'enfance, qui prennent naissance dans nos rêves d'Indiens, dans un tipi dressé sous le prunier du jardin, dans les romans de Cooper et de Curwood. Et pour être franc, on ne sait pas trop quand elles commencent vraiment. La veille du départ, quand votre sac à dos bouclé est encore dans l'entrée mais que, mentalement, vous êtes déjà en route ? Un an plus tôt, lorsque vous apprenez que des gens sont prêts à financer votre projet ? Ou aurait-elle démarré au moment où mon frère et moi, après avoir lu *Canada au parfum de résine* d'Arkady Fiedler[1], nous avions fait sécher de la viande sur un radiateur ?

Au total, nous avons parcouru six mille six cents kilomètres en voiture et deux mille deux cents en ferry. En route, nous avons admiré les paysages austères du Nord canadien, la gamme des verts dans les Laurentides, le jeu impétueux des lumières et des ombres sur la rivière Saguenay (Walt Whitman disait que le Saguenay est différent de toutes les autres rivières du monde), la danse du gravier sur la Trans-Labrador Highway et les hiéroglyphes de l'écume aux chutes du Rat musqué, le spectacle des brumes au-dessus du lac Melville, l'amphithéâtre rocheux de la baie de Kaipokok, le canyon de la rivière Aguanish et les sculptures fantastiques du littoral de l'archipel de Mingan ; nous nous sommes baignés dans le Saint-Jean et dans le cratère du Manicouagan, dans la mer du Labrador et dans le golfe du Saint-Laurent ; nous avons admiré les ébats des phoques et les jeux des baleines, visité la centrale Manic-5 (la plus grande du Canada), et une galerie d'art inuit à Goose Bay, le musée du barde Gilles Vigneault à Natashquan et la Maison de la Chicoutai – la Ronce des tourbières – à Rivière-au-Tonnerre. Mais d'abord, nous avons rencontré des gens.

– Car les gens, dit Duke Redbird, quelle que soit leur couleur de peau, ont le même sang rouge qui leur coule dans les veines.

Certains sont apparus sur notre trajet de manière imprévue, comme envoyés par le Grand Manitou pour m'éclairer. Denise Robertson, à Mashteuiatsh, m'a offert la photo du miroir d'eau sur lequel les esprits de ses ancêtres indiens regardent du haut d'un arbre, et où la surface du lac pourrait aussi bien être le ciel. Alex Saunders, sur le ferry Northern Ranger qui nous menait à Nain, m'a raconté le sens qu'ont les quatre points cardinaux dans la religion inuit (le nord est la direction de la vieillesse et le siège du *nanuk*, l'esprit de l'ours blanc). Et à bord du même ferry, Jason Crummey nous a taquinés en nous disant qu'au Labrador,

---

1. Arkady Fiedler (1894-1985), écrivain et aventurier polonais qui fit plusieurs voyages au Canada.

nous n'allions pas bronzer mais rouiller. Les autres, nous les avons trouvés tout seuls, quand bien même j'avais parfois l'impression qu'ils m'attendaient pour m'enseigner des choses importantes. Benjamin W. Powell, qu'on appelle de son vivant « le père de Charlottetown », trappeur, marchand et auteur d'une quinzaine de livres (entre autres, du best-seller *Labrador by Choice*), m'a montré avec fierté, par la fenêtre de son atelier situé à l'arrière de son magasin, la nature dont il a été le créateur. Philippe Mckenzie, un chanteur indien de la réserve Maliotenam (l'unique personnage de *La Route bleue* que j'aie réussi à retrouver, Ken ayant indiqué ses nom et prénom), a été un exemple vivant (bien qu'hémiplégique) de l'attention qu'il faut pour jauger un homme. Et l'Indienne Kathia Rock, d'Uashat, qui m'a dit que *tshe menuateten*, c'est simplement « je t'aime » en langue innu ! Nous sommes tombés sur beaucoup de gens par hasard – comme on trouve un arbre à l'ombre salutaire, ou une source pour étancher sa soif. Leurs bons conseils, leurs sourires bienveillants, leurs gestes secourables ont facilité notre voyage.

Plus je flâne à travers le monde, mieux je vois que l'important n'est ni le moment ni le lieu d'où l'on part, ni le lieu où l'on va, mais les rencontres que l'on fait en chemin.

Le début du voyage

Il suffit de marquer sur la carte l'itinéraire de notre expédition et de le comparer avec celui de Kenneth pour observer que les pointillés de nos routes sont entremêlés, aussi bien dans le temps que dans l'espace : ils se coupent, se superposent, vont en des sens contraires ou bien s'écartent pour finalement se rejoindre et courir de nouveau en parallèle.

Nos routes se croisent une première fois à Québec (White y était arrivé en provenance de Montréal, et nous de Toronto), nous avons traversé les Laurentides par la route 175 Nord qu'il a décrite ; à Chicoutimi, nous avons obliqué sur la route 170 Ouest en direction du lac Saint-Jean, et là, nous nous séparons. Ken avait pris la route 169 Nord, il passa la nuit à Dolbeau. « Dieu, je suis content de quitter Dolbeau[1] ! », soupira-t-il le lendemain. Il attrapa un car pour Roberval et, de là, se rendit à pied dans la réserve Mashteuiatsh. Pour notre part, nous rappelant son soupir, nous n'avons pas couru le risque de coucher à Dolbeau, nous nous sommes dirigés tout de suite vers la réserve par la route 169 Sud, pour l'y attendre.

Du camping indien de Mashteuiatsh (en langue innu « le point d'où l'on voit le lac »), les pointillés sur la carte courent de nouveau de conserve. Suivant les traces de Kenneth, nous sommes retournés à Chicoutimi puis, par la route 172 (donc la rive gauche de la rivière Saguenay), nous sommes descendus vers Tadoussac, au bord du Saint-Laurent, et ensuite, par la route 138 (dite route des Baleines), nous avons longé la Côte-Nord jusqu'à la ville de Baie-Comeau. Là, nous avons viré à gauche, contourné le cratère Manicouagan sur une route de gravier puis, dans un épais nuage de poussière, nous avons récupéré la Trans-Labrador Highway. Ken, lui, était parti tout droit. Il fit étape plusieurs jours à Sept-Îles, avec un détour dans la réserve de Mingan pour assister à un mariage indien, puis il arriva au Havre-Saint-Pierre (la route, à l'époque, finissait là), d'où il repartit quelques jours plus tard pour Schefferville par le train des mineurs.

Nos pointillés se superposent de nouveau seulement sur la Trans-Labrador Highway, à la hauteur des chutes Churchill. Ken était passé par là en car ; il l'avait pris « [juste] au-dessous de Livingstone, à la borne 101, en descendant de Schefferville[2] ». Nous, partis de Labrador City, nous avons crevé de chaud dans des tourbillons de poussière. Nous sommes allés à Goose Bay en suivant ses traces et avons visité les Muskrat Falls en cours de route. La route carrossable s'est terminée à Goose Bay. Pour aller plus au nord, jusqu'à Ungava, White profita du petit avion de Jim le Chanceux – Jim Lucky –, et la *Route bleue* s'interrompt là. Nous, nous avons embarqué sur un ferry qui fait la navette entre Goose Bay et Nain (au-delà, il n'y a pas d'établissements humains

1. Kenneth White, *La Route bleue, op. cit.*, p. 62.
2. *Ibid.*, p. 183.

de nos jours), et sommes revenus à bord du même à Goose Bay, où un autre nous a amenés à Cartwright. De là, nous avons suivi la route 510 jusqu'à Blanc-Sablon via Port Hope Simpson, Red Bay, L'Anse-au-Loup et L'Anse-Amour. À Blanc-Sablon, nous avons embarqué sur un troisième ferry pour gagner Natashquan et, plus loin, la route des Baleines (prolongée de quelques dizaines de miles depuis l'expédition de Ken), puis nous sommes retournés à Toronto en passant par Havre-Saint-Pierre, Mingan (là, nous avons cherché les participants au mariage indien décrit dans *La Route bleue*, hélas en vain), Sept-Îles, Tadoussac et Québec.

De prime abord, quand on regarde la carte, on peut avoir l'impression que nous avons pour ainsi dire refait l'expédition de White ; en réalité, nos chemins avaient peu de choses en commun. En disant cela, je ne pense pas aux différences qui apparaissent dans nos parcours respectifs (Schefferville évité, Ungava auquel nous avons renoncé), ni au laps de temps écoulé entre les deux (avec de nouvelles routes, les changements du climat), mais au *style* de nos voyages. Autant dans le cas de Ken, on peut parler d'un authentique voyage à l'aventure, autant notre expédition se rapprochait plutôt d'un voyage touristique.

D'abord, l'état de nos connaissances. Aussi incroyable que cela puisse paraître, il y a un peu plus d'une vingtaine d'années, White avait eu beaucoup de mal à se procurer des informations élémentaires sur le Labrador (impossible d'acheter une simple carte), et les gens qu'il interrogeait à Montréal sur la manière d'y aller ouvraient de grands yeux et le prenaient pour un fou. Aujourd'hui, Google propose des photos et des cartes satellites du Labrador où l'on peut errer virtuellement sans sortir de chez soi, et n'importe quel hameau sur la route possède son centre d'information touristique d'où l'on repart chargé de dépliants illustrés.

Ensuite, la logistique de la route. Kenneth vadrouillait en autocar, avec des haltes tantôt ici, tantôt là (un billet spécial lui offrait des conditions avantageuses dans certains hôtels tout le long de son trajet). Il faisait des détours parce qu'il n'avait pas envie de se presser, et s'écartait souvent de l'itinéraire prévu, obéissant à ses caprices, prenant le temps de boire un petit verre de whiskey avec un compagnon de fortune et de fumer un joint au lit avec une petite Pocahontas. Nous, nous filions dans une Ford Escape de location (avec quatre roues motrices, la climatisation, la radio satellite et des sièges chauffants) et d'un ferry à l'autre (qu'il avait fallu réserver à l'avance), sans avoir la possibilité de prolonger notre arrêt où que ce soit (sans parler de joint ou de Pocahontas), dépendants que nous étions de l'agenda de Krzyś.

Et enfin, le vagabondage solitaire de Ken était « une méditation en voyage » dont personne ne venait le distraire. Pour notre part, nous voyagions à trois et, bon gré mal gré, nous discutions souvent et perdions du coup un peu la perception du monde qui nous entourait. Notre expédition confirme la règle selon laquelle il faut voyager seul. En groupe, on fait du tourisme.

Avant que nous n'arrivions à Québec, en provenance de Toronto, quelques mots sur mes compagnons de voyage. Les paysages qu'on voit de l'autoroute 401 sont sans intérêt. Les routes d'Amérique sont une abstraction et les trajets ressemblent plus à un vol en avion qu'aux émotions que vit un aventurier, Kapuściński avait raison. Le seul souvenir de cette route qui se soit gravé dans ma mémoire, c'est le goût insipide du café dans les bars *Tim Hortons*.

– Et leur papier hygiénique est vraiment fin, avait remarqué Krzyś Kasprzyk. Le ciel passe à travers.

– C'est du papier à chier, avait ajouté Łukasz, sans qu'on sût s'il confirmait ou infirmait cette opinion.

Ce bref échange caractérise à la perfection mes compagnons. Comme on le voit, Krzysiek Kasprzyk est un poète ! Il enseigne dans une école catholique de jeunes filles à Toronto. Quand il parle de ses élèves, il les appelle les *gracieuses*. Il leur enseigne la géographie et la religion. Sa tignasse lui vaut le surnom d'Einstein, mais il me fait davantage penser à saint François d'Assise, car il cause avec les écureuils et attire les oiseaux. Quelque temps avant notre expédition, il m'a envoyé un mail disant que le matin, alors qu'il se rendait à son école, un épervier l'avait effleuré en plein vol, signe que notre Labrador se ferait bien ! Nous nous sommes connus aux Chantiers navals de Gdańsk pendant la grève (Kasprzyk est le parolier de *Une chanson pour ma fille*[1]), nous étions tous les deux engagés dans Solidarność. Puis chacun a roulé sa bosse... Il m'a retrouvé des années après (via *Kultura*[2]) sur les îles Solovki. Nous avons commencé à correspondre, tisser des projets. Jusqu'au jour où Kenneth nous a donné l'idée du Labrador ! Sans Krzyś, cette expédition n'aurait pas eu lieu.

Quant à Schuch, il s'est joint à nous au dernier moment, lorsqu'on a appris qu'Andrzej Bartula ne pouvait pas venir et qu'il a fallu trouver un chauffeur en catastrophe. Łukasz est né dans une famille allemande polonisée (son ancêtre Johann Christian Schuch a été administrateur des Łazienki Królewskie de Varsovie, les Thermes royaux). Encore gamin, il a tenté de s'évader de Pologne, mais a été rattrapé. Il est diplômé de l'École de cinéma de Łódź, s'est un peu frotté à la bohème Celluloïd et a émigré grâce à Solidarność, mais maintenant il rêve de rentrer en Pologne tant il en a marre de ce *fucking* Canada. Il vit d'allocations depuis des mois, est sans boulot et a par ailleurs des problèmes familiaux. Aussi rien d'étonnant à ce qu'il n'arrête pas de geindre derrière son volant... Mais c'est un excellent chauffeur, il a parcouru l'Amérique en conduisant des engins. Et puis il sait faire des photos.

Anka Łabieniec, de Toronto, devait venir avec nous. Il y a de cela des années, à la Foire internationale du livre de Varsovie, elle m'avait offert le reportage de son voyage en Sibérie, *Répétition de Sibérie*, avec une paraphrase de ma recette d'encre[3], qu'elle avait remplacée par du sang. Voilà comment nous avions lié connaissance ! Dès qu'elle a eu vent de notre projet d'une expédition sur les traces de Ken au Labrador, elle nous a apporté son concours. Elle a réuni des

1. Cette chanson tint lieu d'hymne officiel au syndicat Solidarność, né en août 1980. On peut l'entendre dans *L'Homme de fer*, film d'Andrzej Wajda qui obtint la Palme d'or à Cannes en 1981.

2. Revue polonaise de Paris dans laquelle Mariusz Wilk publiait ses chroniques des îles Solovki réunies dans *Le Journal d'un loup*, trad. par Laurence Dyèvre, Les Éditions Noir sur Blanc, 1999.

3. Voir *Le Journal d'un loup*. Introduction aux « Notes de Solovki (1996-1998) ».

fonds et de la documentation… Dans les textes qu'elle a préparés pour moi, j'ai découvert un passage instructif du journal de Samuel Hearne datant de 1770. Les expéditions des Blancs sont vouées à l'échec, lui avaient expliqué des chefs indiens, parce qu'ils n'emmènent pas de femmes avec eux, alors que, comme on le sait ! elles peuvent tirer des charges deux fois plus lourdes que les hommes, dressent mieux les tentes et surveillent les feux la nuit, et on peut les nourrir à moindre coût car elles font la cuisine pour tout le monde et de temps en temps… se sucent les doigts. Voilà pourquoi j'ai regretté de voir Ania rester à Toronto les larmes aux yeux.

Québec

Kenneth arriva à Québec à l'automne. En route, il avait traversé des bois qui scintillaient sous ses yeux, tantôt d'un rouge doré, tantôt d'un rouge orangé, et avait été séduit par les troncs blancs des bouleaux. Maintenant, on est au début du mois d'août. C'est le plein été. Par les fenêtres de la salle à manger du motel où je bois un café matinal en attendant le lever de mes copains, je ne vois qu'un vert poussiéreux. Serait-il possible de rattraper l'automne si on avait une Ford ultra rapide ?

Bah ! Même la faculté de se déplacer à la vitesse de la lumière ne sera pas suffisante pour parcourir un simple moment, écrit Wang Bi dans la préface au *Tao Tö King* dont je ne me sépare jamais en voyage. Même la faculté de voyager sur les ailes du vent ne suffira pas à rattraper un simple souffle.

Ainsi, il serait préférable d'attendre l'automne. De nous asseoir quelque part sur la berge du Saint-Laurent et de contempler les nuages qui flottent au gré du fleuve, jusqu'à ce que rougeoient les érables. Certes, mais comment attendre alors même que le temps, le fouet du temps, nous presse ?

J'envie Ken ! Je l'envie non pas à cause des couleurs automnales du Québec – car l'été aussi a ses charmes (il suffit de regarder tranquillement autour de soi) –, mais de ne pas avoir été pressé par le temps. Qui plus est, Kenneth était parti chercher aux confins du Canada « un territoire où le temps se convertit en espace[1] », il voulait se libérer complètement du diktat du temps et, du même coup, guérir de l'histoire.

Car l'histoire est une forme de maladie ! C'est le mal de l'homme blanc. Avant l'arrivée des Européens, ni les Indiens ni les Inuits ne savaient ce qu'était l'histoire (pas plus qu'ils ne savaient ce qu'étaient la vodka et la petite vérole), ils vivaient uniquement dans l'espace. Le passé avait un caractère mythique, les Esprits des Ancêtres et leurs histoires étaient issus des mythes. L'histoire de l'Amérique du Nord commence seulement avec l'apparition des Blancs.

À Québec, l'histoire est partout présente. C'est la seule ville d'Amérique du Nord entourée de remparts. Il n'est donc pas surprenant que ces derniers se soient imprimés dans les têtes. Cela explique le fameux séparatisme québécois et la devise « Je me souviens » inscrite sur les plaques d'immatriculation. Ken se moquait qu'en tant qu'Écossais de souche, il aurait eu plus de raisons que les Québécois d'entretenir ses griefs contre les Anglais, de se plaindre, d'écrire de longs poèmes politiques ou d'agiter son drapeau, et il répétait son credo : « Et merde ! On ne peut pas rester écossais toute sa vie ! » On ne peut pas passer toute sa vie sur des remparts.

Donc, si l'on pensait que White, à Québec, visita le château de Frontenac et effectua un pèlerinage dans les plaines d'Abraham où les Anglais avaient battu les Français, on commettrait une grossière erreur. Kenneth, à Québec, chercha une carte du Labrador ; il fit une visite au Centre d'études nordiques et passa faire un tour à la réserve de Hurons de l'Ancienne-Lorette.

Et nous ? Nous, nous avons une carte (et même plus d'une) ; le Centre d'études nordiques, on peut le laisser tomber puisque nous ne connaissons pas le français, et chez les Hurons, nous irons déjeuner au restaurant *La Sagamité* où l'on peut manger du rosbif de bison, paraît-il ! Après le petit-déjeuner, nous grimpons donc à la citadelle ! Non pas pour payer notre tribut à l'histoire, mais pour admirer la

1. Kenneth White, *La Route bleue*, *op. cit.*, p. 12.

magnifique vue panoramique qu'on a de là-haut sur le Saint-Laurent.

En contemplant le fleuve de la terrasse Dufferin, j'évoque l'enthousiasme de Henry Beston devant l'immensité de ce paysage. « Le panorama s'ouvre sur des montagnes lointaines et les berges mornes, le ciel vide et le fleuve aussi impressionnant que l'océan, écrit-il dans *The St. Lawrence.* Il n'y a rien, ici, qui puisse se comparer à l'échelle de l'Europe ni même à celle de la côte Est des États-Unis. Le paysage qui s'offre à vos yeux vous paralyse par sa dimension et sa puissance. Ce paysage n'a rien à voir avec les paysages d'Angleterre ou de France. Cette terre est aussi étrangère à l'Europe qu'aux souvenirs qu'on en a. »

On s'étonne même qu'une histoire si superficielle ait été écrite dans cet espace splendide. Tenez, prenons l'exemple de l'épisode qui décida du succès de l'assaut de la forteresse de Québec. Durant tout l'été 1759, l'armada britannique (qui compte plus de cent cinquante vaisseaux et près de douze mille soldats) fait sans succès le siège de la citadelle du côté du fleuve sous le commandement de James Wolfe. Le rivage inaccessible ne laisse aucune chance de débarquer les troupes pour conquérir la ville. Les Anglais sont désemparés, l'hiver approche, les navires risquent d'être pris dans les glaces. Et sans les Françaises… Le 8 septembre, le général Wolfe, qui a d'ores et déjà perdu tout espoir de voir l'opération réussir, inspecte la côte ennemie à la longue-vue comme de routine lorsqu'il aperçoit des femmes occupées à faire la lessive dans le fleuve ; un peu plus haut, du linge a été mis à sécher sur l'herbe. Wolfe en déduit avec justesse qu'il doit y avoir un sentier par là et, dans la nuit du 12 septembre, il débarque ses hommes à cet endroit. Une bataille décisive se déroule le lendemain dans les plaines d'Abraham, qui dure à peine un quart d'heure. Malgré leur supériorité en nombre, les détachements français du général Louis-Joseph de Montcalm subissent une honteuse défaite, et les rêves canadiens de la France éclatent comme une bulle de savon. On peut dire que des caleçons mis à sécher décidèrent du cours de l'histoire du Canada.

Aujourd'hui, la ville de Québec s'apprête à célébrer ses quatre cents ans. Partout flottent des drapeaux à fleurs de lys – « [des] lis blancs [qui] n'ont jamais poussé ici et ne pousseront jamais », se plaignit à White le chef de la réserve locale qui proposait de remplacer l'emblème par « une peau d'ours noir avec une raquette au milieu » et poursuivit : « Pour montrer que c'était bien nous qui l'avions créée, je mettrais au centre de la raquette une tête d'Indien[1]. » Participera aux festivités, entre autres personnalités, Sir Paul McCartney qui donnera un concert gratuit. À cette date, nous ne serons plus là...

Avant de prendre la route, nous avons fait un saut au resto indien *La Sagamité*, où une charmante Huronne nous a servi du rôti de bison. Si je n'avais pas vu la carte, j'aurais cru, au goût, manger du vulgaire bœuf. La Huronne, elle, avait les cheveux teints en blond. Nous avons fait une photo avec elle en souvenir. Plus tard, dans l'auto, Krzyś évoquait ses beaux yeux pleins de lumière dorée et soupirait à l'arrière en rêvant à la douceur d'un réveil dans ces yeux-là.

La route 175 Nord

La sortie de Québec n'a pas été une mince affaire. Un vrai labyrinthe ! Et une signalisation qui laissait à désirer. Ce n'est qu'à la énième tentative que nous avons réussi à prendre la route 175 Nord. White lui consacre tout un chapitre, et je n'en suis pas surpris ! C'est une route superbe qui traverse le parc national Jacques-Cartier et deux réserves naturelles dans les Laurentides. Mais si, à l'époque du voyage de Kenneth, c'était une petite route secondaire tranquille, on l'élargit actuellement pour répondre aux besoins du boom touristique. Par ailleurs, j'ai été étonné de voir dès le commencement de la route des panneaux signalant la présence d'élans, Ken parlait de caribous. Comment avait-il pu se tromper à ce point ? L'explication a fini par venir : il y avait bien des caribous dans les Laurentides il y a encore une vingtaine d'années, mais ils ont été chassés plus au nord par le réchauffement climatique.

1. *Ibid.*, p. 37.

Dans la délicate nature septentrionale, les grosses pelleteuses à chenilles, les énormes bulldozers, les grues et les camions monstrueux ressemblaient à d'étranges véhicules cosmiques venus d'une autre planète. J'avais l'impression de les voir mordre la terre au sens propre. Nous devions régulièrement nous arrêter et patienter dans une longue file de voitures le temps qu'on fasse sauter un pan de montagne à la dynamite. Les sapins noirs qui bordaient la route, voués à l'abattage, portaient des marques d'un jaune agressif. La 175 Nord faisait penser à une blessure ouverte d'où coule une sanie de couleur vive. Dans ce paysage dévasté, la musique indienne de Robbie Robertson résonnait comme un chant funèbre. Surtout la *Danse des esprits*.

Brève halte au bord du lac Cartier pour nous dégourdir les jambes. Les bâtisseurs ne sont pas encore arrivés jusqu'ici. On n'ose pas imaginer à quoi ressemblera ce lac vierge lorsque les stations de villégiature s'en seront emparées. Si cela ne tenait qu'à moi, j'interdirais purement et simplement le tourisme de masse dans le Grand Nord (sous la menace de la guillotine). La nature, sous ces latitudes, est trop fragile. Le paysage d'ici doit être contemplé avec attention, l'extase enivrée des foules touristiques lui est inutile. Peut-être est-ce la raison pour laquelle White a écrit que « [ceux] qui suivent la Route du Nord essaient de pénétrer dans le clair, au-delà de tout le fatras[1] ». Les esprits des autochtones ont été clairs jusqu'au moment où les hommes blancs leur ont apporté l'eau de feu.

Le Nord n'est pas un lieu, mais un état d'esprit, enseigne Oiseau Rouge, le chaman de la tribu des Ojibwés.

C'est le Malouin Jacques Cartier qui passe pour être le découvreur du Canada. Le navigateur breton entra dans le golfe du Saint-Laurent en mai 1534. Le premier à apercevoir les côtes de Terre-Neuve avait été John Cabot, trente ans plus tôt. Les Vikings des sagas, Bjarni Herjólfsson et Leifur Eiríksson, étaient allés du Groenland jusqu'au Vinland, le pays des vignes, comme ils appelèrent Terre-Neuve, à la

1. *Ibid.*, p. 44.

charnière des Xᵉ et XIᵉ siècles. D'ailleurs, Cartier lui-même évoque dans *Voyages de découverte au Canada* sa rencontre près des côtes canadiennes d'une goélette de pêcheurs de La Rochelle. Les pêcheurs de morue français et basques connaissaient l'endroit bien avant l'arrivée de Jacques Cartier, mais ils faisaient grand mystère de leurs riches zones de pêche tandis que le navigateur de Saint-Malo, lui, racontait ses voyages et s'attira ainsi la gloire.

J'ai déjà fait la remarque qu'un texte a plus de réalité qu'une route, qui lui sert uniquement de prétexte. L'exemple de Cartier en est la parfaite confirmation. Précisons que c'est le Breton qui pérennisa le nom du Canada, ayant interprété de façon erronée la réponse des Iroquois à sa question sur le pays dont ils étaient ressortissants (le concept de « pays » leur était inconnu) : ils lui montrèrent quelques huttes en disant *kanata,* ce qui dans leur langue signifiait *village.* C'était Stadaconé, sur l'emplacement de l'actuelle ville de Québec. Les autochtones se montrèrent hospitaliers, mais ils ne tardèrent pas à déchanter. La première action de Cartier dans leur village fut de planter un pieu orné des emblèmes du roi de France, or ils ne voulaient pas de ce genre de totems chez eux... Pour quelques jeunes Indiens, la rencontre avec Cartier se termina tragiquement, puisqu'il les emmena de force en France et qu'aucun d'eux ne survécut à son séjour à Paris. Comme une curiosité amusante, je vais citer la première description de la consommation de tabac dans la littérature. Cartier s'y montre un réel découvreur. « Ils ont aussi une herbe [...] laquelle ils estiment fort, et en usent les hommes seulement, en la façon qui ensuit. Ils la font sécher au soleil, et la portent à leur col en une petite peau de beste en lieu de sac, avecque un cornet de pierre ou de bois. Puis à toute heure, font poudre de la dite herbe, et la mettent à l'un des bouts du dit cornet, puis mettent un charbon de feu dessus et soufflent par l'autre bout tant, qu'ils s'emplissent le corps de fumée, tellement qu'elle leur sort par la bouche et les nazilles, comme par un tuyau de cheminée ; ils disent que cela les tient sains et chaudement, et ne vont jamais sans les dites choses. Nous avons expérimenté la dite fumée, après laquelle avoir mis dedans notre bouche, semble y avoir de la poudre de poivre, tant est chaude[1]. »

C'est également à Cartier que l'on doit la fameuse comparaison du Labrador à « la terre que Dieu donna à Caïn ». Il lui paraissait si inaccessible. En remontant en voiture, je me suis dit que j'étais curieux de savoir ce qui survivrait le plus longtemps à Jacques Cartier : son livre, ou son nom dans l'appellation de ce joli lac.

La route 175 Nord finit à l'entrée de Chicoutimi bordée de chaque côté par des haies d'hypermarchés hideux. Nous avons encore roulé un certain temps avant d'arriver à un endroit qui ressemblait vaguement à un centre-ville. Au début du XIXe siècle, Chicoutimi était un centre de commerce de fourrures d'une relative importance. Aujourd'hui, toute la ville défile dans la rue Racine décorée de guirlandes de fanions et d'ampoules multicolores. Des *gracieuses* grasses comme des baleines démontaient une scène en plein air. La veille avait eu lieu un concert, ou un festival, allez savoir.

Nous nous sommes assis à la terrasse d'un resto italien. J'ai commandé des « fettucine Alfredo », dont le goût n'a pas été à la hauteur du nom. Kenneth, à Chicoutimi, avait mangé des merguez qu'il arrosait de whiskey. Hélas, nous n'avons pas retrouvé son *Café Oasis,* et le bar près du port sur le Saguenay était fermé.

Nous sommes donc restés un moment sur la berge de cette merveilleuse rivière. Ses eaux grises sillonnées d'or et d'argent ne m'ont pas fait impression. J'étais gêné dans ma contemplation par le parking à plusieurs étages en béton armé d'un gris sale qui se reflétait dans le miroir d'eau.

Pointe-Bleue

Nous avons passé la nuit au camping indien de Mashteuiatsh, au bord du lac Saint-Jean. Cette toponymie évangélique énervait White. Saint Jean y était-il jamais venu ? Tout de même, ce lac avait bien dû avoir un nom indien, « beau et précis » !

---

1. Jacques Cartier, *Voyages de découverte au Canada, entre les années 1534 et 1542, op. cit.*, p. 51.

s'indignait-il. « C'était peut-être le lac des Vagues-Bleues, ou le lac des Tempêtes-d'Été, ou le lac Aux-Arbres[1]. » Pourquoi donc des gens qui n'avaient jamais mis les pieds ici, qui passaient toute leur vie le nez dans leur gros livre noir, tiraient-ils de celui-ci des noms qu'ils plaquaient au petit bonheur la chance sur la réalité ?

Dans la langue des Innus, le lac s'appelle Piekouagami, soit « Peu Profond ». White ne fournit pas d'explication, c'est curieux. Je partage son animosité contre la toponymie évangélique. Le nom de Piekouagami rend ce que j'ai sous les yeux avec mille fois plus de précision que le prénom de Jean, tout saint qu'il soit. Nous le vérifions à tout hasard, Kasprzyk et moi, en nous baignant à jeun. Le soleil, depuis le matin, avait saturé l'eau de tant de lumière que j'ai eu l'impression de me baigner dans de l'hydromel. C'est bien vrai, le lac est effectivement peu profond, saint Jean n'a rien à faire ici. Sans parler de la consonance du mot indien *pie-ko-ua-ga-mi*. On y entend les gargouillis de l'eau contre les pierres du rivage.

White évoquait « l'occupation du monde par Jéhovah », la toponymie en est une des manifestations.

Un autre aspect de la conquête religieuse de cet espace, ce sont les symboles de foi qui surgissent à tout bout de champ. Hier, sur la route qui relie Chicoutimi à Mashteuiatsh, où que nous portions le regard, des croix, des chapelles plantées comme des drapeaux en terrain conquis ! À côté, sur de petits bancs peints en blanc adossés à de coquettes maisonnettes (comme chez Edward Hopper), étaient assis des vieux qui se distrayaient du spectacle de la route. Ils ont comblé le paysage inhabité du Nord avec leurs objets sacrés et puis ? Ont-ils gagné plus de Dieu pour autant ? Leurs croix sont aussi déplacées dans ce paysage que le nom de saint donné à ce lac indien. Et eux, sur leurs bancs, avaient l'air de poupées devant des maisonnettes en carton.

Les Indiens, c'est autre chose. Même dans la réserve, on voit d'emblée qu'ils sont chez eux. D'ailleurs, la réserve actuelle n'est pas une réserve mais une *community*, une

1. Kenneth White, *La Route bleue*, *op. cit.*, p. 57.

commune, un centre communautaire. Mashteuiatsh a été fondée en 1856 et portait encore le nom français de Pointe-Bleue il n'y a pas si longtemps. Ken cite les propos courroucés d'une pétition du chef indien adressée au gouverneur du Québec : « Qu'on nous donne un morceau de terre au lac Saint-Jean. Que tu empêches les Sauvages étrangers de couper nos bois et de chasser sur nos terres. Si tu ne nous accordes pas ce que nous te demandons, voilà que nous allons tous disparaître comme la neige disparaît, le printemps, au soleil. J'ai dit[1]. » Ces mots trahissent la douleur, il n'est que de les lire à haute voix.

Le territoire actuel de la *Community of Mashteuiatsh* compte quinze cents hectares. Y vivent près de cinq mille Indiens. Autrefois, les Français les appelaient les Montagnais, les gens des montagnes. Je ne sais pas pourquoi Ken les appelle les *Innut*, le pluriel de *Innu*, c'est *Innus* ! Ils étaient plus connus sous ce nom. *Innus* est un nom propre (bien que j'aie entendu aussi *Ilnus*), et la traduction en est simple : « êtres humains ». Les autres peuplades du Grand Nord, les Samis, les Nenets, les Inuits, les Aïnous, les Evenks, se définissent de la même façon dans leurs langues respectives… Comme s'ils voulaient se distinguer des autres habitants des solitudes septentrionales, des caribous, des ours et des loups, égaux en droits ! Pour quelqu'un qui, comme Ken, a une indigestion de peuples et de pays, être *uniquement* un être humain est une assez bonne échappatoire.

– Je suis un être humain, et toi ?

– Moi, je suis français.

Voilà à quoi aurait pu ressembler au XVe siècle, sur la rive du Saint-Laurent, l'échange de salutations entre un Innu et le premier pêcheur de baleines ou de morue français. Les Innus occupaient à l'époque de vastes territoires qui s'étendaient de la Côte-Nord et de la vallée du Saguenay jusqu'à Schefferville. Au nord, ils vivaient en bon voisinage, pacifique (selon la tradition orale), avec les Inuits. Ils nomadisaient, vivant de la chasse au caribou et de la pêche, et n'avaient pas toujours à manger. Avec les nouveaux venus blancs, ils

1. *Ibid.*, p. 54.

vécurent d'abord en bonne entente, le commerce les rapprochait. Ils échangeaient des fourrures contre de la nourriture, surtout contre de la farine. Le spectre de la faim périodique qu'ils avaient connue à « l'époque pré-farine » cessa de les hanter. Les relations des Indiens innus avec les Blancs se gâtèrent avec l'arrivée des missionnaires chrétiens. White les appelle des « vampires ». J'ajouterais : « de miséricorde ».

Dès le début, les missionnaires firent tout pour obliger les Indiens à passer de leur rythme de vie nomade à un rythme de vie sédentaire. En effet, ils comprenaient qu'un homme qui vagabonde à sa guise était plus difficile à convertir à la nouvelle foi qu'un sédentaire. « Brisez le rythme vital, disait Kenneth, et vous briserez l'esprit. Prenez un esprit sans rythme vital, il croira n'importe quoi[1]. » Aux mêmes endroits que les missions chrétiennes s'installèrent des magasins permanents où l'on trouvait à manger si l'on rentrait bredouille de la chasse, et à boire pour noyer dans l'alcool la culpabilité engendrée par la découverte récente de ses péchés. De l'avis de Ken, ce fut le début de la fin. Il ne restait plus qu'à enfermer les Peaux-Rouges dans des réserves où, grâce au travail dévoué et intransigeant des nobles missionnaires, ils pouvaient mourir d'une manière édifiante.

J'avais entendu raconter toutes sortes de choses sur ces réserves indiennes ! Sur les fléaux de la drogue et de l'alcool qui déciment les malheureux autochtones qu'il reste, sur la saleté, les maladies et la misère. Aussi m'attendais-je au pire, tandis que nous approchions le soir de la première réserve d'Indiens que j'allais voir de ma vie. D'autant plus que Pointe-Bleue ne m'avait pas paru très engageant non plus dans *La Route bleue.* Ken y était arrivé à pied en provenance de Roberval. Il visita le musée, explora le village et causa un peu avec les gens d'une boutique qui faisait aussi débit de boissons, puis il repartit par le chemin par lequel il était venu… Les Indiens s'étaient plaints à lui de la qualité de la nourriture : la volaille, par exemple, n'était plus qu'eau et chimie, cela les avait rendus fragiles et ils tombaient

1. *Ibid.*, p. 98.

malades pour un rien ; en plus, assis en permanence devant leurs postes de télévision, ils manquaient de mouvement, ce n'était plus comme autrefois. Mais ce qui m'a le plus frappé, c'est de les voir trouver Ken plus indien qu'eux.

Il n'a pas été facile d'arriver jusqu'à Mashteuiatsh. Sur la 169, l'embranchement pour le village n'était pas signalé. Nous y sommes donc allés au feeling. Puisque la réserve s'appelait « Point de vue sur le lac », elle devait se trouver sur le promontoire que nous apercevions au loin, après Roberval. Nous avons eu du flair ! Quatre miles de gravillons plus loin, nous sommes tombés pile dessus. Comme la nuit venait, nous sommes allés directement au camping sans prêter attention au paysage. À la réception, nous avons été accueillis par de jeunes Innus. Pas trace d'alcool dans leur haleine ! Nous leur avons dit que nous marchions sur les traces d'un écrivain écossais venu chez eux plus de vingt ans auparavant. Ils se sont étonnés que les Blancs continuent à raconter des histoires d'Indiens, puis ils ont inscrit nos noms dans le registre des clients et nous ont proposé du bois pour le barbecue. Cinq dollars la brassée.

Nous avons monté la tente dans le noir à la lumière des phares de la Ford. Le camping était bondé. D'énormes camping-cars avec des cellules amovibles – comme tirées d'un placard –, des vérandas et des clôtures faites de piquets en plastique, étaient parqués sur des emplacements numérotés. Tous étaient éclairés *a giorno* et raccordés comme il fallait. Nous nous sommes endormis dans des odeurs de grillades.

Au lever du soleil, le camping de Mashteuiatsh ressemblait à un grand bivouac. Les feux de la veille fumaient encore par endroits, des touristes somnolents erraient par-ci par-là. N'est-il pas paradoxal, pensais-je devant mon thé vert en train d'infuser, que les colons blancs d'autrefois nomadisent aujourd'hui avec acharnement pendant que les anciens Peaux-Rouges nomades ne se déplacent plus, soucieux de leur confort ? C'est bien la modernité flottante.

Entre parenthèses, dans le livre paru sous ce titre de *Modernité flottante* en Pologne, le sociologue Zygmunt Bauman compare la société moderne à un terrain de camping ouvert à tous ceux qui ont un camping-car et assez de sous pour se payer des équipements : douche, branchement électrique et raccordement aux eaux usées. Les campeurs arrivent et repartent sans qu'aucun ne s'intéresse aux règles de fonctionnement du camping dans la mesure où tout fonctionne correctement et que leurs voisins ne sont pas trop bruyants et baissent leurs téléviseurs portatifs et les chaînes stéréo la nuit. Nous assistons à la fin de la domination des nomades par les sédentaires et aux débuts d'un nouveau nomadisme, dit le sociologue. Hum !

... Et soudain j'ai compris que non seulement c'était la première fois que je me trouvais dans une réserve d'Indiens, mais que c'était aussi la première fois que je me trouvais du côté « non indien ». Que ce soit aux Solovki, dans l'Outre-Onega, ou à Lovozero, j'avais contemplé le monde avec les yeux des autochtones et vécu suffisamment longtemps parmi eux pour adopter leur façon de voir les choses, même si au fond de moi, je demeurais un étranger. Les touristes qui se faisaient embobiner par la pacotille et le kitsch qu'ils prenaient pour de l'art populaire authentique, et participaient à des « envols de chaman » comme à la messe me faisaient bien rire. Mais ici, au Canada, j'étais moi-même un touriste. Cela m'a fait comprendre une autre différence (peut-être la principale) entre le voyageur et le vagabond : la perspective de leur regard sur le monde n'est pas la même. Le voyageur regarde le monde de l'extérieur, le vagabond de l'intérieur. Pour contempler le monde de l'intérieur, il faut le vivre et non pas glisser sur sa surface comme une planche de surf, de camping en camping. Le tourisme tue le mystère de la route.

Kenneth a raison de dire qu'aujourd'hui, en bien des endroits, « si on veut trouver un soupçon de vie », il faut aller au musée. Denise Robertson, qui nous a guidés dans le musée de la réserve de Mashteuiatsh, m'a fait une très forte impression. Dans ses yeux noirs, j'ai entrevu la profondeur du lac de la forêt qu'on voit sur ses photos *Images frozen in my memory*, et dans ses récits, j'ai entendu le rythme de sa poésie scandé par les silences entre les mots.

Le musée a été transféré de l'ancienne maison de la communauté où White l'avait visité dans une construction récente pourvue d'un vaste hall et d'un immense comptoir d'information derrière lequel était assise une jolie Indienne qui ne parlait que français. Krzyś s'est aussitôt lancé dans la drague. Un livre de Frank Speck, *Naskapi* (un fac-similé de l'édition de 1935 !), a attiré mon attention au rayon des souvenirs. Denise me dira après que c'est un classique, un ouvrage capital sur les Indiens du Nord.

Voyant la jolie Indienne incapable de communiquer avec nous, Denise, qui jusque-là se taisait, a volé à son secours et nous a proposé de nous guider à travers le musée en anglais. Notre guide dégageait un magnétisme si puissant que je n'ai guère pris de notes. Juste que les Indiens distinguaient non pas quatre mais cinq saisons, la cinquième étant l'avant-printemps ; qu'ils faisaient leurs *kanu*, leurs canoës, avec de l'écorce de bouleau et de la poix de sapin, et que les femmes secondaient toujours les hommes dans cette tâche qui, dans un certain sens, symbolisait leur union, si l'on pense à l'importance du *kanu* dans la vie d'une famille indienne et à la réalité du chamanisme, fondé sur le maintien d'un équilibre entre la matière et l'esprit.

Denise a prononcé cette dernière phrase avant notre entrée dans la salle des tambours rituels et des vêtements de chaman. Puis elle nous a demandé combien de temps nous comptions rester à Mashteuiatsh, parce que si nous restions une nuit de plus, elle pourrait nous organiser une rencontre intéressante.

– Hélas, nous sommes obligés de poursuivre notre route. Nous devons prendre un ferry à Goose Bay le 11 et avons encore plus de mille sept cents kilomètres à faire et plusieurs endroits intéressants à voir sur la route.

– Dommage, a-t-elle murmuré, pensive, comme pour elle-même, avant de nous conduire dans la salle de projection où commençait un film sur la vie des autochtones.

Dans la salle, à part nous, il y avait un couple de Yankees d'âge mûr accompagné d'un gamin grassouillet qui mâchonnait sans arrêt. Le film était clairement destiné aux touristes : des scènes de chasse et de pêche pour la montre, les rituels chamaniques classiques, de l'artisanat dit populaire. J'avais découvert tout cela au naturel en vivant parmi les Samis de la péninsule de Kola. Seule la façon de cuire le pain dans la terre m'a un peu intrigué, mais lorsque Denise nous a dit que les Indiens innus utilisaient de la levure en poudre pour faire lever la pâte, ma mine s'est allongée. Ma Natacha n'utilise même pas de levure, elle fait sa pâte au levain.

Au retour de la lumière dans la salle, j'ai découvert une exposition de grandes photos qui étaient l'œuvre de notre guide. L'une d'elles m'a particulièrement emballé. J'étais incapable d'en détacher les yeux : un petit lac entouré de taillis verts, tel un débris de miroir, reflétait le bleu pâle du ciel et les cimes noires des sapins. Plus je regardais la surface étincelante de l'eau, plus le ciel en émergeait distinctement.

Denise s'est mise à rire.

– Si on regarde cette photo à l'envers, on a l'impression que le lac est un ciel qui jette un faible éclat sur les taillis de la forêt, m'a-t-elle dit. Le bouleau sur la droite de la photo a attiré l'attention des anciens lors du vernissage de l'exposition. Vous voyez la marque sur l'écorce, en haut, qui fait penser à une tête d'Indien ? Maintenant, regardez la photo dans l'autre sens et vous verrez dans le coin inférieur gauche, au pied du tronc, que la même marque dessine le profil d'une vieille Indienne. Les anciens de la tribu ont déclaré que ce sont les ombres de nos ancêtres qui nous observent.

Allant d'une photo à l'autre, nous discutions de la vie au contact des cultures. Car Denise, comme White, était plus indienne que les habitants de souche de la réserve. Née à Springfield, dans le Vermont, elle a grandi à Brattleboro. C'est là qu'elle a rencontré son futur mari, un Indien du clan innu. Ils se sont installés en Virginie, où elle a donné naissance à deux garçons. En 1978, ils sont venus habiter à Mashteuiatsh, le village natal de son mari. La famille et les membres de sa tribu l'ont accueillie avec beaucoup de chaleur. Jamais elle n'avait rencontré tant de gentillesse. Ils l'ont beaucoup soutenue, en particulier en 1995, quand leur fils aîné s'est noyé lors d'une tempête sur le lac Piekouagami. Son mari est mort peu de temps après. La photo et la poésie inspirent sa vie. Ou plutôt le silence, à l'origine de toute création. Ainsi, elle ne photographie que la nature. Car dans la nature, pour peu qu'on la capte avec attention, on découvre le même type d'équilibre entre la matière et l'esprit que dans la pratique du chamanisme. On peut même dire que le chamanisme professe dans la nature l'œuvre du

Créateur. Nous ne percevons Sa présence qu'en elle. Hélas, ce n'est pas ce que les écoles des missionnaires enseignaient aux enfants indiens. Le christianisme, comme tous les « ismes » du monde, peut être comparé aux différentes écoles de peinture qui toutes proclament le primat de leur perception du Beau. Or, le Beau ne doit pas être soumis à des normes ni à des styles, pas plus que l'œuvre du Créateur ne doit l'être à des dogmes et des rituels. Aussi, outre son travail au musée, Denise enseigne à l'école de la réserve pour permettre aux jeunes Indiens de retrouver leurs racines après des années d'endoctrinement blanc. D'ailleurs, ce retour aux racines est devenu dans beaucoup de communautés un programme quasi politique. Les Indiens retrouvent leur identité. Et cela bénéficie en premier lieu à la famille. Elle-même s'est remariée récemment avec un Indien père de six enfants. Grâce à lui, elle se sent de nouveau utile. Ils chassent et pêchent ensemble.

Pendant notre conversation, j'avais l'impression que nous nous comprenions à demi-mot. Au moment de nous dire au revoir, elle m'a offert la photo du ciel dans l'eau avec une dédicace : « *Mar, thank you for your visit to Canada. It was nice to share with you our unique culture. Your Guide, Denise.* »

Tadoussac

Qu'y a-t-il de plus revigorant que la vue de collines arrondies en forme de seins de femme (c'est ainsi qu'on peut traduire le mot innu *tadoussac*, mamelles) léchées par les pâles rayons du soleil levant ? Mes compagnons de voyage dorment encore. J'ai sur eux l'avantage du décalage de l'est ! En effet, je vis d'ordinaire avec quelques heures d'avance sur eux et suis donc réveillé depuis longtemps quand, leur brosse à dents à la main, ils cherchent un robinet d'eau.

Je profite de ma solitude matinale pour parcourir mes notes de la veille. Il est clair que nous n'avons rien vu de la réserve. Juste le camping, le musée, le magasin de souvenirs et, sur la route, un totem que Łukasz a pris en photo. Nous avons filé à travers Mashteuiatsh comme des fantômes en Ford. Comme des touristes, mince ! De la route qui nous ramène à Chicoutimi via Roberval, il ne reste dans mon carnet que l'esquisse d'un paysage lardé de croix, comme un cimetière au bord de la route où les gens assis sur un banc devant chez eux suggéraient leurs propres tombes. Après, la beauté stupéfiante de la vallée m'a fait oublier le crayon que je tenais à la main.

White, lui aussi, resta muet de saisissement. Il parcourut la route de Chicoutimi à Sept-Îles en autocar, dévorant les miles l'un après l'autre dans les reflets bleus d'un après-midi d'octobre. Il inscrivait uniquement les noms des localités qu'il traversait, comme s'il récitait une litanie pour la géographie. Dans le car, quelques passagers. À Tadoussac, il nota que Walt Whitman avait été intrigué par les échos onomastiques qui résonnaient dans *taj-oo-sac*... Pendant la halte, l'autocar se vida et il ne resta que deux personnes à poursuivre le voyage : Kenneth et un trappeur en chemise écossaise équipé d'un sac à dos et d'un fusil. C'était tout.

Dans le recueil *Terre de diamant*, Ken laissa une trace plus nette du lieu, le poème intitulé « Tadoussac ». Je suis curieux de savoir s'il l'a écrit pendant l'arrêt de l'autocar et la descente des rares passagers, ou plus loin sur la route.

Au large de ce cap
on peut voir souffler les baleines

de grosses baleines du Groenland
qui remontent le Saint-Laurent

tu n'es plus au Canada, l'ami,
tu es là-haut dans les espaces blancs
du cerveau de celui

qui fit naufrage dans le néant[1]

Les œufs aux chanterelles du petit-déjeuner ont failli nous obliger à tirer un trait sur la suite du voyage. Je constate

1. Kenneth White, *Terre de diamant*, trad. de l'anglais par Philippe Jaworski, Marie-Claude White et l'auteur, Grasset, 1983. Le poème « Tadoussac » est traduit par Marie-Claude White.

pour la énième fois que nous sommes l'objet éphémère de coïncidences. Un chemin sur lequel rôde le hasard.

Łukasz avait repéré des chanterelles dans la pinède voisine de notre tente à peine nous étions-nous installés au camping de Tadoussac. Jamais je ne l'aurais suspecté d'être un amateur de champignons aussi acharné ! Pas un ne lui échappa, même minuscule ! Après sa cueillette, nous sommes allés faire des courses dans le centre-ville, nous voulions célébrer le Saint-Laurent en nous offrant une bouteille de vin français et un steak grillé. Nous nous sommes garés à l'angle de la rue du Bord-de-l'Eau et de la rue des Pionniers, en face de l'église au toit rouge. Schuch et Kasprzyk sont partis à la recherche de vin, de viande et d'Internet pendant que je restais dans la voiture à écouter le dernier disque de Robert Plant. Devant les fenêtres de la Ford (comme dans un aquarium) passaient les ombres de baleines androïdes. Et il y avait le toit de l'église. Je n'en avais jamais vu de pareil ! Il aurait rendu furieux un bison !

Comme l'absence de mes compagnons se prolongeait, j'ai jeté un coup d'œil à la documentation réunie par Anka Łabieniec afin de voir si j'y trouvais quelques informations. En effet. L'église au toit rouge était la célèbre « chapelle des Indiens » construite en 1747 par le jésuite Claude-Godefroy Coquart et était inscrite sur la liste du patrimoine mondial de l'UNESCO comme étant le monument historique religieux le plus ancien d'Amérique ! Quelle pléthore de superlatifs ! Où que vous alliez, vous voyez toujours « le plus grand », « le plus ancien », « le plus beau »... Ainsi, j'apprends que Tadoussac est la plus ancienne bourgade du Canada – habitée par des Européens, s'entend. Elle a célébré son quatre centième anniversaire en 2000, huit ans avant Québec. Le père fondateur de Tadoussac est le capitaine Pierre de Chauvin, qui dressa la première factorerie du commerce des fourrures au confluent du fleuve Saint-Laurent et du fjord du Saguenay. C'est cependant Samuel de Champlain son véritable créateur (autrement dit le bonhomme qui plaça la factorerie sur la carte en 1603). Les informations fournies par Anka Łabieniec indiquaient également qu'en 1998, la baie de Tadoussac avait été reconnue comme l'une des plus belles du monde ! La seule chose qu'on ignore, ce sont les critères pris en compte et la composition du jury. Je n'ai pas eu le temps d'en apprendre davantage parce que mes camarades ont surgi à l'angle de la rue.

De retour au camping, nous avons allumé le barbecue et Schuch s'est lancé dans son œuvre maîtresse, à savoir la préparation de la viande du dîner, quand l'exclamation qu'il a brusquement poussée – « Où sont mes binocles ? » – a déclenché une crise d'hystérie. Sans ses lunettes, Łukasz ne peut pas conduire. Au fur et à mesure qu'il fouillait ses poches et la voiture, l'affolement grandissait. Kasprzyk avait son permis, certes, mais il n'avait aucune pratique, et la dernière fois que j'avais pris le volant, c'était il y a vingt ans ; par-dessus le marché, je n'avais pas mon permis avec moi. La suite de notre voyage ne tenait plus qu'à un fil, des mois d'efforts tournaient court. Dans la panique, aucun de nous n'était capable de se rappeler si Łukasz avait ou n'avait pas ses lunettes sur le nez quand il était allé faire les courses. Pour les petits trajets, il lui arrive de conduire sans, il y avait donc une chance qu'il les ait laissées dans un magasin. Tout à coup, l'un de nous trois, je ne sais plus lequel, a eu l'idée de l'envoyer voir dans la pinède où il avait déniché les chanterelles. Il les a retrouvées là, mais dans la poche de sa chemise ! Dans un éclair de mémoire (comme s'il se réveillait en sursaut), il s'est revu les mettre à l'abri d'un geste machinal en se prenant encore une fois dans la branche d'arbre qui les lui avait fait tomber du nez.

Après ce petit-déjeuner copieux, la tente pliée, nous sommes partis voir les baleines. Tadoussac est au confluent des eaux douces du Saguenay et des eaux salées du Saint-Laurent, un cocktail apprécié du krill, leur nourriture. Aussi des foules de touristes avides d'apercevoir et de photographier le géant des mers se pressent-elles à Tadoussac. Le plus souvent, on admire ici le bélouga (soit la baleine blanche), le petit rorqual et le rorqual commun, plus rarement le rorqual bleu – le plus grand animal de la planète ! Il y a des bateaux pour aller les voir de plus près, mais les tickets sont chers. Nous avons donc garé la Ford dans une petite rue tout près de l'embarcadère et sommes partis à pied jusqu'à la Pointe de l'Islet, à l'extrémité du promontoire qui sépare le fjord du Saguenay de la baie de Tadoussac, d'où l'on peut distinguer, paraît-il, les geysers des baleines.

Le sentier qui mène à la Pointe de l'Islet part de la route à la hauteur du parking payant. Il serpente entre rochers, sapins nains et parterres de mousse, coupe la crête du promontoire et débouche sur la rive du Saint-Laurent. Il y a autant de monde sur cette sente très étroite que sur l'Orla Perć, dans les Tatras[1]. Nous étions sans arrêt dépassés ou croisés par des amoureux des baleines bruyants et agités. Pas moyen de pisser ni d'écouter le silence. Soudain, qui vois-je ? Une vieille connaissance du Grand Nord de la Russie, un *ivan tchaï* ! L'épilobe me regardait de ses yeux mauves sous un auvent de pierre comme s'il voulait me consoler et me dire que les touristes passent mais que la flore reste. Mon humeur s'est améliorée sur-le-champ. C'est déjà bien que les plantes sachent se taire.

De l'autre côté de la crête, une vue à couper le souffle. Tout droit, le regard s'envole dans le néant du fleuve et du ciel où Kenneth a noyé le cerveau de Melville[2] (« tu n'es plus au Canada, l'ami »), et à nos pieds, des blocs rocheux semblables aux marches ébréchées d'un sanctuaire panthéiste, qui sont assaillis par les touristes aux aguets. Quand White vagabondait par ici, il n'y avait pas de touristes, la folie n'a commencé qu'en 1972, lors de l'introduction du moratoire sur la chasse à la baleine.

Nous sommes descendus à pas prudents jusqu'au fleuve par un escalier taillé dans la roche, pour tâter l'eau. J'ai même trouvé une niche au milieu des rochers imposants à l'abri des regards et des cris. On n'entendait que les clameurs des oiseaux et le murmure du Saint-Laurent... L'eau était réellement salée ! Dans la transparence verdâtre à cause des algues, le soleil se reflétait sur les cailloux et répandait sa lumière au fond. Une vague légère berçait l'écume sur la rive et ridait mon visage. Melville avait raison : la méditation et l'eau vont à jamais de pair.

1. Sentier de randonnée d'environ 4,5 km, considéré comme le plus difficile de toutes les montagnes de Pologne.

2. Dans le poème original, « celui qui fit naufrage dans l'océan » est Melville.

Cependant, nous n'avons pas vu de baleines. Déçu, Krzyś s'est enroulé dans une guirlande de fucus. Łukasz a pris en photo ce drôle de cachalot à toison blanche et nous sommes allés boire un café.

Le père Coquart n'était pas encore réveillé. Seul le jésuite encapuchonné nous scrutait du haut de l'enseigne surmontant l'entrée. Les chaises étaient sur les tables les pieds en l'air, les parasols pendaient d'un air triste et une fille à la peau basanée balayait la salle en dormant à moitié. Notre arrivée a animé son minois somnolent d'un sourire. Et comme d'un coup de baguette magique, la machine à café a démarré son glouglou, les chaises ont été redressées et notre table couverte d'une nappe en un clin d'œil. Nous devions avoir quelque chose d'impressionnant ! Trois messieurs d'âge mûr et d'humeur voyageuse – des hippies en préretraite – qui, de surcroît, parlaient dans une drôle de langue chuintante.

– Aurais-tu jamais pensé, quand on était au *Żak*[1], qu'on boirait un café ensemble un jour au bord du Saint-Laurent ? m'a demandé Kasprzyk.

– Ouais ! ai-je grommelé, incapable de détacher les yeux de la vue qui s'étendait de la terrasse du *Père Coquart.* Au premier plan, des bateaux amarrés ; on aurait dit une compagnie de mouettes accroupies sur l'eau ; plus loin, la palette de couleurs de l'eau et du ciel qui allait des ombres gris-bleu du firmament lumineux à la bande mate gris clair de l'horizon ; ici, une étincelle, comme si le soleil affûtait un rayon sur une vague ; là, une perle qui s'éteignait...

– Eh bien ! Nous voilà dispersés dans le monde entier, poursuivait Krzyś. Misior est à Hambourg. Anka Semaniuk en France, elle a perdu son mari il y a un an. Ela, j'ai oublié son nom, mais je me rappelle bien ses nichons doux comme du malvoisie, ces nichons, donc, se sont mariés avec un sénateur italien et ils habitent Rome. Janiszewski vient de déménager de Barcelone à La Corogne. Tu te souviens de Jurek ?

Je venais enfin de comprendre que Kasprzyk énumérait les habitués du *Żak* – août 1980, le Comité de grève aux Chantiers navals de Gdańsk.

---

1. Club de Gdańsk.

– Évidemment ! Vous nous apportiez les affiches à peine sèches, avec *Solidarność* peint au pochoir. Tu dis que Jurek habite maintenant à La Corogne ? Eh oui, chacun poursuit sa baleine.

Sur la gauche, mon champ de vision était borné par la côte du Saint-Laurent depuis Tadoussac, que je voyais avec une netteté parfaite. De là où nous étions, la petite ville avait l'air d'une station balnéaire et ce n'est qu'alors que j'ai remarqué que la « chapelle des Indiens » du père Coquart n'était pas l'unique bâtiment à toit rouge de la localité. Le toit du *Grand Hôtel*, qui datait de 1866, restauré récemment, faisait sur l'horizon une tache tout aussi vive. Un peu audessus, on apercevait sur la colline une ligne nette : la route des Baleines, notre itinéraire du jour.

Kasprzyk a brusquement changé de sujet :

– Les baleines, c'est bien beau, mais j'ai une réflexion d'ordre plus général : les Indiennes d'ici sont belles, celles de l'Ontario sont grasses.

La route des Baleines

La route des Baleines commence à Tadoussac, elle suit la Côte-Nord (c'est-à-dire la rive gauche du Saint-Laurent et du golfe) et arrive à Natashquan. Au-delà, il faut prendre le ferry. Elle est signalée sur la carte par de petites baleines blanches dans des rectangles bleus. Le même symbole figure sur les panneaux le long de la route, plantés à une telle fréquence qu'on en a les yeux qui voient tout bleu. Une route bleue ! Même White trouverait ça ridicule.

Régulièrement des flèches indiquent des postes d'observation des baleines ou des campings. Sur la route, une foule de camping-cars, mais d'après Łukasz, ils sont moins nombreux cette année parce qu'avec l'augmentation du prix de l'essence les retraités américains n'ont plus les moyens de voyager comme avant. Jadis, une fois à la retraite, ils vendaient leur maison, s'aménageaient une cabane sur roues confortable et faisaient du camping aussi longtemps qu'ils le pouvaient.

Dans la Ford climatisée, je me sens comme le Jonas de la Bible dans les entrailles de la baleine. La route monte et descend en épousant la structure du paysage, elle berce mes pensées.

Du temps de Kenneth, la route 138 ne s'appelait pas encore la route des Baleines, cette dénomination date des dix dernières années, depuis leur extermination quasi totale. Sur les milliers de baleines blanches qui vivaient dans le Saint-Laurent, seules quelques centaines survivent aujourd'hui ! Sans parler des autres espèces animales qui subsistent en quantités infimes. Ah ! C'est bien là la perversité humaine : on extermine d'abord les animaux comme des sauvages, et après, on se lamente, on fonde des sociétés protectrices, on crée des parcs et des réserves pour que les touristes puissent voir en payant le prix fort des animaux qui se baladaient autrefois gratuitement dans la nature.

L'attitude de l'homme envers les baleines a connu la même évolution dans la littérature, de Herman Melville, l'auteur du célèbre *Moby Dick* – qui décrivit son expérience à bord d'une baleinière et créa une éthique des pêcheurs de mammifères marins, car il avait la ferme conviction que les baleines étaient une espèce immortelle quel qu'en fût le nombre à mourir chaque année –, à l'écrivain chilien Luis Sepúlveda qui avait lu *Moby Dick* quand il était gamin et s'est embarqué à bord d'un bateau-usine où il n'a pas tardé à comprendre qu'il s'était trompé de voie, puis a rejoint à l'âge mûr le mouvement Greenpeace afin de lutter pour la défense des plus gros mammifères du monde.

Il est intéressant d'évoquer au passage un autre chasseur de baleines, l'excellent écrivain chilien Francisco Coloane qui montre, à la différence des autres écrivains ibéro-américains qui ont créé ce qu'on appelle le réalisme magique, la magie de la réalité. Dans *Le Sillage de la baleine*, clairement inspiré par Melville, Coloane présente l'exploitation des huiles de baleine à l'usine de transformation de Decepción avec tant de réalisme que la puanteur de la charogne vous donne la nausée rien qu'à la lecture.

Aux temps de Melville, la chasse à la baleine était entourée d'une aura de romantisme, l'homme et l'animal luttaient à armes égales. Avec les techniques actuelles, la chasse se transforme en boucherie. Il suffit de comparer les affrontements courageux entre l'équipage du *Pequod* et Moby Dick et l'impitoyable massacre dans « la grande baie sans nom » décrit par Sepúlveda dans *Le Monde du bout du monde.* Le capitaine Achab se rend au combat décisif dans une barque à rames, armé de son harpon, alors que le capitaine Tanifuji du *Nishin-Maru* attend que les phares puissants d'un hélicoptère éveillent la curiosité des baleines, qui approchent alors au plus près du navire, et le carnage commence. Ainsi, dans la chasse à la baleine, l'homme a atteint les limites de sa bassesse.

Cela appartient au passé, grognent certains ; l'humanité actuelle est plus humaine, la preuve en est que la chasse à la baleine a été interdite. Et les massacres de phoques ? Chaque année, des centaines de milliers de bébés phoques sont tués d'un coup de bâton sur la tête, bien trop petits pour pouvoir s'enfuir. Le développement de la technique ne leur laisse aucune chance... Autrefois, les hommes dérivaient pendant des semaines sur des glaçons flottants à la poursuite de leurs proies et, souvent, périssaient, il suffisait d'un changement de direction du vent. Mais aujourd'hui, ils repèrent leurs proies du haut d'un hélicoptère et débarquent en brigade au milieu d'un troupeau. Seule la méthode d'assassinat n'a pas changé : pan sur le crâne !

Les restos de Baie-Comeau ne proposent pas de poisson frais ! Nous aurions pourtant bien aimé déguster un produit local, de l'esturgeon noir, par exemple, ou de l'anguille. Le chef du *Boucanier*, un restaurant qui vante ses plats de poisson, nous a servi un soufflé de homard norvégien en nous expliquant que les produits de la pêche locale sont interdits à la vente en raison des mauvaises conditions sanitaires qui règnent dans les eaux du Saint-Laurent.

Me voyant griffonner des notes, Łukasz m'a demandé si nous ne roulions pas trop vite et si mon stylo arrivait à suivre.

– Ça dépend de ce que je veux suivre. Les mots sont trop lents pour compter même les tours de roues de notre Ford. Je cherche donc le rythme du voyage à travers l'ordre des syllabes et le degré d'importance des choses, escomptant que le voyage s'écrira tout seul.

Ce matin, j'ai eu du mal à entrouvrir les paupières, collées par du pus. La glace me renvoyait une gueule flasque et molle comme une horloge de Dalí. Ce portrait surréaliste en guise de bonjour est l'œuvre des *black flies,* les mouches noires. D'ailleurs, l'envolée onirique a commencé dès hier, à peine avions-nous quitté la Côte-Nord pour bifurquer vers la vallée du Manicouagan.

Au début, la route déserte nous a éblouis. Après l'encombrement de la route des Baleines, où il était impossible de savourer le paysage parce que la circulation monopolisait notre regard malgré nous et que nous découvrions un nouveau panorama à chaque tournant alors que le précédent ne nous avait pas encore imprimé la rétine, voilà que tout à coup, il n'y avait plus une voiture, on ne voyait plus que la forêt monotone et le crépuscule tacheté çà et là de rose par le soleil couchant. Au bout d'un certain temps, la forêt s'est resserrée, elle est devenue noire et desséchée, hérissée d'un réseau monstrueux de lignes à haute tension. J'ai appris plus tard qu'elle n'avait pas été frappée par l'électricité, mais dévorée par un incendie. Partout des sapins couleur de cendre, et l'humus pourri – à perte de vue – des terres incendiées.

Nous nous sommes arrêtés dans un motel qui paraissait sorti tout droit des films de Lynch, pour nous renseigner sur un lieu où passer la nuit. Le motel tenait à la fois de l'auberge de routiers et du hangar de Manic-5. Quant au tarif des chambres, c'était de la folie ! Nous voyant fouiller nos poches, la demoiselle de la réception nous a conseillé le *Belvédère.*

– Le *Belvédère,* ai-je répété, n'en croyant pas mes oreilles car mon imagination m'a aussitôt projeté dans la tête l'image de la résidence du prince Eugène de Savoie à Vienne.

– C'est un camping sauvage à deux miles d'ici. Vous aurez une belle vue sur le barrage.

Nous y sommes arrivés à la nuit tombée. En effet, la vue était renversante. Les voûtes du gigantesque barrage brillaient dans l'obscurité et ressemblaient à de gros lampions placés sur un tombeau cosmique (comme un autel !). En haut, un pointillé de lumières démarquait la limite inférieure du ciel dont la masse noire béait au-dessus.

Et même le *Belvédère* donnait l'impression d'être un pré sacré fabuleux. C'était un plateau de taille moyenne situé à peu près à mi-hauteur du barrage et entouré de trois côtés par des montagnes qui se profilaient dans les ténèbres. Il tenait à la fois du poulailler de théâtre et de la chaire d'église. À part nous, il n'y avait pas âme qui vive. Excepté ces putains de mouches noires !

Pardon, lecteur ! En général, dans mes écrits je m'abstiens de jurer. Qui plus est, je suis l'ennemi de ces vulgarités avec lesquelles la littérature contemporaine cherche trop souvent à briller. Mais là, le mot *putain* est des plus justifiés. Essayez de ne pas jurer quand vous vous ferez piquer par une petite pute noire comme celles-là !

Les *black flies* sont pour les touristes un véritable fléau ! Rien à voir avec celles que j'ai vues dans la toundra russe. Elles nous ont piqués pendant le montage de la tente et le ramassage du petit-bois pour le feu. Nous escomptions que la fumée les éloignerait. Pensez-vous ! Elle ne les a pas empêchées de nous piquer, avant, pendant (Kasprzyk se lamentait de ne pas pouvoir manger parce qu'elles lui entraient dans la gueule) et après le dîner. Elles ne nous ont même pas laissés pisser tranquilles avant qu'on aille se coucher, comme si elles étaient écloses dans l'obscurité environnante.

J'ai rampé hors de la tente. Dans la nuit, l'atmosphère s'était nettement rafraîchie, les mouches noires avaient complètement disparu. La fraîcheur du petit matin a soulagé mon visage en feu. Cela m'a réconforté. L'attaque de la veille n'aurait-elle été qu'un songe dans mon sommeil ? Un visage enflé n'est pas une preuve. Coleridge s'est réveillé tenant dans sa main une fleur qui lui avait été offerte dans son rêve. Quelques goulées d'air frais m'ont rendu ma sérénité et lorsque j'ai levé les paupières pour de bon, je suis presque tombé à la renverse. La brume matinale avait enveloppé le barrage d'un voile de brouillard bleuâtre sur lequel le soleil projetait mon ombre dans un arc-en-ciel. J'avais vu maintes fois semblable mirage dans la mer Blanche. Je me suis approché de la limite du plateau jusqu'à la barrière qui protégeait de l'à-pic.

Eh oui ! Ce n'était pas le rigolo jardin à la française que j'avais admiré de la terrasse du Belvédère supérieur, à Vienne, le 31 décembre de l'an dernier, en grignotant des marrons accompagnés d'un verre de vin chaud ! Du brouillard montait de la vallée à mes pieds. Le ruban de la rivière et des pans de la paroi d'en face apparaissaient çà et là dans les trouées, pour bientôt disparaître et réapparaître ailleurs. Le paysage changeait à chaque instant comme dans un kaléidoscope, les images se chevauchaient. La lumière était fragile comme dans un bain de vapeur. Tout le paysage était dominé par le barrage : trois millions de mètres cubes de béton ! Une illusion d'optique donnait à sa couronne la couleur du ciel. Le bleu de Kandinsky.

Le fourmillement des éléments au pied du barrage n'avait rien à voir avec les parterres qui symbolisaient les Quatre Éléments dans le jardin du Belvédère de Vienne. Là-bas, une échelle humaine, des proportions et une dimension à la mesure de l'homme. Ici, une immensité incroyable. Comment avait-on réussi à construire un ouvrage pareil ? En comparaison avec les jardins dessinés par Girard, la construction des ingénieurs canadiens faisait davantage penser à l'exploit d'un titan que de l'homme.

J'ai été ramené aux dimensions humaines par une odeur de café et par le bruit des voix encore chargées de sommeil qui me parvenaient du campement. Sur le bord de l'à-pic, un écureuil gris batifolait. Un effleurement de mon regard a suffi à le mettre en fuite dans l'épaisseur des sapins.

Pendant le petit-déjeuner, nous avons décidé de faire d'abord quelques dizaines de miles sur la route de terre qui menait au cratère Manicouagan, pour rattraper ensuite la grand-route en faisant un crochet par la centrale électrique Manic-5. Chronologiquement, c'était même assez cohérent puisque la météorite avait heurté la Terre il y avait plus de deux cents millions d'années, alors que la centrale venait à peine d'être mise en service, en 1969.

– Ils devaient la mettre en service l'année d'avant, nous a lancé Krzysiek en sucrant son café avec du miel, mais le Premier ministre québécois Daniel Johnson a cassé sa pipe le jour de l'inauguration et la cérémonie officielle a été reportée. Du coup, on a donné son nom au barrage de Manic-5.

Sur la carte, la route de terre qui menait au cratère (indiquée par un double trait noir) faisait penser au thorax d'un insecte pris dans la toile d'araignée bleue que dessinaient les cours d'eau. Pourvu qu'on ne se retrouve pas pris nous-mêmes dans cette toile ! D'autant plus qu'en chemin, à plusieurs endroits, le thorax se ramifiait à l'aveugle... Sur la carte, tout était numéroté avec soin (RO 924, RO 925, RO 927), mais la présence de pancartes paraissait fort douteuse. Du reste, où diable était passée la RO 926 ? La tache blanche autour du cratère sur la carte était pareillement déprimante. Pas un poil de végétation.

Mais à peine avions-nous démarré que déjà nous avions oublié la carte, nous nous sommes laissé guider par la route. Et le Labrador nous est enfin apparu dans toute sa splendeur. Pas de circulation, ni dans un sens ni dans l'autre. Il n'y avait que nous et le nuage de poussière derrière nous. Un espace sans limites ! Quelqu'un a dit un jour en plaisantant que certains pays souffrent d'un excès d'histoire et le Canada d'un excès de géographie. La côte du Saint-Laurent quittée, j'ai pleinement apprécié cette boutade. Nous avions laissé l'histoire (ses remparts et ses frontières) derrière nous, devant nous ne s'étendait plus que la géographie. En d'autres termes, nous avions abandonné le monde des préjugés historiques qui couvraient l'espace pour toutes sortes de raisons historiques (nationales et religieuses), pour pénétrer dans une contrée de vastes espaces libres où la seule et unique ligne frontière était depuis la nuit des temps celle de la forêt, le cours d'une rivière ou le chemin du caribou !

Nous avons aussi très vite compris que la tache blanche sur la carte n'avait rien à voir avec la réalité, d'un vert presque excessif (ce vert nous faisait tout voir en vert), verte jusqu'à l'horizon, jusqu'à l'ennui, jusqu'à l'exagération. Je me suis fait depuis longtemps la remarque qu'il est impossible d'inventorier toute la gamme des verts du Nord et de donner en polonais un nom à chaque nuance... Je suis curieux de savoir si les langues autochtones distinguent les nuances de la toundra avec autant de précision que celles de la neige. Comment les Innus désignent-ils, par exemple, la clarté des sapins ensoleillés qui les fait ressembler à des bougies enflammées ?

Au bout de quelques kilomètres, sur la gauche, au milieu de la verdure, est apparue une tache bleutée – on aurait dit que le ciel, tombé sur la terre, se fronçait de douleur – qui s'est ensuite pleinement épanouie. D'après la carte, il s'agissait du lac Paradis. Il y avait au bord une cabane dont la porte, surmontée de bois d'élan (à l'indienne, nous a dit Krzysiek), était fermée par un gros cadenas. Ce n'est pas comme chez nous, à Konda, où nous laissons la porte de la maison ouverte, maintenue par un bâton.

– Un vrai paradis, a soupiré Łukasz. Ah ! Ce que j'aimerais m'installer ici, loin des gens.

Nous poursuivons notre route. Plus nous approchons du cratère, plus je ressens d'excitation, comme si la puissante énergie libérée par cet impact venu du cosmos il y a des millions d'années continuait à émaner des lieux. Je ne suis pas étonné qu'Anka Łabieniec ait considéré le cratère Manicouagan comme le point culminant de notre expédition. Elle rêvait d'y passer une nuit. Finalement, je n'ai pas résisté et j'ai profité d'un arrêt pour m'élancer dans sa direction. Dans ma hâte, je n'avais pas enfilé mes sandales (je sens encore aujourd'hui le sable brûlant sous mes pieds nus), le soleil, entre les sapins, me clignotait dans les yeux, et le réservoir Manicouagan grossissait dans les trouées du chemin.

Ouf ! Je l'avais devant moi ! Le temps, ici, s'était figé, comme enfoncé dans le sol, et en dépit des millions d'années qui s'étaient écoulées depuis l'impact, j'avais l'impression que mes tympans venaient d'éclater et que c'était là la raison du silence. En fait, les glaciers et les processus d'érosion avaient gommé la forme primitive du cratère, mais une puissance surnaturelle, qui m'a fait me sentir de nouveau être un pur regard, s'était imprimée à jamais dans son paysage. Comme au bord du lac des Esprits sami – une sensation qu'aucun mot ne peut rendre, je ne tenterai donc pas de la décrire. Ce genre de sensations s'expérimente seul face à soi-même.

Le cratère Manicouagan, rempli d'eau, a la forme d'un anneau d'environ cent kilomètres de diamètre. Les savants s'interrogent encore sur ses origines. Selon certains, c'est une météorite qui a heurté la Terre ; selon d'autres, une comète ;

pour d'autres encore, c'est un astéroïde. Afin d'éviter toute erreur, ils parlent généralement d'un « corps critique ». Ania a réuni à mon intention un monceau de documents sur le sujet (elle-même, d'ailleurs, est passionnée par les thèmes cosmiques dans les légendes indiennes), mais pour être franc, je n'y comprends pas grand-chose. Je lis, par exemple, que d'après la découverte de savants américains, leurs noms importent peu, le cratère Manicouagan forme avec le Red Wing dans le Dakota du Nord, le cratère du lac Saint-Martin dans le Manitoba, ceux d'Obolon, en Ukraine, et de Rochechouart, en France, une chaîne qui serait les traces de l'impact d'un seul et même « corps critique », toutefois j'ai beaucoup de mal à m'imaginer ce corps rebondissant sur la Terre comme une balle de ping-pong.

À propos d'imagination, il y a déjà plusieurs années, nous avons accompagné le géologue Alexeï Botcharov à Vegoroukssa, où il allait examiner une « pierre sami ». En route, Natacha nous a parlé de la civilisation néolithique dans le Grand Nord, qui remontait à cinq ou six mille ans. Alexeï, dans un éclat de rire, s'est dit incapable d'imaginer une telle misère de temps, habitué qu'il était à compter les ères de la Terre en millions d'années.

Sur ce, mes copains sont arrivés et ont étouffé sous le bruit de leurs bavardages le silence du cratère. Il ne me restait plus qu'à me baigner dans le réservoir. De crainte d'attraper une pneumonie, Schuch s'est juste trempé les pieds, mais Kasprzyk et moi avons sauté du remblai de pierre qui tenait lieu de débarcadère à un bac immobile ancré à bonne distance de la rive. Quelqu'un nous observait-il de là-bas ? Je me suis posé la question en sautant dans l'eau, mais le froid qui m'a saisi a interrompu mes réflexions. Je n'avais pas pris de bain aussi glacé depuis fort longtemps ! Peut-être est-ce à sa température que je dois l'énergie avec laquelle je me suis précipité sur la berge, à moins que je n'aie été dopé par des puissances cosmiques : au sortir de mon bain, j'étais remonté comme si j'avais pris des amphétamines.

Et je me suis de nouveau interrogé, avec une force redoublée, sur les raisons de la présence de ce bac. Quelqu'un vivrait-il à l'intérieur de cet anneau ? Sur la carte, on dirait une grande île, et même des lacs sont indiqués. Mais il n'y a aucune route, aucun établissement humain. Qui donc le manœuvre ?

Sur le chemin du retour, le bac a continué à me turlupiner. Car au lieu d'introduire un élément humain dans ce paysage extraterrestre, il en renforçait encore le surréalisme. D'ailleurs, toute notre excursion avait un caractère fantasmagorique et, sans ma peau glacée après ma baignade et la poignée de cailloux que j'avais ramassés pour Ania sur la rive du réservoir, j'aurais cru avoir rêvé.

Quoi qu'il en soit, cette énergie était réellement cosmique ! Représentez-vous un corps céleste il y a des centaines de millions d'années, qui tombe avec une force terrible sur la Terre et libère une masse d'énergie. De l'endroit de sa chute, part aujourd'hui la rivière Manicouagan ; une centrale est alimentée par l'énergie de son débit. Le ciel, la terre, l'eau, l'électricité… N'est-ce pas mystique ?

Labrador City

À cinq heures et demie, j'ai été réveillé par un bruit étrange, comme si le ciel vibrait. Ce n'était ni une salve d'honneur ni une alerte. On aurait dit les ricanements d'un fou. C'est un *loon*, nous a dit Krzyś. Je suis sorti de la tente – tout autour, des déchets. Łukasz a appelé cela du *junk*. À peine debout, j'avais appris deux mots nouveaux !

Le *loon*, le huart à collier, est un oiseau de la famille des plongeurs, il a la taille d'un gros canard ou d'une petite oie. Excellent nageur et plongeur, il peut rester une minute sous l'eau et descendre jusqu'à quatre-vingts mètres. À part cela, il vole sur de longues distances, forme un couple pour la vie et symbolise les forêts sauvages. Il est très présent dans les légendes indiennes, ce qui n'a rien d'étonnant. Dans le mythe des Hurons sur la création du monde, par exemple, deux *loons* sauvent de la noyade la première femme, tombée des Cieux ! Hélas, avec les pluies acides, la pollution industrielle et le développement du tourisme, la population des *loons* se réduit d'année en année. Il est tout à fait possible qu'on ne le voie bientôt plus que sur les billets d'un dollar canadien (un *loon*, dans la langue familière). On dit qu'il porte bonheur.

À propos des dollars canadiens, Krzyś m'a raconté une aventure qui lui est arrivée en Pologne en 1994. Il rentrait chez lui au petit matin en taxi, un peu gris. En chemin, le chauffeur et lui discutèrent du Canada, le taxi lui demanda s'il avait de l'argent canadien sur lui pour lui en faire voir. Krzyś lui montra un billet de cinq avec un martin-pêcheur, un de dix avec un balbuzard et un de cinquante avec un harfang des neiges. Une fois son examen terminé, le chauffeur de taxi lâcha dans un murmure : « Oh là là ! Quel beau pays, ce Canada ! Sur leur monnaie, ils ont des animaux ! Chez nous, y a dessus que des gueules de politiques et pour la valeur, tellement de zéros que c'en est une honte ! » Puis il ajouta : « Faites attention ! Il est facile de se tromper : les connards à lunettes ont quatre zéros, et ceux qui n'en ont pas, cinq. » Il se peut que ce fût le contraire, mais qui aujourd'hui s'en souvient[1] ?

Quant au *junk*, ce sont les déchets, les ordures. Plus il y a d'ordures dans le monde actuel, plus le terme est péjoratif, affirme Łukasz. Dans le temps jadis, le mot renvoyait uniquement à des câbles de bateau usés, mais il a fait une carrière vertigineuse dans l'anglais contemporain de la société de consommation et il désigne maintenant toutes les vieilleries en général. Autrement dit, tout ce qui est hors d'usage ou va l'être ! Voilà pourquoi le conducteur d'une vieille voiture qui a un accident de la route s'entendra forcément dire : « *Get the fuck away with this junk !* »

– Regarde le camping tout autour de toi, vieux ! En anglais, c'est un *junkyard*, une cour encombrée de vieux machins. C'est le paysage habituel des cours de ferme dans la province canadienne.

Hier soir, alors que nous approchions du *Family Park*, j'ai cru que nous nous étions une fois de plus trompés de route et qu'au lieu d'atterrir dans un terrain de camping, nous avions échoué dans un cimetière de voitures. C'est seulement

1. Allusion à l'hyperinflation du zloty qui eut lieu en Pologne au début des années quatre-vingt-dix. En 1995, un nouveau zloty remplaça l'ancien au cours de 1 = 10 000.

quand nous en avons été tout près que j'ai aperçu quelques tentes de couleur au milieu de vieux tacots en train de rouiller exposés à tous les vents. Le camping *Family Park* ressemblait à la piste de décollage d'un aéroport abandonné où seul soufflait le vent pénétrant qui faisait battre la porte de W.-C. roses.

Réellement crevés, avec l'impression d'avoir la bouche pleine de gravillons, nous n'avons pas eu le courage de chercher un autre endroit. Mais le sourire de l'Irlandaise Jennifer McDonald – comme un rayon de soleil qui perce tout à coup à travers les nuages – a illuminé notre horizon. Elle nous a promis de l'eau chaude et du bois pour le feu. Et les W.-C. roses se sont révélés tout à fait accueillants, il suffisait de mettre le crochet ! Sur la chasse d'eau, j'ai trouvé un manuel de culture de la marihuana dont plusieurs pages avaient été arrachées. Sans doute pour rouler des joints.

Ah, les W.-C. ! Ici, le temps ne vous presse pas. C'est le seul endroit où l'on puisse en faire fi. Voilà pourquoi j'aime ces lieux d'aisances, comme j'aime l'aisance que donnent les paragraphes, qui modulent la prose et permettent d'évacuer sa pensée – ce sont des sortes de pauses, des moments de méditation en route. Des moments d'éternité.

Les graffitis que formaient les coulures sur la porte des cabinets roses du *Family Park* m'ont amené à méditer sur le sens de continuer à fouler ce chemin, au fond peu différent des traînées floues que la bruine traçait sur les planches. Le trait gris ondulé sur la gauche évoque les crassiers sidérurgiques de Fermont, le zigzag rouillé sur la droite ressemble à la rivière Aux Pécans (affluent de la rivière Moisie) que nous avons traversée plusieurs fois hier et qui, à chaque fois, nous surprenait par sa couleur rouge ferrugineuse. Dans mon carnet, il n'y a rien d'autre entre Manic-5 et Labrador City. Ah si ! Il y a encore la photo d'un camion à Fermont. Łukasz m'a pris devant une roue. J'ai la tête qui arrive à la hauteur de l'essieu. C'est tout.

En effet, qu'écrire d'autre sur Fermont puisqu'on y est passé comme une flèche ? Je peux, bien sûr, trouver des infos sur Internet – la date de sa fondation, le nombre d'habitants, la quantité de sa production de fer – mais à quoi bon m'en donner la peine puisque tous ceux que ça intéresse pourront le savoir d'un clic ? À l'ère d'Internet, multiplier les informations n'a pas de sens, elles se reproduisent comme des lapins. À l'ère d'Internet, la seule chose qui ait du sens, c'est d'expérimenter le monde par soi-même. Si j'habitais quelque temps dans cette colonie de sidérurgistes, que j'y rencontrais des gens pour sentir le pouls de leur vie dans mes veines et raconter leur histoire avec mes mots, alors oui, je pourrais tisser un bout de prose *non fiction* à partir de Fermont. Mais à la vitesse où nous allons, je vois mal comment tailler dedans ne serait-ce qu'un paragraphe. Vous pouvez vous indigner et m'opposer que j'aurais dû discuter avec le premier autochtone venu, qui sait, peut-être aurait-il eu des choses intéressantes à dire. Ou au moins compter les chiens sur la grand-place et fabriquer une histoire à partir de là. Beaucoup de grands voyageurs « foulent » ainsi leurs livres de voyage !

Hélas, dans ce voyage, je ne peux pas ralentir l'allure. Déjà mes camarades m'appellent sans me laisser le loisir d'expliquer le sens de ce chemin. Il est temps de plier bagage et de reprendre la route, me crient-ils. Pourtant, j'aimerais bien m'attarder ici, par exemple jusqu'à la fin de la saison touristique, et faire plus ample connaissance avec Jenny, cette rousse belle à se damner. Un tuyau de la salle de bains a été rafistolé avec du sparadrap ? À mon âge, ce sont des choses qu'on ne remarque pas.

Labrador City a en gros mon âge. Et pourtant, si la sixième décade marque chez l'être humain le début de la fin, pour une ville, c'est un âge de bébé. D'ailleurs, cette ville n'en est une que de nom car elle ressemble à n'importe quelle cité provisoire – elle existe aujourd'hui, mais n'existera plus après-demain. C'est le cas de la plupart des villes d'ici. Hier, nous avons traversé Gagnon, ou plutôt ce qu'il en reste, incrédules à l'idée que ç'avait été une ville. À un moment, à quelque deux cents miles de la centrale électrique, nous avions senti de l'asphalte sous nos pneus au lieu du gravier et en avions aperçu dans plusieurs ramifications qui partaient de la route, mais le gravier a réapparu avant même qu'on ait eu le temps de s'en étonner. Krzysiek nous a expliqué qu'une ville avait été fondée là en 1960, quand la Compagnie minière Québec-

Cartier avait lancé l'exploitation du minerai de fer. Au milieu des années quatre-vingt, une fois le gisement épuisé, les mines ont fermé et Gagnon a été rasé. Des canalisations sont restées enfouies dans le sol et elles fuient, paraît-il. En surface, on ne voit plus que de l'herbe, de la mousse argentée et des sapins noirs. Sans les vestiges d'asphalte, personne n'irait imaginer qu'il existait ici, il y a quelques dizaines d'années, une ville semblable à Labrador City.

Quand va-t-elle elle aussi disparaître sous l'herbe et la mousse ? me suis-je demandé en observant la petite ville mal entretenue par les fenêtres de la voiture qui roulait à faible allure. Nous avons visité Labrador City sans descendre de voiture, car il n'y avait rien à visiter. Quelques dizaines de rues sans trottoirs (ici, on ne va pas à pied), des maisons sans fondations – on voit tout de suite que les gens qui les ont construites n'avaient pas l'intention de faire souche. J'ai compté deux grands centres commerciaux et quatre églises de cultes différents, six bars et zéro librairie, un court de tennis, un bowling et une patinoire en réfection. À l'angle de l'avenue Cartier et de la rue Cabot, deux caribous dressés sur leurs pattes de derrière, les pattes de devant en appui sur un monticule de minerai de fer ; au-dessus, un harfang des neiges, et au-dessous, une inscription : *Kamistiatusset*, qui signifie en langue naskapi « terre des gens travailleurs ». C'était l'emblème de la ville sur un imposant panneau publicitaire, avec « *The Iron Ore Capital of Canada* » écrit en petits caractères tout autour.

Soit dit entre parenthèses, je me surprends de plus en plus souvent à songer qu'ici, il n'y a rien à quoi s'accrocher, rien à quoi s'amarrer d'un mot. Aucune prise !

Au Musée ethnographique, j'ai surtout été impressionné par les naseaux et les grandes dents jaunes de Melanie Malloy. Łukasz a observé qu'elle hennissait comme une jument. Sans doute a-t-elle rarement eu l'occasion de voir des originaux de notre genre visiter son musée. Non seulement nous nous agenouillions devant les panneaux pour prendre des notes, mais encore nous lui posions des questions très étranges à chaque fois qu'elle surgissait dans la salle d'exposition, intriguée par notre comportement. Chacune de ses apparitions était précédée d'un éclat de rire tonitruant, presque gargantuesque, qui résonnait longuement dans les dédales du musée.

Des panneaux présentaient les étapes successives du peuplement du Labrador. On ne sait pas grand-chose des tout premiers habitants, qu'on appelle les Indiens maritimes archaïques, ni d'où ils sont venus ni où ils sont passés. J'ai juste noté qu'ils étaient établis uniquement sur la côte du Labrador, de la moitié du huitième millénaire avant Jésus-Christ jusqu'au quatrième. Vers la fin du quatrième millénaire, dans la région d'Ungava, au nord du Labrador, apparurent les Esquimaux pré-Dorset qui occupèrent toute la péninsule jusqu'aux côtes septentrionales de Terre-Neuve. À la troisième planche, j'avais un peu plus de repères pour avoir déjà rencontré les Dorsets dans mes lectures. Arrivés au Labrador en provenance de la terre de Baffin plus de deux mille cinq cents ans avant Jésus-Christ, ils se disséminèrent dans toute la péninsule du Labrador et sur Terre-Neuve, et disparurent vers la fin du XIe siècle, délogés par le peuple Thulé dont descendent les Inuits.

Je me rappelle avoir lu dans *West Viking* de Farley Mowat que les Esquimaux de la culture Thulé n'ont en fait délogé que les quelques Dorsets qui restaient, car à cause d'un réchauffement climatique, la plupart étaient déjà morts de faim ou partis vers le Nord, à la suite des phoques pélagiques. Les Dorsets vivaient uniquement de la chasse au phoque, les phoques se nourrissaient de poissons qui se nourrissaient de plancton, or le plancton aimait l'eau froide, aussi toute la compagnie avait-elle quitté les lieux lors du réchauffement de la mer du Labrador. Les Thulé, eux, avaient des activités plus variées : ils naviguaient à bord de kayaks, possédaient des attelages de chiens, chassaient les mammifères marins et le caribou.

Les Dorsets n'ont survécu que dans les contes esquimaux et les sagas scandinaves. Les Esquimaux les appelaient les Tunits et les représentaient comme des géants ; les Vikings évoquaient de grands hommes qu'ils rencontraient pendant leurs voyages au Vinland, et les appelaient les Skraelings. Compte tenu de la petite taille des Esquimaux de la culture Thulé et du fait qu'ils ne sont arrivés au Labrador qu'au début du XIIe siècle, et donc après les Vikings, Mowat affirme que les Dorsets n'étaient ni des Indiens ni des Esquimaux, tout au plus pouvaient-ils avoir de vagues liens de parenté avec ces derniers. Mais personne n'est capable de dire où sont passés les Dorsets. Le même destin attendrait-il bientôt l'homme blanc ?

Par ailleurs, faut-il vraiment des changements climatiques pour que des peuples entiers disparaissent de la surface de la terre ? Les Indiens et les Inuits en papier mâché installés au fond de la salle dans diverses mises en scène ont apporté une réponse.

– Sur les photos, ils passeront pour des vrais, plaisantait Schuch en les photographiant.

Effectivement. Nous en étions même mal à l'aise. Grandeur nature, debout ou assis, l'un pêchait à bord de son *kanu*, deux autres faisaient rôtir de la viande près de leur wigwam (les lueurs électriques qui imitaient les flammes du feu éclairaient leurs visages concentrés), d'autres encore tannaient des peaux, nouaient des filets, nettoyaient des armes. On aurait cru que ces personnages de papier mâché, de colle et de plâtre, nous regardaient de leurs yeux peints.

À ce moment, j'ai repensé à l'écrivain tchouktche Iouri Rytcheu venu au Canada en 1967 à l'invitation de Farley Mowat. En séjour à Toronto, il visita plusieurs provinces, notamment le Saskatchewan, l'Alberta et les Territoires du Nord-Ouest, dont les capitales, du point de vue de leur étendue, ne se distinguaient guère des villages tchouktches. À la fin, on l'emmenait visiter les musées locaux.

– Vos musées ethnographiques sont tous pareils, fit-il remarquer avec ironie. Dans tous, on retrouve la même scène d'intérieur dans une habitation du Grand Nord, avec un aborigène assis au coin du feu occupé par une activité traditionnelle chez les peuples premiers. À vrai dire, ce type d'exposition m'agace parce que j'ai moi-même grandi dans une *iaranga* et que je me reconnais souvent dans le personnage penché au-dessus du feu. Il est désagréable d'être exposé à la vue du public comme un objet de recherche. Les ethnographes et les anthropologues, qui nous perçoivent le plus souvent comme des hommes « primitifs », ne font guère preuve de tact envers leurs objets d'étude.

– Nous étudions la culture des Esquimaux et des Indiens comme faisant partie des traditions humaines qui composent notre culture nationale, lui expliqua un de ses guides canadiens.

– Que penseriez-vous si les Indiens et les Esquimaux exposaient dans leurs musées des objets de votre culture matérielle : réfrigérateurs, machines à laver, sèche-cheveux, grille-pain, vibromasseurs ? Que diriez-vous d'y voir des bars où des *gentlemen* blancs faits de papier mâché et de plâtre seraient assis sur de hauts tabourets devant un verre de whiskey, les yeux rivés sur un téléviseur ? Ce genre d'exposition plairait-il aux hommes blancs qui étudient avec condescendance et arrogance les vestiges de la culture des peuples du Nord qu'ils ont anéantis ?

Ce dialogue m'étant revenu à l'esprit, j'ai regardé les collections du musée de Labrador City avec les yeux du Tchouktche.

Labrador Highway

Cinq cent vingt kilomètres de gravier et une route assez large pour pouvoir s'y croiser. Par temps sec, si vous croisez un autre véhicule, il vaut mieux vous arrêter et attendre que la poussière retombe car on n'y voit plus rien. Fort heureusement, il y a très peu de circulation et il est rare d'avoir à stopper. Ne rêvez pas non plus d'un fast-food ! Si vous ne savez pas vous passer de café, assurez-vous d'emporter un thermos !

La Trans-Labrador Highway est l'axe principal du Labrador. Elle part de Labrador City et prend sa course vers le nord-est, traverse une unique localité – Churchill Falls – et là, redescend en décrivant une courbe douce vers le sud-est, un temps parallèle à la rivière Churchill, puis remonte vers le nord-ouest et, arrivée à Goose Bay, s'échoue dans le lac Melville. De part et d'autre de la route de gravier, s'étire une vaste plaine de boues, de mousse argentée (de lichens) et de sables, couverte de sapins noirs hérissés comme de la soie de porc. Épisodiquement, le soleil jaillit par-ci par-là comme si quelqu'un s'amusait à en capter les rayons, tantôt d'un petit lac au milieu de mamelons moussus, tantôt d'un ruisseau qui sourd d'un marais – tout le paysage miroite. Comment peut-on avoir eu envie de tracer des frontières dans un tel désert ? On a du mal à l'imaginer. Et pourtant, quelqu'un l'a fait. Ce quelqu'un, c'était Albert Peter Low.

J'ai vu une photo de Low au musée de Labrador City. À considérer son regard, on se dit qu'il devait être assez halluciné. Quel homme sain d'esprit aurait fait douze mille huit cents kilomètres à pied ou en canoë dans ces lieux perdus ? À travers les vitres d'une Ford climatisée, tout a l'air très beau, à vous donner envie de plonger le nez dans ce tapis pour respirer les arômes de la terre, mais dès que vous vous éloignez de la route, vos pieds s'enfoncent, votre souffle se mue en râle et la sueur que vous produisez attire des essaims de mouches noires qui attaquent aussitôt le moindre centimètre carré de peau nue ; dès lors, vous ne rêvez plus que d'une chose : retrouver au plus vite votre siège confortable, vérifier si les vitres sont bien fermées et écouter du jazz à la radio. Ici, la saison des *black flies* ne fait que commencer.

Albert Peter Low était géologue, photographe amateur et membre du McGill University Hockey Club, le premier club de hockey organisé au monde. Entre 1885 et 1895, il traîna dans les solitudes du Canada septentrional, établit la première carte sur laquelle figure la frontière entre le Québec et le Labrador, et découvrit de grands gisements de minerais de fer. Il apporta ainsi une magnifique contribution au développement des mines dans la région. Ses actions ultérieures furent toutes aussi spectaculaires. En 1903-1904, il organisa une expédition scientifique maritime dans l'Arctique, qu'il raconta dans *La Croisière du Neptune*, et fut même nommé sous-ministre des Mines en 1907. Il laissa une collection de roches et de fossiles, d'oiseaux, de mammifères et de photographies qui documentent la vie des peuples de la côte ouest de la baie d'Hudson. Il est indéniable qu'il s'agit d'un homme de légende, mais savoir qu'il a tracé des frontières dans la toundra et administré des mines ne me le rend pas sympathique.

Que diable ! À quoi bon établir où finit la province du Québec et où commence le Labrador si cela n'apporte rien excepté un changement de langue officielle (le Labrador entre dans la province de Terre-Neuve-et-Labrador, où l'on parle anglais, alors qu'au Québec, seul le français est employé, avec ostentation) et un changement d'emblème – ici, des fleurs de lys sur le drapeau ; là, une branche de sapin noir. Je regarde le drapeau aux couleurs du Labrador que Melanie nous a offert en cadeau d'adieu, et je me remémore ses explications : « Le bleu représente l'eau ; le vert, la forêt, et le blanc la neige. Quant à la brindille d'épinette sur fond blanc, elle symbolise les peuples de la péninsule. Chaque aiguille représente un peuple, toutes les aiguilles partent d'une tige commune. C'est un symbole qui montre que nous formons une seule et même famille sans être du même sang. »

D'après Kenneth White, ce n'est pas Low qui découvrit le minerai de fer au Labrador mais un certain père Babel. « Bien sûr ces Indiens, avec leurs yeux de lynx, ont bien dû remarquer que la terre, ici et là, était plus rouge[1] », précise-t-il. Mais pour eux, ce n'étaient que des pans de terre rouge, tout au plus d'utiles points de repère. Le curé parcourait le Labrador pour prêcher la Bonne Parole parmi les autochtones pauvres et ignares et notait dans ses carnets tous les endroits abondants en fer. Ses notes arrivèrent chez l'évêque, qui les adressa à la Commission géologique du Canada, laquelle envoya à son tour Low effectuer des prospections géologiques.

Car « non seulement ces Indiens n'étaient pas branchés sur Dieu, mais ils ne savaient même pas que faire de la Nature. Ils se contentaient de s'accorder avec elle, ils ne savaient pas la maîtriser et la posséder[2] », dit White. La christianisation des territoires septentrionaux fut donc à l'origine de leur assujettissement. Ken a vu où cela a mené à Schefferville.

Je rappelle que nous avons laissé Kenneth avant-hier dans la Côte-Nord. À Baie-Comeau, nous avons bifurqué à gauche alors que lui avait continué tout droit jusqu'à Havre-Saint-Pierre, au terminus de la route, après une halte à Sept-Îles et à Mingan, avant de revenir à Sept-Îles prendre le train des mineurs pour se rendre à Schefferville. Comme c'est par là

1. Kenneth White, *La Route bleue*, *op. cit.*, p. 59.
2. *Ibid.*, p. 160.

que nous reviendrons dans quelque temps, je raconterai à ce moment ses aventures dans les réserves de Sept-Îles et de Mingan, et j'essaierai aussi de retrouver les Indiens qu'il a connus. Mais comme nous passons au large de Schefferville (situé à cent cinquante kilomètres au nord de la Trans-Labrador Highway), je vais en toucher un mot dès à présent.

Jean-Baptiste Mackenzie raconta à White que la ligne de chemin de fer qui allait de la Côte-Nord à Schefferville suivait une ancienne piste indienne reliant le Saint-Laurent à l'océan Arctique. « Quel sens de l'espace ils avaient, ces Indiens ! soupire Ken. Un sens que les Canadiens dans leur ensemble n'ont pas et ne peuvent même pas concevoir. Cela fait à peine plus de cent ans que les milliers de kilomètres carrés de territoire qui avaient "appartenu" à la Compagnie de la Baie d'Hudson ont été ajoutés au territoire du Québec » et cette extension « n'a pas encore fait son chemin dans la conscience locale[1]. » C'est comme si l'on rattachait, sans rime ni raison, la Sibérie à un pays de la taille de la France. Ou encore comme le rapport qui existe entre l'espace poétique et un esprit normalisé.

Kenneth arriva à Schefferville par une nuit noire comme l'encre. Il soufflait un vent glacial. Au restaurant du *Labrador Hotel* où il descendit, un groupe d'hommes était attablé devant des bouteilles de bière et des hot-dogs. Du bar, on entendait le raffut de la discothèque. Le lendemain matin, Ken partit voir la ville. Partout de la boue rouge et de la poussière couleur de rouille. Dans les airs, des hélicoptères vrombissaient, semblables à de monstrueuses libellules. Des véhicules à chenilles s'enfonçaient dans la nature et des détonations retentissaient sans relâche. Jetant des regards dégoûtés au fourmillement désordonné autour de lui, White eut « l'impression de vivre dans un étrange monde d'insectes[2] ». C'était donc là le fameux Paradis que les Blancs promettaient aux Indiens ! On avait du mal à croire que le silence gris-bleu du Labrador avait un jour régné dans ce lieu.

À l'époque où Ken vadrouillait dans le coin, Schefferville était au cœur du boom du fer. La découverte de filons riches

1. *Ibid.*, p. 152-153.
2. *Ibid.*, p. 161-162.

en hématite, en limonite, en magnétite, en ilménite, en goethite et en sidérite, avait entraîné une exploitation outrancière du terrain. White décrit les trous béants, de toutes les couleurs, du vert étincelant au jaune vif en passant par l'ocre rouge, d'une beauté incroyable. Dans la ville, les baraques en tôle, les logis communaux et le club des Pionniers du Labrador dont parlaient les vétérans avaient disparu. En revanche, il existait un centre administratif, une piscine, une école et une bibliothèque, et pour respirer l'air pur, on avait toujours la possibilité d'enfiler sa tenue de ski et d'aller se défouler sur les pistes de l'Old Smoky Mountain qui endurait cela avec un sourire glacial. La ville minière de Schefferville avait donc tout pour faire le bonheur du Blanc. Il pouvait y gagner du fric et jouir de la vie. Voilà ce que promettaient des prospectus.

Les Indiens, c'était autre chose ! White cite les propos du chef Seattle : « Pour mon peuple, il n'y a pas un coin de cette terre qui ne soit sacré. Une aiguille de pin qui scintille, un rivage sablonneux, une brume légère, tout est saint aux yeux et dans la mémoire de ceux de mon peuple. La sève qui monte dans l'arbre porte en elle la mémoire des Peaux-Rouges... Que restera-t-il de la vie si on ne peut entendre le cri de l'engoulevent et le coassement des grenouilles autour de l'étang pendant la nuit [...] ? C'est la fin de la vie et le commencement de la survivance[1]. »

La Route bleue de White n'est pas seulement le récit d'un voyage concret à travers les routes et les solitudes du Labrador, c'est aussi la relation d'un cheminement intellectuel. Par conséquent, voyager sur ses traces est un double plaisir : en parcourant un espace géographique défini, nous nous livrons en même temps à « des méditations géomentales ». Les propos de Ken nous font découvrir la dimension spatiale de notre existence.

Écœuré par Schefferville, Ken médite dans sa chambre du *Labrador Hotel*. Il a épinglé au mur de grandes cartes du ministère de l'Énergie et du ministère des Terres et Forêts pour donner à sa chambrette exiguë un peu d'espace et une

1. *Ibid.*, p. 161.

atmosphère d'un blanc bleuté. Il observe par la fenêtre le ciel gris-bleu et compose des poèmes. Entre autres, sur la Grande Chouette Grise, qu'on appelle *Scotiaptex nebulosa.* Le fantôme-vagabond.

Eh oui ! Au fond, chacun de nous est à peine un fantôme de vagabond. « Le "je" qui va m'occuper ne sera pas le "je" qui se rapporte strictement à l'histoire de ma personne, mais autre chose (pas plus qu'à l'histoire en général), dit White, citant Mishima. Réfléchissant à la nature de ce "je", je fus amené à conclure que le "je" en question correspondait très précisément à l'espace que j'occupais physiquement[1]... » D'ailleurs, il est significatif que pour développer la dimension spatiale de son « je », Kenneth a dû aller jusque sur le plateau du Labrador. Je pense que ce n'est pas un hasard.

Il suffit de comparer le Labrador et le Tibet. Ce sont des espaces de silence et de solitude semblables. Dans *Le Chemin des nuages blancs*, Anagarika Govinda, auquel White fait référence, évoque le paysage tibétain et souligne l'effet physique de l'altitude et de certaines conditions météorologiques sur la transformation de la conscience. Les paysages du Grand Nord produisent également cet effet (j'en ai fait moi-même l'expérience dans l'atmosphère raréfiée des toundras du Lovozero). La prise de conscience de cette union entre le physique, le psychique et le spirituel, observe Ken, est à la base de la pratique du yoga, qui comprend des exercices de respiration, des asanas, de la concentration... Autrement dit, le vide du paysage correspond à l'expérience du vide intérieur et permet de sortir de la cage étroite de son propre « je ». De s'ouvrir comme un plateau.

Sous des latitudes plus civilisées, cette pratique est devenue impossible car la « culture », en remplissant tout lieu vide de ses gadgets, a détruit les espaces de solitude et de silence. Regardez autour de vous ! On ne voit pas un visage ouvert ! Les SMS, la musique dans les écouteurs et la boue médiatique les ont tous tués.

On peut dire du vagabond Kenneth White ce que lui-même disait de Thoreau, à savoir qu'il parcourait des routes

1. *Ibid.*, p. 164.

au-dedans de lui-même et des routes au-dehors – celles des bois – qui formaient un seul et même chemin. Ainsi, il a uni la connaissance et la poésie, il a expérimenté directement la Terre et le monde.

C'est aux environs de Churchill Falls que nos routes se sont de nouveau croisées, mais je suis incapable de vous dire où exactement parce que je n'ai pas fait attention à l'endroit où l'ancienne grand-route qui partait de Schefferville rejoignait notre *highway*. Kenneth était passé par là en autocar en allant à Goose Bay, mais il ne circule plus d'autocars depuis des années, aujourd'hui tout le monde possède sa voiture. Bizarrement, alors qu'il parle des Muskrat Falls, du lac Winokapau et du lac de la Mouette, il ne dit pas un mot des chutes Churchill, pourtant parmi les plus impressionnantes chutes d'eau d'Amérique. La ville de Churchill Falls, elle, n'a rien de remarquable. À vrai dire, on peut même la manquer sur la route... Sur quels critères les Canadiens se basent-ils pour décider qu'une localité est une *town* plutôt qu'une *city* ? Car enfin ce n'est pas une question de taille ! Rytcheu avait raison, les centres peuplés tchouktches sont plus grands que bien des villes d'ici.

Dans Churchill Falls, nous avons trouvé deux magasins d'alimentation et aucun des deux n'avait de lait, de beurre ni de pain ! Heureusement que nous avions encore des provisions ! Nous les avons complétées avec une bouteille de vin rouge pour le dîner, et Łukasz s'est offert un flacon de whiskey pour dormir. Au magasin, nous nous sommes renseignés sur un camping. Il n'y en a pas, nous a-t-on dit. Vous pouvez planter votre tente n'importe où, mais comme il y a trois ours qui rôdent dans les environs, vous feriez mieux d'aller au motel. Je me suis demandé, en regardant le garçon derrière nous, ce que faisaient les gens d'ici après le boulot. Krzyś a engagé la conversation avec lui :

– Vous avez Internet ?

– J'ai quoi ?

– Eh bien, un ordinateur avec Internet.

– J'en doute, a répondu obscurément le garçon qui achetait une bouteille de Jim Beam.

Au magasin, nous avons également appris que Churchill Falls compte près de cinq cent cinquante habitants dont la majeure partie est employée à la centrale hydroélectrique. La vendeuse nous a remis la clé du *Black Spruce Lodge*, à quarante piastres par tête.

Le motel *À l'Épinette Noire* – je crois que c'est ainsi qu'on peut traduire *Black Spruce Lodge* – ressemblait à un refuge de montagne tout confort. Après nos nuits passées sous la tente, il méritait au moins quatre étoiles. Un vaste salon avec cheminée (des fauteuils moelleux et la télévision), une cuisine très bien équipée, une laverie avec sèche-linge, six chambres doubles, quatre salles de bains et pas âme qui vive. J'avais l'impression d'assister à un film de science-fiction où une horrible catastrophe a entraîné la mort de la terre entière et de me voir tout à coup dedans... Après le dîner, nous avons commandé une communication téléphonique avec Toronto et chacun s'est occupé de soi. Łukasz triait ses photos en descendant furtivement son whiskey, tandis que je complétais mes notes, comparant les conditions de vie au Labrador, qui sont comme provisoires, et l'existence enracinée dans l'Outre-Onega depuis des siècles. J'ai comparé, par exemple, les mobile homes de Churchill Falls, tous fabriqués sur le même modèle et posés à la va-vite par une grue, aux isbas en bois de la Russie septentrionale où l'on aurait du mal à trouver deux maisons pareilles car ce qui est vivant est inimitable. Krzysiek avait allumé la télévision. C'était le début des nouvelles : les J.O. de Pékin, l'attaque de la Géorgie par l'armée russe...

Cette nuit, j'ai rêvé de Poutine. Le Premier ministre russe, dans mon rêve, avait le sourire du chat du Cheshire. Ce cauchemar devait être un écho onirique de ma dispute d'hier avec Anka, au téléphone, à propos de la guerre de la Russie contre la Géorgie, encore que le mot « dispute » ne soit pas tout à fait adapté étant donné qu'Ania sortait ses arguments avec un débit de Kalachnikov sans me laisser en placer une. D'ailleurs, que peut-on savoir de la dernière guerre en Transcaucasie quand on a les espaces du Labrador devant soi ? Ania recrachait les fiches des médias sur la politique impérialiste du Kremlin, car elle n'est jamais allée dans le Caucase.

J'ai eu du mal à m'endormir. Je repensais à mes voyages en Transcaucasie dans les années troubles, en 1992-1993. Je suis allé deux fois à Soukhoumi. La première fois, la ville était occupée par l'armée géorgienne ; la seconde fois, j'y suis arrivé au lendemain de l'opération qui permit à des détachements abkhazes (avec la participation décisive de Chamil Bassaïev) de la reprendre aux hommes de Tengiz Kitovani. La différence entre le comportement des Géorgiens et celui des Abkhazes sur ce bout du littoral de la mer Noire montre mieux que toutes les raisons historiques qui est le véritable propriétaire de ce territoire. La soldatesque géorgienne pillait tout ce qu'elle pouvait, incendiait à coups de canon les bicoques désertées, dévastait avec ses chars les plantations de mandariniers, et j'ai vu de mes propres yeux des hommes tirer pour s'amuser sur les animaux du célèbre centre d'élevage de singes. Les Abkhazes, eux, restauraient chaque maison avec soin et faisaient les récoltes. En un rien de temps, ils avaient redonné vie à la ville et l'air s'était empli d'une délicieuse odeur de café. Donc, aucun argument politique ou historique ne plaide pour l'appartenance de l'Abkhazie à la Géorgie au nom d'une entité territoriale imaginaire. La situation est la même, je présume, en Ossétie du Sud.

Notre petit-déjeuner avalé, nous sommes partis voir les chutes Churchill sur le fleuve Churchill. Jusqu'à une date relativement récente, les chutes s'appelaient Grand Falls, et le fleuve Hamilton River, en l'honneur de Sir Charles Hamilton, le gouverneur de Terre-Neuve, mais ils furent rebaptisés en 1965 pour célébrer l'ancien Premier ministre de Grande-Bretagne. Qu'avait à voir le vieux gâteux anglais avec ce fleuve indien ? Et, plus généralement, quel est le sens d'immortaliser le nom d'hommes politiques dans des appellations géographiques ? Il s'agit d'ordres différents : la politique est soumise aux lois du temps, et la géographie à celles de l'espace.

Pour arriver aux chutes Churchill, nous avons dû refaire une quinzaine de miles en arrière sur la *highway*, jusqu'à une petite aire sur le bas-côté de la route, qui tenait lieu de parking. Nous ne l'avions pas remarquée en passant hier. Aujourd'hui, une voiture immatriculée aux États-Unis y était déjà garée. Des touristes.

Dès le parking, nous avons été assaillis par des mouches noires qui ne nous ont pas laissé le temps de la réflexion !

Nous sommes partis en courant. Un sentier conduisait à travers la forêt qui longeait la rivière ; par endroits, il disparaissait dans des tourbières ou escaladait des passages rocheux. C'était une forêt authentique (pas une toundra boisée), comme les Monts Dorés[1] de ma jeunesse. J'ai même repéré d'authentiques bolets mais, sous l'attaque des mouches, je n'y ai pas touché. Je les abandonnais à Łukasz ! Je sentais sur ma nuque le souffle de Krzysiek qui me talonnait. En route, nous avons croisé trois Yankees coiffés de chapeaux noirs à filet de protection contre les moustiques. On aurait dit des terroristes en manœuvres. Sans s'arrêter de courir, ils nous ont crié qu'on pouvait acheter ces chapeaux *made in China* à Churchill Falls, dans le petit magasin où nous n'avons trouvé ni pain ni lait hier.

Enfin nous sommes arrivés aux chutes ! D'abord, dans une trouée d'arbres sur la gauche, un scintillement blanc écumant, puis un autre est apparu entièrement dans la boucle suivante, où le sentier nous a conduits tout au bord de la paroi. En bas, sur les énormes vasques de pierre creusées au fil des siècles par le fleuve, j'ai aperçu un mince filet d'eau et des lambeaux d'écume sur les roches. Ce sont là ces chutes que les dépliants touristiques disent plus majestueuses que le Niagara ? Les chutes Mickiewicz, dans la vallée du torrent de la Roztoka[2], ruissellent plus fort !

Krzysiek et Łukasz tentaient de les photographier sous différents angles, mais quel que fût le côté, de profil ou de face, elles n'étaient guère impressionnantes. De près, on aurait dit de la bière Żywiec qui s'échappe d'un tonneau mal bouché. Se seraient-elles asséchées pendant l'été ? Ou serait-ce la centrale électrique qui les aurait englouties ?

En période de crues, les chutes Churchill doivent être effectivement grandioses. Les parois rocheuses de leur lit mesurent tout de même soixante-quinze mètres de haut – soit quinze de plus que celle du Niagara –, mais l'espace entre elles est beaucoup moins large, et l'environnement est austère par comparaison avec le Disneyland touristique des chutes du Niagara.

1. Chaîne de montagne dans les Sudètes orientales, à la frontière polono-tchèque.

2. Dans les Hautes Tatras, au sud de la Pologne.

Donc, sans ce poste d'observation aménagé pour les touristes (petits bancs, poubelles et un panneau d'information sous un petit auvent rigolo), nous aurions pu nous amuser à repérer un Indien en train de pêcher au harpon dans le ruisseau. Le décor avait l'air littéralement découpé dans la superbe photo d'Edward S. Curtis intitulée *The Fisherman.*

Chassant à grands gestes les mouches sanguinaires, nous commentions l'histoire des chutes sur le panneau. On se demande pourquoi le marchand John McLean, de la Compagnie de la Baie d'Hudson, arrivé ici en 1839, est réputé en être le découvreur. Comme si les Peaux-Rouges n'étaient pas venus là avant lui ! C'est McLean, dit-on, qui donna le nom du gouverneur de Terre-Neuve au fleuve. Sans doute par flatterie, escomptant des tarifs avantageux. Ainsi, malgré le politiquement correct, dans la géographie, les idées des Visages Pâles l'emportent toujours. Au lieu de supprimer à l'université les « chrétiens blancs de sexe masculin » sur la liste des auteurs à lire, il serait sans doute plus judicieux de restituer leurs noms indiens aux terres indiennes. Albert Low, lui aussi, est arrivé jusqu'ici – en 1894. Je soupçonne sa découverte de grandes quantités de fer dans la région d'avoir été à l'origine de la centrale électrique sur le fleuve Churchill. En attendant, les Indiens n'ont toujours pas été indemnisés pour la perte de leurs cinq mille hectares de territoires de chasse engloutis sous les eaux du barrage. D'ailleurs, à quoi sert-il de parler des Indiens si déjà les administrateurs blancs du Québec et de Terre-Neuve sont incapables de s'entendre sur le partage des bénéfices qui proviennent de la centrale !

Les mouches noires ont soudainement repris l'avantage. Nous avons regagné la voiture au grand trot en envoyant au diable les centrales hydrauliques, le fer et les querelles de gros sous des Blancs. Ce n'est pas pour cela que nous avions fait tout ce bout de chemin.

Nous retrouvons le crissement du gravier sous les roues et, de chaque côté, les boues, la mousse, le sable et les sapins noirs avec leurs cimes en panache qui les font ressembler à des lances et nous donnent l'impression d'être escortés par une puissante armée. D'après Kasprzyk, la forme étrange des arbres est un effet du réchauffement climatique général. D'après lui, c'est à cause des hausses de température de ces dernières années que les branches les plus jeunes, et donc celles du haut, sont si exubérantes, mais je ne suis pas sûr d'avoir compris jusqu'au bout ce qu'il me disait, envahi que j'étais par des idées obsédantes.

Mon Dieu ! Grand Manitou ! Comme cette terre est vulnérable, qui fixe le ciel de chaque pièce d'eau et expose au vent chaque arbrisseau, cette terre recouverte d'une si mince couche de glèbe où s'entrelacent les frêles racines des mousses et des herbes tels des vaisseaux sanguins ! N'importe quelle bêche peut la blesser, n'importe quel pic peut la lacérer, la dénuder jusqu'au sable aride et jusqu'à la pierre. Sa fragilité se voit parfaitement sur le bas-côté de la route, où les lourds bulldozers ont laissé de profondes entailles visibles en coupe anatomique. Comment la protéger ?

Notre route est rythmée par les ruisseaux et les rivières qui traversent son tracé ; sans eux, nous nous croirions immobiles dans une immensité verte et grise, couverte d'ocre ferrugineuse et, çà et là, de taches de bruyères d'un mauve terne. Il n'y a aucun autre signal d'orientation dans l'espace, juste ces filets d'eau. Aussi les ai-je notés en colonne pour que chaque ligne atteste que nous nous déplaçons à leur rythme :

Cache River
Arch's Brook
Diver Brook
Way's Brook
Pinus River
Upper Brook
Lower Brook

Je comprends maintenant pourquoi Ken notait les étapes de sa vadrouille de cette manière. C'est effectivement une géopoétique, où la cadence du chemin est battue par le pouls du sang et suit le rythme de la Terre indiqué par les cours d'eau. « Il s'agit de sortir de l'Homme (avec toutes ses majuscules), pour retrouver un mouvement nomade de la Terre[1] », comme il l'a confié dans un entretien. Cela dit, Ken ne se leurre pas en pensant que la géopoétique conquerra le

1. *Le Lieu et la parole. Entretiens 1987-1997*, Éditions du Scorff, 1997, p. 102.

Monde ; les idées humanistes sont trop répandues. Au nom de « l'intérêt de l'humanité », il faut asservir la Terre en ruinant sa chair avec l'extraction de pétrole, d'énergie ou de minerai. La géopoétique de White est une proposition à l'adresse des rares nomades intellectuels qui campent encore entre ciel et terre.

Muskrat Falls, les chutes du Rat musqué. Nous nous garons sur le bas-côté, tout près d'un 4 × 4 de jeunes immatriculé à Terre-Neuve. Je ne pensais pas l'endroit si touristique.

Tenez ! Prenons l'exemple d'aujourd'hui. Deux chutes d'eau en un jour, c'est trop, c'est « comme deux champignons dans un bortsch » (cette expression polonaise exprimait naguère l'abondance exagérée, mais elle tombe actuellement en désuétude ; à notre époque, la mode est au « maxi » et au « méga » ; plus il y en a, mieux c'est). Or, une cascade change en fonction du temps et de la lumière, tantôt elle s'irise au soleil, tantôt elle se confond avec la pluie ; elle s'illumine à l'aube et s'éteint au crépuscule, elle n'est pas la même à la nouvelle lune et à la pleine lune. Ne vaut-il pas mieux contempler une cascade deux jours plutôt que d'en voir deux dans la même journée ? Hélas !

Assis sur une saillie rocheuse éclaboussée de tous côtés par les Chutes du Rat musqué qui bandaient les muscles de leurs eaux, je me suis remémoré l'excursion des héros de *La Montagne magique* dans la vallée de la Flüela. J'ai lu ce roman de Thomas Mann il y a longtemps, donc je ne jurerais pas que le souvenir que j'ai de cet épisode corresponde exactement à ce qu'il est sous la plume de l'écrivain. Peut-être s'est-il cristallisé à la longue en une tout autre histoire. Dans ma version, tandis que Naphta, Settembrini et Castorp s'écartent de la cascade dont le bruit les gêne pour en commenter la beauté, Mynheer Peeperkorn, lui, entre dedans pour sentir de tout son corps la force de l'élément et se fondre en lui, même un court instant. L'attitude du Hollandais m'a toujours été plus proche que les pédanteries de ses compagnons.

Pendant ce temps, mes compagnons à moi bondissaient avec précaution d'une pierre à l'autre – la surface était glissante –, et photographiaient dans toutes les positions les embruns, les zigzags du courant, les hiéroglyphes de l'écume, en poussant des exclamations que le raffut de la chute d'eau rendait inaudibles. D'un côté, je les comprends : le spectacle, la vigueur de cet élément primitif sont incomparables et, comme il est prévu de construire là une centrale hydraulique, c'est peut-être la dernière chance d'immortaliser les Muskrat Falls dans leur état naturel. Mais d'un autre côté, vous ne pouvez pas entrer dans la cascade à travers l'objectif d'un appareil photo ; au lieu de vous ouvrir à la nature, vous la focalisez dans la lentille en restant enfermé en vous-même.

Et il y a encore un troisième aspect ! Les mouches noires ! Avec ces insectes acharnés, impossible de s'oublier trente secondes, de sortir des limites de son « je » pour se fondre dans l'univers, voire plus loin… Il suffit de regarder le petit groupe de jeunes qui trépignent autour de nous en agitant les bras comme s'ils dansaient la danse de Saint-Guy, ils n'ont rien à faire de la contemplation de la chute, leur peau ulcérée leur impose des limites. Nous, à vrai dire, nous sommes protégés par nos filets, nous avons donc les moyens de la sérénité (en harmonie avec notre âge), mais leurs mailles fines quadrillent la nature, nous empêchant d'être un pur regard à la lisière du « je » et du « non-je ».

Peut-être alors introduire comme une méthode dans cette folie touristique et photographique ? D'abord prendre dans la hâte et la foule des photos de quelque bout du monde pour ensuite les contempler dans la quiétude de son foyer ? Chez nous, personne ne nous presse ; sur les photos, on ne voit ni les gens ni les mouches. Je procède moi-même ainsi, car c'est à la suite de mon voyage, en écrivant, que je chemine réellement.

Devant nous, Goose Bay, où notre chemin et celui de White vont de nouveau se séparer. Kenneth eut de la chance car dès son arrivée, il rencontra dans un bar situé près de l'aéroport, Jim Murphy alias Lucky, propriétaire d'un Cessna monomoteur, qui lui proposa aussitôt de l'emmener survoler la côte. J'ai toujours dit qu'il faut commencer la découverte des lieux nouveaux par un bar.

Nous, nous avions nos places réservées sur le ferry du lendemain à destination de Nain et nous avons commencé par chercher du vrai pain, du pain ordinaire. Hélas, aucun magasin de Goose Bay n'en vendait de normal ! On ne voyait sur les rayons que ce *junk* cotonneux qui vous colle aux dents et vous bousille les boyaux. Au passage, nous promenions nos regards et constations avec tristesse que ce n'était plus la ville de *La Route bleue*. Chez Kenneth, quel que soit le côté où vous vous tourniez, vous voyiez « des barbus aux yeux hagards, entourés de matériel de camping, de rouleaux de cartes et de compteurs Geiger[1] », des Blancs prospecteurs de minerais précieux, tous plus dingues les uns que les autres à force de vivre longtemps dans les bois. « Tout le monde ici est comme ça. Les Esquimaux et les Indiens, eux, ils sont nés comme ça. Nous [les Blancs], on le devient[2] », dit Scott Macpherson à Ken dans un bar.

Aujourd'hui, à Goose Bay, on ne voit aucun être humain, il n'y a que des voitures qui se pressent sur les larges chaussées sans qu'on puisse deviner qui est à l'intérieur. On ne sait pas trop non plus si les rues sont construites sans trottoir parce que les gens ont désappris à marcher, ou si les gens ont désappris à marcher parce que chacun a sa voiture. Toujours est-il qu'on a plus de chances de voir une auto en percuter une autre qu'un être humain croiser un de ses semblables.

Nous avons quand même fini par rencontrer des êtres humains dans l'un des hôtels où nous sommes passés nous renseigner sur des lieux où camper. Il y avait là les pilotes d'une escadre russe qui faisait route vers la République sud-africaine via le Labrador. Je leur ai adressé la parole dans leur langue, nostalgique de cet idiome slave. Un attroupement s'est aussitôt formé autour de moi, tous voulaient savoir où trouver un magasin. Je leur en ai indiqué un en les prévenant qu'ils n'y trouveraient pas de pain.

– Oh ! *Bliad !* Putain !

À Goose Bay, nous avons mangé du hachis de caribou. Au goût, la viande ne rappelait en rien le renne juteux que je me souviens d'avoir mangé à Lovozero. Elle était sèche comme de l'amadou et, par-dessus le marché, trop salée.

---

1. Kenneth White, *La Route bleue*, *op. cit.*, p. 184.
2. *Ibid.*

Le Labrador, sur la carte, ressemble à un massif montagneux avec deux sommets orientés vers le nord. Ces sommets, ce sont la pointe émoussée d'Ungava et le triangle élancé du Labrador, séparés comme par un défilé par la baie d'Ungava. Goose Bay, à la base du triangle, est l'établissement le plus avancé au nord du Labrador où l'on puisse arriver en voiture. Au-delà, il n'y a pas de route, la ligne qui longe la côte, en pointillé sur la carte comme si quelqu'un essayait à points de bâti maladroits de maintenir ensemble le continent et la mer, c'est la route du ferry. Il fait escale dans les ports de Rigolet, Makkovik, Postville, Hopedale, Natuashish et Nain. La zone au nord de Nain est actuellement inhabitée (Hebron a été abandonnée dans les années cinquante), aussi le ferry fait-il demi-tour là.

Dans notre campement, il règne un tel tapage dès le matin que les oiseaux dans les arbres environnants se sont tus. En raison de leur départ précipité de Toronto, Krzysiek et Łukasz ont fourré tout un bazar dans le coffre qu'ils doivent maintenant trier pour n'emporter à bord du ferry que les affaires indispensables, parce que nous laissons la Ford à Goose Bay. Quelqu'un comparait les voyages dans le Nord à une expédition en haute montagne, il n'avait pas tort. Jusqu'ici, nous sommes allés d'un camping à l'autre ; maintenant, nous sommes devant le dernier tronçon, comme avant l'attaque du sommet de la Gubałówka[1] par le funiculaire. Au retour, nous n'aurons plus qu'à nous laisser descendre.

Je sirote du thé vert (avec du miel) en dessinant des arabesques dans mon carnet. Au contraire de mes potes, je n'ai rien à transvaser, il y a longtemps que toutes mes affaires tiennent dans mon sac à dos. Pour moi, l'expédition au Labrador est juste un épisode d'un plus grand voyage. Voyez ! Je suis parti de Konda pour La Grande-Baie à pied, ensuite j'ai pris un bateau jusqu'à Petrozavodsk puis un train jusqu'à Moscou où j'en ai pris un autre pour Varsovie, et enfin un

1. Gubałówka, sommet de 1 126 mètres où s'offre un superbe panorama sur les Tatras polonaises. Il est situé non loin de la station de Zakopane.

avion à destination de Toronto. La route m'a enseigné que moins on prend, plus on va loin.

Deux ou trois jours avant mon départ pour le Labrador, j'avais accueilli à Konda Berejnaïa l'écrivain voyageur italien Paolo Rumiz que Monika Bulaj avait amené chez nous. Paolo venait d'achever un livre sur les traces d'Hannibal et préparait une nouvelle expédition, cette fois de Mourmansk jusqu'au Bosphore, dans le but de décrire les confins orientaux de l'Union européenne. Le petit sac à dos de Rumiz m'avait beaucoup impressionné. Il contenait une chemise et un pantalon de rechange, deux paires de chaussettes, un pull, ses affaires de toilette, une serviette éponge et deux cartes. Voyant mon étonnement, Paolo se vanta de ses calepins (fabriqués sur commande), qui étaient maniables et prenaient très peu de place. Il me dit aussi qu'il n'emportait plus aucun livre depuis des années, car un livre, c'était comme un père, il te prenait par la main pour te guider, or en route il préférait lire les paysages et les visages. Monika m'avait expliqué en aparté que c'était chez Rumiz une idée fixe : à chaque nouveau voyage, il réduisait ses bagages et se préparait ainsi à son ultime expédition.

En partant, Paolo me fit cadeau d'un carnet avec un magnifique poème en exergue : « Voyager, c'est construire des ponts et en même temps les détruire derrière soi / ce n'est pas chercher la certitude mais renoncer à la trouver / c'est tout miser sur une carte, c'est comme une renaissance / voyager, c'est marcher et donc c'est une histoire, notre unique compagne. »

Le *Northern Rangers,* notre ferry, appareille tous les cinq jours, car telle est la durée de son itinéraire. Il transporte cent trente et un passagers, pour la plupart des Inuits qui habitent les hameaux de la côte. Excités, agités, les rares touristes blancs se reconnaissent tout de suite ! Dès leur montée à bord, ils sont incapables de rester en place, ils prennent des photos, discutent sur leur téléphone portable, astiquent leurs appareils d'optique (lunettes et jumelles), vérifient leurs cartes de crédit (ne les auraient-ils pas perdues ?), passent leur temps à enlever et remettre leurs anoraks, leurs gilets molletonnés ou leurs bonnets – pour un peu, ils ôteraient leurs dentiers pour les nettoyer. Car tous ces gadgets (téléphones portables, appareils numériques, cartes de crédit) sont des prothèses sans lesquelles l'homme blanc est désormais incapable de mâcher et avaler la réalité.

Près de moi, accoudée au bastingage, une jolie Esquimaude (elle ressemble à Touli, des bords de la Hatyda[1]), et même si elle regardait vers le quai, je sentais qu'elle était plus consciente de ma présence que la touriste italienne dans mon dos qui prenait des photos en me caressant la tête avec la manche de son blouson. Le chargement du ferry se prolongeait. Pour nous autres voyageurs, il n'engendrait que retard et confusion. En effet, que ce soit le transbordage du fret des entrepôts dans les cales ou la bousculade confuse des accompagnateurs et des passagers, sans parler du port qui ne méritait pas une photo, rien ne présentait d'intérêt. Il n'en allait pas de même pour les autochtones ; à leurs yeux, le chargement du ferry était une affaire de la plus haute importance, car enfin il s'agissait de leurs trésors (surtout des quads, très à la mode), et par ailleurs, savoir qui accompagnait qui et qui n'était pas venu avec qui parce qu'ils s'étaient fâchés ou séparés, vous parlez d'une intrigue ! Pour la jolie Esquimaude, chaque visage était un livre ouvert. Pour nous, les gens qui se bousculaient au pied de la passerelle n'étaient qu'une foule anonyme.

Notre façon d'entamer le voyage est également différente. Des familles entières d'Inuits s'installent dans le grand salon du ferry, leurs bagages à portée de main, leurs enfants à portée de vue. Nous, nous errons dans les couloirs étroits en nous frayant non sans mal un passage avec nos bagages, à la recherche de nos cabines. Nous préparons nos couchettes, rangeons nos affaires sur les étagères et reprenons notre errance, cette fois à la recherche des toilettes et des douches. Ensuite, marche sur la salle à manger pour découvrir le menu. Oh ! *Fuck !* La bouffe est payante, alors que nous la pensions comprise dans le prix du billet, et nous n'avons même pas emporté de thé.

Donc, bien que voyageant tous à bord du *Northern Rangers*, nous marchons en réalité sur des sentiers différents qui

1. Voir *La Maison au bord de l'Oniégo*. Touli est une jeune femme samoyède vivant dans la péninsule de Iamal.

courent parfois en parallèle lorsque nous nous frôlons dans les goulets des escaliers – sans jamais être ensemble ! La réalité touristique définie par les itinéraires « de... à... » est donc un espace aussi plat qu'une feuille de papier ou un écran. La réalité autochtone, elle, évoque une toile d'araignée tissée de fils qui partent dans tous les sens et créent un monde multidimensionnel et complexe où le moindre frémissement se propage à la vitesse d'une rumeur. Dans le monde des autochtones, chaque montagne à l'horizon a son histoire, chaque baie sa légende, alors que pour les touristes, ce ne sont que des sites intéressants à photographier, surtout si le soleil pointe élégamment son nez de derrière les nuages et qu'un arc-en-ciel se dessine à travers la pluie.

Autre remarque encore ! Les autochtones regardent comme s'ils observaient le monde autour d'eux du tréfonds de leur être par les fentes étroites de leurs yeux. Les touristes blancs, eux, se tuent à lui jeter sans arrêt des regards distraits à droite et à gauche.

Vous ne devinerez jamais ce qui a suscité les premières émotions à bord parmi les touristes ! La vue d'une baleine ? Vous n'y êtes pas ! Un iceberg à l'horizon ? Non. Un mirage sur le lac Melville ? Non plus. Un ours blanc sur la rive ? Pensez-vous ! Ce sont les manœuvres de l'OTAN.

J'étais sur le pont supérieur, plongé dans ma lecture. Nous étions encore peu éloignés de Goose Bay. Cette partie du lac Melville manquait d'attrait. Soudain, dans le ciel, un vrombissement venant de la droite, et c'est l'alerte à bord ! À la proue, ils scrutent le ciel aux jumelles et se bousculent pour prendre des photos. J'ai levé la tête. Dans le contre-jour, il n'était pas facile de distinguer quoi que ce soit, mes yeux clignaient tout seuls. Un hélicoptère tournoyait au-dessus d'un cotre mouillé à quelques centaines de yards de nous. La belle affaire ! me suis-je dit à part moi sans saisir l'objet de cette fièvre, et je suis retourné à mon livre. Kasprzyk m'a expliqué plus tard que ce bateau n'était pas un cotre ordinaire, mais une authentique corvette qui repêchait les hommes-grenouilles largués de l'hélicoptère.

Une base de l'OTAN est en activité à Goose Bay, une véritable plaie divine infligée au Labrador. Krzyś ne poétisait pas lorsqu'il comparait les opérations du Pacte de l'Atlantique

Nord à un fléau de Dieu. Sur la péninsule du Labrador, le malheur s'abat du ciel. Des vols d'entraînement à basse altitude ont commencé ici à la fin des années quatre-vingt. Y prennent part six membres de l'OTAN : le Canada, les États-Unis, la Grande-Bretagne, l'Allemagne, l'Italie et les Pays-Bas. L'intérêt de ces vols à basse altitude, c'est qu'il est impossible aux radars ennemis de les détecter, le relief offrant un écran de protection. Cependant, il ne faut pas oublier les dommages collatéraux.

Le survol du sol à une hauteur de trente mètres produit une intensité sonore qui monte jusqu'à cent quarante décibels alors même que les humains ressentent de fortes douleurs dès cent dix. Dans certaines régions, on effectuait jusqu'à vingt-cinq vols par jour (en 1988, il y en a eu au total sept mille cinq cents), et dans les années quatre-vingt-dix, ils ont même atteint le nombre de vingt mille par an, avec des répercussions sur la population, en particulier sur les enfants chez qui ils provoquaient insomnie, peur et sentiment d'insécurité. Et chez les animaux, on a observé des troubles de la reproduction, les caribous et les oiseaux ne retrouvaient pas leurs trajets migratoires.

S'ajoute à cela l'effet supersonique (le *sonic boom*) : lorsqu'un avion franchit le mur du son, il se crée une onde de choc qui frappe la terre avec un bruit d'explosion, déchire les tipis des Indiens et des bancs entiers de poissons morts flottent à la surface des eaux. L'émission de gaz d'échappement et les largages partiels de carburant polluent l'air, la terre et l'eau. Émises pendant une période prolongée, les ondes de forte intensité des équipements radar et des communications radio entraînent stérilité et fausses couches chez les humains et les animaux, et la limaille de fer dispersée dans l'air pour brouiller les systèmes laser retombe dans la toundra comme de la neige métallique.

Il va de soi que les protestations se multiplient (tant des Indiens et des Inuits que de diverses organisations écologistes), et sont parfois suivies d'effet : les vols ont été limités, voire, dans quelques cas, suspendus. Au-dessus de certains territoires, surtout des zones de peuplement ou des réserves d'animaux sauvages, les manœuvres ont été totalement interdites, mais ces décisions restent trop souvent lettre morte.

Les Européens exercent des pressions sur le gouvernement canadien auquel ils versent du fric pour la poursuite des entraînements sous prétexte que le Canada possède de vastes étendues sauvages et désertes où ils ne dérangeront personne. Pour les Européens, les Innus, les Inuits et les caribous, ce n'est personne.

En 1990, lors d'une rencontre à Toronto à laquelle Kasprzyk a assisté, un représentant Innu a parlé de bombes remplies de béton larguées au-dessus du Labrador pendant les manœuvres. Des pans entiers de toundra avaient été bétonnés, paraît-il. Plus tard, Krzyś a vu par hasard sur Internet une information selon laquelle des bombes au béton ont été utilisées en Irak. Peut-être avaient-elles été testées par ici.

Parmi les autres attractions touristiques du périple, on peut ranger les baleines, les icebergs et les magasins des ports. Les baleines n'apparaissaient qu'au loin ; sur les photos, on dirait d'énormes souches à la dérive. Comparés aux icebergs que j'ai pu voir dans la mer de Barents, ceux d'ici font penser à des cygnes après la mue. Quant aux magasins portuaires, ils sont d'un vide éblouissant. Aurais-je traversé la moitié du monde pour voir ça ?

J'observe nos voisins de cabine : un photographe texan grassouillet (son jean ne ferme pas, son ventre déborde pardessus sa ceinture, un large chapeau de cow-boy lui cache la figure ; il mâchouille et pérore en permanence, convaincu que Barack Obama n'a aucune chance aux élections présidentielles parce qu'il est noir et qu'au Texas, ça ne passera jamais) ; Ada Bonelli, l'Italienne qui m'effleurait avec sa manche (elle écrit un livre sur les Samis et les Inuits, mais elle n'a jamais fait de long séjour dans la péninsule de Kola) ; un couple de retraités de Terre-Neuve, deux touristes de Venise, Jason, nous et encore quelques joyeux *helak*. *Helak*, c'est le nom que les Esquimaux donnent aux Blancs, du mot « hello ».

Aldous Huxley, dans *Chemin faisant*, disait que les touristes sont « une tribu à l'air fort triste[1] ». La poursuite permanente

1. Aldous Huxley, *Chemin faisant*, trad. de l'anglais par Jules Castier, Éditions Stock, 1945, p. 9.

de la nouveauté lui apparaissait comme de l'immaturité. Qu'un petit enfant tende ses menottes vers quelque chose de nouveau, il le comprenait – pour un enfant tout est nouveau –, mais un homme aux cheveux blancs devrait quand même enfin savoir qu'il n'aura pas le temps de tout voir et donc qu'il n'y a aucune raison de se presser.

La vie est trop courte pour se presser

Cette épigraphe m'a été glissée par le chaman esquimau Alex sur le ferry. Alex a fait cette comparaison entre le chemin des hommes blancs et les pistes des Inuits : « Le Blanc se dirige toujours vers son but par le chemin le plus court. Les Inuits font des détours. Les Blancs vivent dans le temps, les Inuits dans l'espace. Le Blanc a un certain nombre d'années pour voir le plus de choses possibles, et moi, j'ai encore un nombre de miles défini à parcourir, alors plus je vais lentement, plus je vois. Les miles n'y perdent rien. » Il m'a dit aussi que je passerais bientôt du nord au sud. Je lui ai demandé pourquoi.

– Chez nous, chaque âge a son point cardinal, m'a-t-il répondu. L'enfance, à laquelle correspond le *tuk-tuk*, qui signifie « renne » dans notre langue, est tournée vers l'est ; la jeunesse vers le sud ; la maturité va vers l'ouest et la vieillesse fuit vers le nord. Tu vas bientôt commencer un deuxième tour.

Encore aujourd'hui je me demande comment il a pressenti la venue de Martoucha, qui n'avait pas même été conçue… Au moment de nous quitter, il m'a donné un *inuksuk*, un bonhomme en pierre. Dans la toundra, c'est un repère et un signe de reconnaissance.

– À présent, tu es des nôtres, m'a-t-il lancé en me faisant un signe de la main pendant qu'il descendait la passerelle à Hopedale. Il partait la nuit même à la pêche au phoque.

Kenneth termina son voyage au Labrador à Ungava. Là, il eut des visions mystiques, écrivit des haïku qu'il grava dans la roche à l'aide d'un burin de labradorite et se rencontra lui-même à l'époque préglaciaire. Au crayon, dans la marge de *La Route bleue*, un kōan de Jakusho Kwong en guise de conclusion : « Nous avons besoin d'un chemin non pas pour aller d'ici à là, mais pour revenir de là à ici. » Serait-ce un message à mon intention de la part de mon donateur anonyme ? Je précise que Kwong était un maître du *shamatha*, la pratique du calme.

Je termine notre excursion au Labrador à Nain. Avant de partir, nous nous sommes baignés, Kasprzyk et moi, dans l'égout municipal, pile à l'endroit où il se déversait dans la mer. Comment aurions-nous su que les grands signes que nous faisaient les gens voulaient nous en avertir ? Nous étions persuadés qu'ils nous manifestaient leur admiration à grand renfort de gestes !

À Nain, j'ai compris que l'important n'est pas la différence entre le voyageur et le vagabond, mais le fait d'avoir fait souche sur terre, de ne pas être de passage.

Toronto

Une rencontre au bar *Prohibition*, à Toronto, a marqué l'épilogue de notre expédition au Labrador. Le lieu avait été choisi par Duke Redbird (Oiseau Rouge), poète, chanteur et chaman issu de la tribu des Ojibwés, chef des Indiens « illégalistes », c'est-à-dire des Indiens qui ne reconnaissent pas le gouvernement blanc au Canada.

Oiseau Rouge a attiré mon attention sur l'agressivité de la culture blanche de l'Évangile, du pain et du vin. Il a commencé par le vin. Les autres cultures proposaient également des excitants, comme le chanvre, le peyotl, les champignons, les feuilles de coca. La culture répressive des Blancs s'en est emparée sous prétexte qu'il s'agissait de drogues, au profit de l'alcool ! Depuis peu, ils condamnent même le tabac !

Duke a constaté dans les derniers temps d'étranges coïncidences : les Indiens qui renoncent à la boisson reviennent à la foi de leurs ancêtres, et ceux qui reviennent à la foi de leurs ancêtres renoncent à la boisson.

– Je ne maudis pas l'alcool, Mar. Moi-même, j'ai bu à mort pendant trente ans. Ces années m'ont appris que l'arbre préfère l'ivrogne qui prend appui sur lui, l'enlace et le caresse, au sobre qui se contente de le regarder se faire abattre. Mais l'alcool n'est pas pour nous. L'alcool nous fait oublier le témoin[1] en nous.

Pour ce qui est du pain, les Blancs prenaient leur terre aux Indiens afin de la cultiver. Ils les chassaient de leurs territoires fertiles où l'herbe et les bisons étaient en abondance. Ils exterminaient les bisons. Et pendant ce temps, dans les missions chrétiennes, ils changeaient le pain en corps du Christ et le mangeaient en l'accompagnant de sang.

Ils ont tiré tout ça de l'Évangile. Même le temps, jusque-là cyclique, était devenu linéaire et ne menait nulle part. Les Ojibwés regardent en arrière – derrière eux. Le Dieu des Blancs a confié à Adam la nature à dompter, mais comme son corps n'est pas assez fort pour y parvenir, il le prolonge. Il a prolongé ses jambes avec des roues, ses bras avec des mousquets (aujourd'hui des fusées), ses yeux avec du matériel optique, son esprit avec de l'électronique. L'Histoire, c'est le progrès... Et les Indiens ont le mythe. Les Ojibwés ne reconnaissent pas l'Histoire.

– Chez les Indiens, il faut même mériter son prénom. On ne donne pas un prénom dès la naissance. Vos petits reçoivent un prénom et ont des jouets à eux : c'est le cheval à bascule de Jim, le ballon de chiffon de Mary. Nos enfants, eux, n'ont pas de prénom tant qu'il n'a pas été révélé par l'Esprit. Tous les jouets leur appartiennent en commun. C'est la même chose que l'ombre d'un arbre dans le désert. Le Blanc se précipite dessous en disant que c'est sa place, qu'il a droit à sa part d'ombre. Un Indien, lui, sait que c'est l'ombre de l'arbre.

Avant de me dire au revoir, Oiseau Rouge m'a donné une poignée de main en posant pour la photo devant une tapisserie avec *Don't BOOZE* écrit dessus, et m'a chuchoté :

– Le vin fait naître un sentiment de culpabilité, Mar.

2009

---

1. Oiseau Rouge a employé le mot *witnessing.* J'ai mis du temps à comprendre qu'il s'agissait du *sākṣina* des Upanishad. *(N.d.A.)*

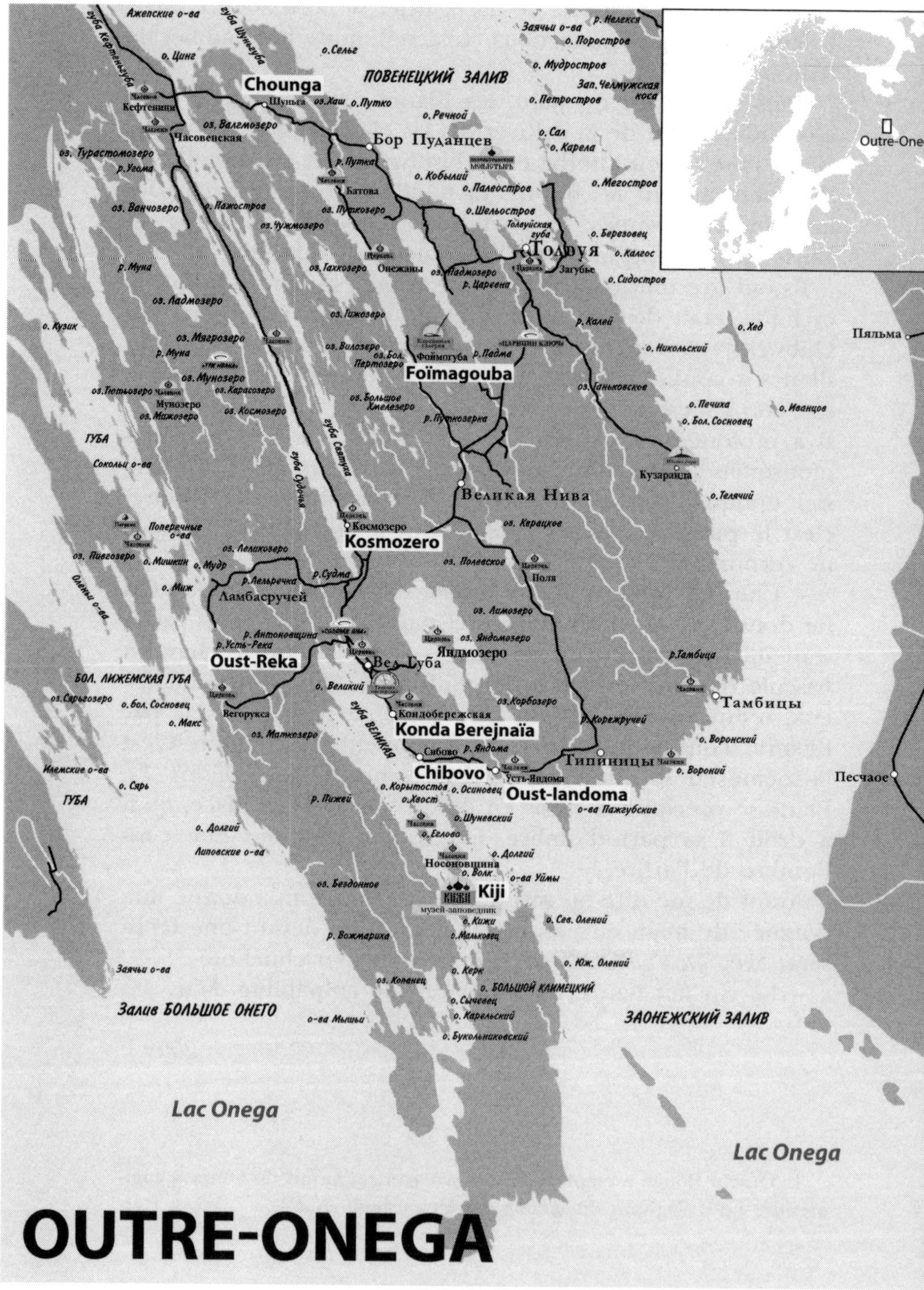

Chounga
Шуньга
ПОВЕНЕЦКИЙ ЗАЛИВ
Кефтеницы
Часовенская
Бор Пуданцев
Батова
Толвуя
Загубье
Онежаны
Foïmagouba
Фоймогуба
Великая Нива
Kosmozero
Космозеро
Ламбасручей
Oust-Reka
Вел. Губа
Яндмозеро
Поля
Кузаранда
Тамбицы
Вегорукса
Кондобережская
Konda Berejnaïa
Сибово
Chibovo
Усть-Яндома
Oust-Iandoma
Типиницы
Носоновщина
Kiji
музей-заповедник
Пяльма
Песчаое
Outre-Onega
Залив БОЛЬШОЕ ОНЕГО
ЗАОНЕЖСКИЙ ЗАЛИВ
Lac Onega
Lac Onega
OUTRE-ONEGA

L'OUTRE-MIROIR

S'aimer l'un l'autre signifie aimer aussi
Le chemin sur lequel on avance ensemble.
NGUYEN VAN HOAN

4 avril

... je me sens comme un naufragé sur une île, je lance une bouteille à la mer avec l'espoir que peut-être dans quinze ou vingt ans tu en liras le message. Et que tu continueras ton chemin, Martoucha.

18 avril

Une *pechnia* est une sorte de barre à mine qui sert à faire des trous dans la glace, avec un fer à pointe au bout d'un long manche, un genre de hallebarde. On casse la glace avec en donnant de petits coups sans avoir à trop se pencher.

De nos jours, penser trouver une *pechnia* neuve est un vœu pieux. À la campagne, il n'y a plus de forge. Et à Petrozavodsk, les vendeuses tatouées du magasin d'outillage n'ont pas la moindre idée de ce que je demande.

Tout l'automne, j'ai harcelé mes voisins avec cette histoire de *pechnia*, j'ai même soudoyé les moujiks avec de la vodka, sans résultat. Tous levaient les bras au ciel : impossible ! Et tout à coup, miracle ! Vers la fin du mois de novembre (ou déjà début décembre), nous arrivons à Konda et découvrons une solide *pechnia* appuyée contre la porte, bien en vue. J'ignore encore aujourd'hui qui l'y avait mise.

Le soir, assis avec Martoucha à côté du poêle dans lequel Natacha avait mis à cuire du corégone à la polonaise (avec des oignons et de la *kartochka*), je me suis rappelé un précédent. Au printemps de l'an dernier, nous étions arrivés à Konda Berejnaïa pour être là au moment du retour des oies sauvages, de la saison des amours des grenouilles et de la fonte des glaces sur le lac. Une bonne bouteille de vin français nous attendait devant la porte, enfoncée jusqu'au col dans la neige. Son origine est longtemps restée un mystère. Ce n'est que pendant l'été que le père Nikolaï (Ozoline)[1] nous a avoué être passé par chez nous pour me souhaiter un bon anniversaire alors qu'il se rendait à Kiji, à la fête du Baptême de Jésus. N'ayant trouvé personne, il avait enfoui la bouteille dans la neige. Dans la neige, les bouteilles n'éclatent pas.

Le lendemain matin, je courais dans la forêt sur le chemin de Chibovo quand je croisai Pesnine. Ioura éprouva quelque difficulté à arrêter son vieux tacot et, visiblement content de me voir, m'expliqua que Valia avait fêté son anniversaire quelques jours avant et qu'il fallait que nous venions boire un coup à sa santé. Puis il me demanda combien de temps nous avions l'intention de rester. L'idée que nous allions passer tout l'hiver à Konda lui fit retrouver toute sa lucidité et il s'inquiéta de savoir s'il ne ferait pas trop froid pour Martoucha.

– Le sorbier a énormément donné, l'hiver sera rude.

– À l'automne, j'ai fait doubler les planchers et j'ai abattu deux charretées de bois. Ça devrait suffire jusqu'au printemps, et si ça ne suffit pas, j'en abattrai d'autres.

– Et comment vous allez vivre sans la télévision ? Valioukha et moi, on regarde au moins des séries.

---

1. Voir *La Maison au bord de l'Oniégo*.

– La vie, Ioura, c'est la meilleure des séries. Nous venons de commencer un nouvel épisode de *La Maison au bord de l'Oniégo.*

Dans les écoles de wushu, l'apprentissage commence par des exercices distincts, pour la plupart sans rapport entre eux, qui délimitent l'espace intérieur de la pratique. Il faut un bout de temps avant que les élèves les comprennent dans leur globalité… On a ainsi affaire au mouvement en partant de la partie pour arriver au tout. Ou, plus précisément, à la perception du tout dans la partie.

Le wushu est un sport de combat chinois. Même s'il est difficile, à vrai dire, de le considérer uniquement comme un combat. C'est plutôt une sorte de méditation fondée sur la force intérieure accumulée. Le plus dur n'est pas de venir à bout d'un ennemi extérieur, mais de se vaincre soi-même, disent les vieux maîtres. Le « combat avec son ombre » est l'une des premières leçons du wushu. Les élèves, le matin, tournent le dos au soleil levant, et le soir, au soleil couchant. Ainsi, ils gardent constamment le nez sur leur ombre, ce qui leur permet de corriger leur posture à tout instant. De contrôler leur vigilance.

22 avril

> Le sage ne se distingue pas d'autrui par ce qu'il dit, fait ou pense, mais par ce qu'il ne dit pas, ne fait pas, ne pense pas.
>
> GUO YUNSHEN

Dans l'Outre-Onega le soleil tape depuis plusieurs jours. La neige a fondu, mais sur le lac, la glace est encore épaisse. Dans les prés marécageux, les grenouilles chantent l'amour. Elles coassent à tue-tête ! Bientôt le frai va faire mousser les flaques. Perchée sur le bulbe de la *tchassovnia*[1], une mouette

1. Une *tchassovnia* est une sorte d'oratoire. On n'y assure pas de services religieux.

crie comme si on la plumait vive. Une mouche sortie de sa léthargie hivernale escalade un carreau en bourdonnant. La nuit, le silence est si grand qu'on entend les souris se gratter dans la mansarde ! Ce silence assourdit le vacarme du monde.

Au sortir d'un hiver rigoureux, j'aime bien me réchauffer les os sous l'auvent de ma maison au bord de l'Onega, observer le réveil de la terre, attendre les oiseaux, tirer de la sève du bouleau, me régaler du silence et m'exposer au soleil. C'est la saison la plus agréable à Konda, car il n'y a pas de moustiques ni de gens.

Soudain, un courriel en provenance de l'autre monde. De Roman Daszczyński, de *Gazeta Wyborcza.* Il voudrait que nous échangions des mails sur les hommes pour son cycle « La Musique masculine ». Je me suis fait la réflexion que la Pologne a sacrément changé pour que deux mecs se mettent à parler des mecs ensemble. De mon temps, sur les rives de l'Oder, les mecs parlaient des filles !

La première question tombe : « Qu'est-ce qu'être un homme pour Mariusz Wilk ? »

« Je crois que ça dépend de son âge », ai-je répondu par boutade, histoire de gagner du temps et de rassembler mes idées – il y a encore peu de temps on s'adressait à moi en me donnant du *molodoï tchelovek,* du « jeune homme », mais voilà que tout récemment, dans un magasin, une jolie vendeuse m'a demandé : « *Moujtchina*[1], *ou vas melotchi ne boudet ?* Vous n'avez pas de monnaie, Monsieur ? »

J'habite dans le Grand Nord russe depuis dix-huit ans, j'y ai donc passé un tiers de ma vie. Un temps suffisamment long pour sortir de l'abstraction, et donc, au lieu de définir l'homme et de discuter sur ce qu'est la vraie virilité, je trouve plus intéressant d'évoquer des réalités. Pour commencer, je vais présenter mes voisins.

Andreï Zakhartchenko, sa femme Tamara et leurs deux enfants – Andriouchka, quatre ans, et Darina, deux ans – passent l'hiver à Konda Berejnaïa. Ancien physicien (il est diplômé de l'Université technique d'État Bauman à Moscou)

---

1. Manière de s'adresser aux hommes d'un certain âge.

devenu adventiste, Zakhartchenko a construit sa maison de ses mains et y a installé l'eau courante pour faciliter à sa femme le lavage des couches. Ils élèvent des abeilles et des chèvres. Bref, ils se la coulent douce.

Au passage, j'ajouterai que Konda Berejnaïa est un village *nejiloï*, un village mort. En hiver, les routes qui mènent chez nous ne sont pas dégagées et le courrier n'est pas distribué. Le magasin le plus proche est à cinq verstes.

Pesnine et Valioukha passent l'hiver à Chibovo. Ioura était tractoriste au kolkhoze, et Valia trayeuse. Actuellement, ils touchent chacun une pension, leur fille est mariée depuis longtemps, elle habite près de Mourmansk. Pesnine pêche, se soûle à mort et, quand il n'est pas soûl, regarde des séries télévisées. Valioukha est heureuse que son Iourka soit encore en vie – les hommes de son âge sont morts et enterrés depuis belle lurette –, et de ne pas être seule dans ses vieux jours. Chibovo aussi est *nejiloï*, ils ont deux fois plus de chemin à faire que nous pour aller jusqu'au magasin.

Encore plus loin, à quinze verstes et quelques du magasin, la *nejilaïa* Oust-Iandoma. Viktor Denissenko et Klava y habitent l'hiver. Il y a plusieurs années, Viktor a tué son beau-fils, le fils de Klava, qui l'avait agressé alors qu'il était en plein délire de drogué. Vitia n'a fait qu'un court séjour en prison parce qu'il l'avait tué en état de légitime défense. Aujourd'hui, il s'occupe de charpenterie ; sinon, il pêche et chasse un peu. Klava tient la maison, nourrit les bêtes et aide son mari aux filets.

J'espère avoir suffisamment expliqué les raisons pour lesquelles un individu qui passe quelques hivers dans un village *nejiloï* d'Outre-Onega ne se pose pas de question sur ce que signifie le fait d'être un homme. Ici, on voit le moujik.

Extrait d'un de mes mails à Daszczyński

Je me demande pourquoi nous ne réussissons pas à dialoguer et j'en suis à me dire que c'est moi qui en suis la cause. Vous m'avez demandé si c'est exprès que je ne parle pas de ma vie en Pologne. Bien sûr que c'est exprès ! Par programme !

À part cela, je rends hommage à la devise d'Épicure : « Vis caché ! » et d'une façon générale, j'évite de parler de ma vie. J'en ai exposé les raisons au dernier chapitre de *Dans les pas du renne*. J'aurais dû vous prévenir tout de suite. D'un autre côté, vos questions m'ont fait comprendre que les hommes ne s'interrogent pas sur eux-mêmes.

Néanmoins, le fond du problème est encore ailleurs, et je l'ai compris grâce à vous. Depuis longtemps, j'arrache systématiquement toutes les étiquettes qu'on essaie sans cesse de me coller : Polonais, catholique, etc. D'où mes voyages dans les marges, mes rencontres avec les Autres, mon expérimentation du Vide. Pour être bref, je foule un chemin qui me met à nu et m'amènera peut-être pour finir à « être pur regard ». En réfléchissant sur l'échec de notre dialogue, j'ai eu la surprise de découvrir que l'étiquette « homme » est pour moi une étiquette de plus à arracher.

Sincères remerciements.

25 avril

Je vis à Konda tel Confucius, en dilettante éclairé. Maître Kong enseignait que tout savoir professionnel stimule l'harmonie intellectuelle de la personnalité (ce que confirme l'exemple de nombreux spécialistes des affaires, du sport, du droit ou de la science), mais lui, dans sa vieillesse, vivait dans l'oisiveté. Cela veut dire qu'il s'intéressait essentiellement au travail sur lui-même : la méditation, son combat avec l'ombre et le souci de sa santé.

26 avril

Rainer Maria Rilke disait que le bonheur, c'est d'avoir une maison et un jardin dans lequel vous cultivez des roses pour la femme qui vit avec vous dans cette maison. Le poète est mort le 29 décembre 1926 à cinquante et un ans, d'une leucémie causée, dit-on, par une piqûre de rosier.

Rilke fit deux séjours en Russie. Le premier, en 1889, à Moscou, au moment de la Pâque. Il voyageait alors en compagnie de Lou Andreas-Salomé, la fille du général allemand Gustav von Salomé (le général s'était distingué dans l'armée de Nicolas Ier lors de l'écrasement de l'insurrection polonaise de 1830-1831), et de son mari, l'orientaliste allemand Friedrich Andreas. Ils passèrent peu de temps en Russie, à peine quatre semaines. Ils rendirent visite, entre autres, à Léon Tolstoï, à Léonid Pasternak (le père du poète) et au peintre Ilya Repine. Ils admirèrent le Kremlin puis allèrent à Saint-Pétersbourg, où l'on célébrait le centième anniversaire de la naissance de Pouchkine. Rilke déclara des années plus tard que ces semaines étaient passées comme un rêve, qu'elles avaient été pour lui comme un retour dans sa patrie spirituelle (*Heimat*).

L'écrivain retourna en Russie avec Lou au printemps 1900. Cette fois, le mari de Lou n'était pas du voyage. De nouveau Moscou, ses musées et le Kremlin, une visite à Iasnaïa Poliana et de là, départ pour Kiev via Toula. Les catacombes du monastère de Kiev leur firent une forte impression. « La ville elle-même, écrivait-il à sa mère le 26 juin, sous la domination des Polonais, a perdu sa couleur russe que j'apprécie par-dessus tout, elle est devenue banale (ni l'Occident, ni l'Orient), avec des tramways dans les rues, des magasins pleins et le demi-monde à l'hôtel. »

Quinze jours après, ils reprenaient leur périple. Ils allèrent d'abord en bateau à vapeur jusqu'à Krementchouk, où ils prirent le chemin de fer pour se rendre à Poltava voir le champ de bataille où Pierre le Grand vainquit Charles XII. Ensuite, ils traversèrent l'Ukraine et gagnèrent Saratov avant de remonter la Volga jusqu'à Iaroslav. La mère des fleuves enchanta le poète. Tout ce qu'il avait vu jusque-là n'était qu'un pâle reflet du pays, du fleuve et du monde ; il voyait enfin le grand œuvre du Créateur ! Ils passèrent quatre jours à Iaroslav puis allèrent au *selo* de Nizovka (dans la province de Tver) rendre visite au poète paysan Spiridon Drojjine. Aux yeux de Rilke, Drojjine était l'un des derniers grands poètes épiques russes, et il traduisit quelques-uns de ses poèmes en allemand.

De Nizovka, Rilke écrivit à sa mère qu'ils habitaient depuis une semaine chez le paysan Drojjine, un poète extraordinaire vivant dans un village perdu, à quatorze verstes du chemin de fer. « Dans sa masure en bois, au milieu des livres et des tableaux, je me sens comme chez moi. Les fenêtres de l'isba donnent sur le jardin où Drojjine cultive des roses et des légumes, et sur la grange à foin. L'été, le fermier qu'il est s'affaire autour de la maison ; l'hiver, par contre, les bras et les mains inoccupés, il se mue en poète. Il est connu dans toute la Russie et rangé dans le cercle des grands écrivains populaires. Il a cinquante-deux ans, une femme, quatre filles et un petit-fils sur lequel, n'ayant pas de fils, il fonde tous ses espoirs. Il connaît personnellement tous les écrivains majeurs de sa génération (il conserve leurs portraits et leurs lettres). Il a aussi une riche bibliothèque qu'on peut lui envier. Ah ! l'atmosphère de son cabinet de travail ! On aperçoit dehors le tapis du jardin, les boules duveteuses grosses comme le poing de pissenlits et des campanules semblables à des tulipes bleues. Ce paysage et les livres autour procurent une sensation d'équilibre et de plénitude spirituelle. »

Vue par une femme, la réalité de Nizovka était un peu différente. Comme le note Salomé dans son journal, pendant que le moujik (il s'agit de Drojjine) compose ses poèmes sur les fleurs des champs et vante le travail au grand air qui aiguise l'appétit, sa petite femme trime du matin au soir durant la fenaison. La fatigue lui coupe l'appétit et elle étanche sa soif avec de l'eau boueuse en recrachant la poussière du foin.

De Nizovka, ils repartirent pour Saint-Pétersbourg en passant par Novgorod la Grande. À Saint-Pétersbourg, ils se séparèrent quelque temps. Lou partit pour la Finlande et Rilke resta dans la capitale de la Russie. Il y noua plusieurs contacts importants, notamment avec le scénographe et historien de l'art Alexandre Benois. À la suite de cette rencontre fructueuse, le poète allemand écrivit un essai sur la peinture russe, où il comparait l'attitude de l'Occident envers la Russie à celle de la Rome antique envers le monde des barbares qui combattaient avec les bêtes féroces dans ses arènes, et il avança la thèse que, contrairement à la culture européenne consumée par sa précipitation fébrile, la culture russe demeurait vivante parce qu'elle prenait son temps.

Le second voyage de Rilke en Russie prit fin le 22 août, date à laquelle Lou et lui rentrèrent à Berlin. Néanmoins, la Russie se grava pour la vie entière dans la mémoire du poète. Il caressa même quelque temps l'idée de retourner y vivre et sidérait ses amis allemands avec ses *roubachki* – des chemises russes à col galonné –, ses bottes tatares et son accent russe. Quelques jours avant sa mort, il déclara que ce séjour en Russie avait été l'événement majeur de sa vie.

28 avril

> Après des années passées à voyager à travers le monde, mon idéal était de vivre dans une cellule de moine.
>
> RYSZARD KAPUŚCIŃSKI

Ce doit être une question d'âge : j'aime de plus en plus vagabonder sans quitter mon fauteuil, comme aujourd'hui. Par la fenêtre, je vois le champ de glace noircie de l'Onega qui se fond dans le brouillard violacé (la rive d'en face est invisible), les mouettes tracent dessus des hiéroglyphes blancs ; près du ponton, des glaçons murmurent, et je suis bercé par les rythmes de Herbie Hancock et Norah Jones, Tina Turner, Joni Mitchell et Leonard Cohen. Peut-on choisir une meilleure compagnie pour vagabonder ?

Maître Kong enseigne que la route nous conduit d'un vide à l'autre. C'est comme l'autre rive de la Grande Baie dans le brouillard. On dirait qu'elle n'existe pas. Il n'y a que dans le Grand Nord qu'on puisse faire cette expérience dans toute sa splendeur. L'écrivain américain Annie Dillard a exprimé ce sentiment avec beaucoup plus d'exaltation : « Le stérile paysage du Nord favorise la purification et prépare l'âme à recevoir l'épiphanie divine. » Annie a écrit cela alors qu'elle était très jeune.

Assis dans mon fauteuil au bord de l'Onega, je peux observer le passage des saisons par les fenêtres latérales et errer à loisir à travers le Labrador ou la Bouriatie, sans me presser, en foulant avec des mots d'anciens sentiers et de récentes lectures. Je peux emboîter le pas à Rilke à travers la Russie, ou à Maïnov à travers la Carélie et sur le pourtour du lac Onega. Je peux remonter jusqu'à mon arrière-grand-mère Matylda et à mes guerres d'Indiens sous le prunier en faisant fi des règles du passé… Il me suffit de réunir dans une phrase quelques faits tirés d'époques différentes pour qu'ils coexistent.

Notre véritable voyage à travers la vie se déroule en profondeur, souvent en remontant aux sources. En revanche, l'actuel tourisme à outrance, surtout chez les personnes du troisième âge – pour combler un manque, pour l'attrait de la nouveauté ou le plaisir d'une photo – est une preuve d'immaturité. Comme si elles n'avaient pas compris, en dépit de leurs cheveux blancs, qu'elles n'auront de toute façon pas le temps de tout voir.

Tenez ! Prenons l'exemple de Kapuściński ! Qu'avait-il à faire, dans sa vieillesse, de la route de Malinowski alors qu'il en avait lui-même tellement parcouru ? Jusqu'au bout, il n'a pas su s'arrêter, stopper ! Et pourtant, il rêvait, dans *Lapidarium V*, d'une cellule de moine où couler ses vieux jours. Alors ?

À quoi bon se déplacer dans l'espace et s'exposer à des misères et à des dépenses si l'on peut vagabonder dans le temps au rythme de son sang et des tam-tams de ses souvenirs, là où les mots vous emportent ?

30 avril

L'Onega était couvert hier d'une glace grisâtre, et aujourd'hui il l'est d'une bouillasse couleur de fer. Le souffle léger de l'obednik[1] pousse au-dessus du lac les pis gonflés de nuages sombres. On s'attend d'un moment à l'autre à en voir jaillir du lait noir comme dans le Kalevala. Ce n'est qu'à force de prendre des notes tous les jours qu'on devient capable de saisir dans toutes ses nuances la cadence des changements qui surviennent dans la nature.

1. L'obednik est un vent chaud et sec en provenance du sud-ouest de la péninsule de Kola et de l'Outre-Volga.

On m'interroge régulièrement, que ce soit à des rencontres avec le public ou par Internet, sur ce qu'est une *tropa*, un sentier. La dernière à me poser la question par mail est une jeune fille de Cracovie qui écrit son mémoire de maîtrise sur « Le nomadisme intellectuel dans la prose de Wilk ». Une *tropa* évolue et, avec elle, le sens du terme, lui ai-je répondu. À chaque tournant s'ouvrent de nouveaux champs sémantiques.

J'ai trouvé le mot *tropa* dans le Dalh[1]. Du verbe *tropat'*, dans le dialecte du Pomorié, qui signifie « fouler ». C'est le sentier, le chemin de la vie qu'on foule avec ses pieds au rythme de son sang. De la cellule du père Guerman, aux îles Solovki, où j'ai commencé à fouler le mien, j'ai emporté comme un viatique cet aphorisme qu'il avait énoncé : « On peut voyager toute sa vie sans quitter sa cellule. »

Au départ, c'est mon ego personnel qui a constitué la nature de ma *tropa*. C'est moi qui foule mon chemin ! Je me souviens du jour où j'ai débarqué à Kanin Nos et y ai découvert pour la première fois la toundra dans son aspect primitif : il n'y avait aucune trace de l'homme. Au bout de quelques pas, je me suis retourné et j'ai vu l'empreinte de mes semelles dans le lichen. Dans sa dédicace du recueil de poèmes qu'elle offrit à Rilke, Marina Tsvetaeva écrivit : « Rainer, je t'envoie mes poèmes. Ils sont miens parce qu'avant moi, ils n'existaient pas. »

Ensuite, j'ai trouvé une vieille maison au bord du lac Onega et c'est elle qui est devenue ma *tropa*. Je ne l'ai pas quittée pendant plusieurs années. Après, je me suis rendu sur la péninsule de Kola dans le but d'expérimenter, pour changer, la *tropa* des nomades, qui est leur maison.

Chez les Samis, j'ai compris que ce n'est pas moi qui foule le chemin mais le chemin qui me foule. C'est la loi des nomades. Tu vas dans une direction, tu ne vas pas à un but. Tu vas si la toundra te le permet, car là où l'hiver il y a de

1. *Dictionnaire raisonné du russe vivant*, élaboré par le lexicographe russe Vladimir Dahl (1801-1872). Paru en quatre tomes entre 1863 et 1866, ce dictionnaire demeure une référence.

la glace, au printemps apparaît la *niacha*[1]. Si tu as les oreilles suffisamment ouvertes pour être capable de *voir*, la toundra te soufflera ton itinéraire. S'ajoute à cela le bagage de l'expérience. Ce que les Hindous appellent le karma. Il trace lui aussi ton itinéraire pour t'empêcher de faire fausse route.

Et puis je viens d'avoir une fille, une petite Martoucha ; c'est désormais elle qui sera ma *tropa*. Où me conduira-t-elle ? Je n'en sais rien.

Aussi ne soyez pas pressée de finir votre mémoire, ai-je conclu mon mail à l'étudiante de Cracovie, parce qu'une *tropa* n'est jamais finie. Chaque fin est un nouveau commencement. En général, c'est comme ça que ça se passe avec les fins.

1er mai

Hier, nous disparaissions totalement sous le brouillard. Seule la croix qui surmonte la *tchassovnia* se profilait dans les vapeurs gris pâle. L'Onega est pris dans des volutes gris foncé. Un instant, j'ai cru voir le Vodianoï, le roi des eaux, surgir de dessous la bouillasse de glace. Près de la *bania*, quelque chose semblait s'ébrouer en soufflant, mais dans le *touman*, on ne distinguait rien. J'avais l'impression que c'était le panache gris foncé qui bouillonnait dans l'eau pour grimper sur la terre ferme. Dommage que Martoucha soit trop petite pour que je lui raconte des histoires. L'histoire du Vodianoï aurait été toute trouvée. Il montait une telle vapeur du lac que les fenêtres de la maison étaient couvertes de gouttelettes à l'extérieur.

Kapuściński non-fiction, d'Artur Domosławski[2], est un des meilleurs « livres de la voie[3] » que j'ai lus ces derniers temps. L'auteur y raconte le parcours de Kapuściński, celui qu'on

1. Zone liquide boueuse et visqueuse.

2. Artur Domosławski, *Kapuściński, le vrai et le plus que vrai*, trad. du polonais par Laurence Dyèvre, Les Arènes, 2011.

3. Expression de Kenneth White sur laquelle l'auteur reviendra plus loin.

appelait « le reporter du siècle », mais il révèle aussi le parcours de son propre apprentissage, un chemin long et tortueux sur lequel il a dépassé le Maître. Le maître Kapuściński n'aurait pas pu écrire pareil livre.

Ce que j'ai perçu à ma première lecture, c'est que Domosławski a fouillé le tréfonds d'un être dont, pendant des années, il n'avait vu que le masque de maître. À la mort de Kapuściński, il a abusé de la confiance de sa femme, qui lui donna accès à ses archives et lui assura la bienveillance de ses amis et collègues. Ainsi a-t-il pu soulever le masque. Un masque, nous dit-il en introduction, qui se révélait dans le sourire de « Kapu ».

Domosławski a voyagé pendant trois ans sur les sentiers du Maître. J'imagine l'aventure : le Mexique, la Bolivie, la Colombie, l'Argentine, l'Angola, l'Éthiopie, le Kenya, l'Ouganda, la Tanzanie, le Canada et enfin les États-Unis, mais aussi les « dossiers », les collègues dénoncés, les confidences de ses maîtresses. Beaucoup de failles se sont ouvertes, qui révélaient un deuxième fond, puis un troisième ! Domosławski a prouvé qu'il était possible de faire de tout ça un chef-d'œuvre !

Les médias ont amplifié l'affaire avant même la sortie du livre, et le tapage médiatique a présenté les choses à sa façon, en attisant le scandale : l'éditeur, Znak, renonçait à publier cette biographie qu'il avait pourtant commandée, et la femme de Kapuściński voulait s'adresser au tribunal pour en stopper la parution. Ensuite, après avoir relevé les passages les plus brûlants du livre, les médias se sont acharnés les uns sur le héros, les autres sur l'auteur, sans donner aux lecteurs les clés du contexte : Ryszard Kapuściński, quand il était correspondant de presse, avait été un espion et, plus jeune, avait composé des odes à Staline, il avait cru au parti et à ses dérives ; Haïlé Sélassié n'était pas l'homme qu'il avait décrit et il avait inventé sa rencontre avec Che Guevara. Ensuite, on a reproché à Artur Domosławski d'avoir trahi son ami en toute malhonnêteté et exécuté une autorité morale. Martin Pollack[1] est même allé jusqu'à promettre de

1. Écrivain autrichien traducteur de littérature polonaise.

ne pas traduire le livre en allemand... Cette fureur médiatique montre avec force que les voix qui dominent dans la Pologne d'aujourd'hui ont mué aux temps de la Pologne communiste.

En ce qui concerne les méthodes de Kapuściński, la plupart des reproches qui lui sont faits sont stupides, comme cette histoire d'herbes qui auraient mesuré un mètre de haut et non pas deux. Dans ma bibliothèque, Ryszard Kapuściński est classé à côté de Nicolas Bouvier et de Bruce Chatwin. À ma connaissance, personne ne va chercher des poux à Chatwin parce que Kaspar Utz avait en second prénom Wilhelm et non pas Joachim, ni à Bouvier qui dit avoir vu des kamis dans un temple zen alors que c'est impossible puisque les kamis sont des divinités shinto.

En revanche, pour ce qui est des griefs concernant les cancans extraconjugaux, une chose m'étonne : pourquoi Domosławski donne-t-il la parole aux maîtresses de Kapuściński sous le couvert de l'anonymat ? Moi, j'aurais cité le nom de ces dames. Quant à Zoïka, la fille de Kapu, elle est seule responsable de ne pas avoir été interviewée !

Le journaliste Sławomir Popowski a écrit sur son blog qu'il y a un moyen simple de régler son compte à Domosławski. Il suffit de se demander si l'on aimerait que ce type soit un ami de la famille. J'ai médité là-dessus un moment, mais Natacha a été plus rapide que moi. « Et pourquoi pas ? m'a-t-elle demandé naïvement. Car enfin tu n'es pas "Kapuchtchinski". »

2 mai

La glace n'a toujours pas fondu sur le lac, alors qu'hier on pensait qu'aujourd'hui elle aurait disparu. La pluie ne l'a pas emportée, mais elle y a creusé des pores, faisant comme une pierre ponce. Maintenant, l'Onega se hérisse de millions d'aiguilles noires dans le ciel qui s'est dégagé après la bourrasque.

Au soleil de midi, des gouttelettes de lumière sont apparues à la pointe des aiguilles. Une petite loupiote sur chacune. La *chouba* noire de l'Onega – sa pelisse – est parsemée de diamants. Au loin, l'eau libérée s'évaporait avec éclat. Pas étonnant qu'Ivan Polakov[1] en ait perdu la raison.

Un journal permet de passer du coq à l'âne, c'est un genre ouvert, et en même temps plus proche de la vie qu'il consigne. J'apprécie son côté capricieux : aujourd'hui, j'écris sur tel sujet ; demain, sur tel autre, et après-demain, sur un troisième. Je ne suis pas obligé de m'en tenir à un même thème, je peux faire une pause pour y revenir au bout de quelques jours... Et en même temps, ce qui n'est pas moins important, un journal met à nu la fiction du temps linéaire. Car, au fond, quel est l'intérêt de savoir que telle note a été consignée le 2 février et telle autre le 30 mai ? Quelle importance ça a ? En réalité, le temps historique, qui paraît si essentiel, ne signifie rien. Les saisons, c'est autre chose, avec le retour des oiseaux, les cycles de la végétation... Mon journal me permet de saisir l'aspect cyclique du temps biologique. Voilà pourquoi je l'apprécie.

4 mai

Le spectacle sur l'Onega se poursuit. Aujourd'hui, du blanc-manger, une sorte de gelée de glace noire, d'écume congelée et de glaçons en suspension. Du reste, il change à vue d'œil, si vite que je n'ai pas le temps de noter. Ce que j'essaie d'écrire au présent est du passé avant que j'aie fini ma phrase.

9 mai

Dans la nature, il arrive qu'un animal vienne à peine d'en dévorer un autre qu'il est dévoré à son tour. En me promenant au cap Elniak, j'ai trouvé les restes d'un épervier. Quelques ossements gisaient sur une palette de couleurs sépia – allant du clair, presque couleur de paille, au ton

1. Voir *La Maison au bord de l'Oniégo*. Géographe, naturaliste et géologue russe qui séjourna dans l'Olonets dans les années 1871-1873.

marronnasse de la tourbe –, telles des bûchettes blanchies par le soleil. Des fourmis s'affairaient tout autour.

Ce soir, les Denissenko, d'Oust-Iandoma, sont passés. Ils veulent installer un incubateur d'oies chez nous, ils paieront l'électricité en poisson et en lait de chèvre, un arrangement commode pour les deux parties. Vitia était venu prendre les mesures hier. Dans son long manteau de cuir noir, il faisait penser aux *gueroï* – les héros – des derniers films russes, comme *L'Île*, de Lounguine, ou *Le Prêtre*, de Khotinenko. On ne s'était pas vus depuis l'automne, on n'éprouvait pas le besoin de parler. Nous sommes sortis fumer.

Dans l'obscurité, les coassements des grenouilles (comme si le fait de nous voir leur avait fait « perdre la tête[1] ») ont explosé de toutes parts, loin jusqu'à l'horizon qui flamboyait au crépuscule sous sa coiffe de brouillard. L'écho des coassements se propageait sur l'Onega puis se répercutait sur le rideau de la forêt de la rive d'en face. Aucune basilique, aucune salle de concert ne possède une acoustique de cette qualité, car aucun architecte au monde ne peut réaliser de plafond en brouillard, sans parler des dimensions de la coupole au-dessus du lac. Il y a quatre verstes entre les deux rives quand on traverse la Grande Baie, et vingt, sinon davantage, si on en longe le bord. Des milliers de grenouilles coassaient en se cherchant dans l'herbe humide pour s'étreindre à cœur joie pendant deux ou trois heures... Après, la route qui mène au village sera littéralement jonchée de cadavres de couples écrasés.

– *V etom samoloté byl kto-niboud' iz tvoïkh rodnykh ?*

– *Rodnykh net, bylo parou druzeï*[2].

18 mai

La maison d'édition Czarne m'a demandé deux ou trois phrases (un *blurb*) pour la quatrième de *Pathologies*, le roman

1. Jeu de mots entre le nom polonais *rechot* [rekhot], qui signifie « coassement », et le verbe russe *rekhnyt'sia*, qui signifie « devenir fou ».

2. « – Dans cet avion il y avait quelqu'un de ta famille ? – Non, mais des amis. »

de Zakhar Prilepine[1]. J'aime bien les *blurbs* parce que, pour rédiger à peine trois phrases, il faut avoir lu le livre en entier. La proportion idéale.

Ces derniers temps, je préfère la lecture à l'écriture. Et si j'écris, ce sont des formes courtes : des SMS, des courriels, des *blurbs*... Mais Zakhar Prilepine ne tient pas dans un *blurb*. Pour faire bref, je peux le comparer à Gorki, mais c'est un cliché, beaucoup de critiques russes l'ont déjà fait ; dire qu'il traite d'abord de l'amour, comme il le répète dans les interviews, c'est imiter son humour noir ; et faire de l'épate avec les tirages et les prix qui lui ont été décernés serait rendre hommage aux imbéciles. En d'autres termes, Prilepine demande tout un passage de mon journal.

Zakhar Prilepine, c'est à la fois le pseudonyme d'Evgueni Nikolaïevitch Prilepine et son génial « mégaprojet ». Le petit Genia, semble-t-il, a inventé Zakhar sur les bancs de son école de campagne (il naquit dans le village d'Iljinka, près de Riazan), ou un peu plus tard, alors qu'il errait en quête de n'importe quel travail dans les rues de Nijni-Novgorod. Il a exercé cent métiers : fossoyeur, videur d'une boîte de nuit, pisse-copie dans un journal local, et a fini par s'engager dans l'OMON[2], où il s'est porté volontaire pour aller se battre contre les Tchétchènes. La guerre a marqué une rupture.

À son retour de Grozny, Prilepine a écrit *Pathologies*, qui l'a aussitôt propulsé au sommet de l'Olympe de la littérature russe des premières années du XXIe siècle, et il a rejoint Limonov à la tête du Parti national-bolchevique. À l'heure actuelle, ses livres atteignent le tirage des ouvrages de Victor Pelevine, et les médias le sollicitent à longueur de temps. Ses interviews et les articles qui paraissent sur lui irritent beaucoup de monde. Il agace les féministes parce qu'il apprécie l'autodérision du moujik russe – à ne pas confondre avec le sarcasme – et le mystère de la femme. Il se déclare bolchevique croyant, de surcroît nationaliste et soviétique. Il enfonce le clou en soutenant que l'Union soviétique est sa patrie parce que c'est en Union soviétique qu'il est né.

1. Zakhar Prilepine, *Pathologies*, trad. du russe par Joëlle Dublanchet, Éditions des Syrtes, 2007.

2. Unités des forces spéciales du ministère de l'Intérieur russe.

Prilepine a par ailleurs trois enfants et une petite entreprise qui emploie une douzaine de personnes.

À cette date, il a publié trois romans, un recueil de nouvelles et deux recueils d'articles, deux anthologies de la littérature mondiale, l'une sur la guerre, l'autre sur la révolution, ainsi qu'un livre d'entretiens avec des écrivains russes, *Les Fêtes du cœur.* Les œuvres dans lesquelles il revient sur son enfance bucolique retiennent tout particulièrement l'attention (comme la courte nouvelle intitulée *Babouchka, les guêpes, la pastèque*) et elles rajeunissent le courant de la prose paysanne dans la littérature russe. On peut encore citer *Le Péché* [1], un tableau de la province durant les tristes années quatre-vingt-dix, qui est, selon moi, son meilleur livre et lui a valu le prix du Best-Seller National 2008. Par ailleurs, sa biographie tant attendue de Leonid Leonov, un auteur classique de la littérature soviétique, est parue il y a deux ou trois semaines sous le titre *Son jeu fut immense,* et le livre occupe depuis sa sortie les premières places des meilleures ventes.

Prilepine a surpris récemment son public en révélant, dans la nouvelle rubrique du magazine masculin *Medved,* les coulisses de son entretien avec les services spéciaux lettons concernant l'attentat contre le procureur général de Lettonie (le procureur y avait trouvé la mort et l'auteur du crime est toujours en fuite). L'enquête piétine depuis des années bien que tout le monde soupçonne les *natsboly,* soit le Parti national-bolchevique, d'être derrière. Zakhar Prilepine a reconnu au cours de cet entretien qu'Evgueni Nikolaïevitch Lavlinski était son ancien pseudonyme de journaliste.

Leonid Leonov comparait parfois son œuvre à une bâtisse de dix étages où les critiques et leurs semblables s'égaraient dès le rez-de-chaussée. Quinze ans après la mort du maître de la littérature soviétique, Zakhar Prilepine publie un guide remarquable de cet édifice et présente également la vue qu'on a de ses fenêtres. Toutefois, dans la préface, il avertit le lecteur que son livre n'est qu'un guide et que, pour visiter réellement Leonov, il faut le lire.

---

1. Zakhar Prilepine, *Le Péché,* trad. du russe par Joëlle Dublanchet, Éditions des Syrtes, 2009.

C'est à son ami Dima Bykov, qui avait lui-même à son compte deux titres dans la collection *Jyzn' zametchatelnykh lioudeï* [La vie des gens remarquables], l'un sur Pasternak, l'autre sur Okoudjava, que Zakhar doit l'idée de cette biographie de Leonid Leonov. Bykov n'avait pas eu besoin d'insister beaucoup.

D'abord, Prilepine était agacé de voir que les biographies étaient essentiellement consacrées aux innombrables martyrs du régime soviétique, qui en avait pourtant comblé certains d'honneurs comme Babel, Pilniak et Pasternak, pendant que des écrivains comme Leonov ou Ivanov étaient passés à la trappe sous prétexte qu'ils avaient échappé à la répression et étaient morts sans être déchus de leurs décorations et privilèges. Ensuite, il avait écouté l'écrivain Alexandre Prokhanov : « Si l'on puise son inspiration dans son histoire personnelle, on doit écrire lentement ou vivre vite, pour ne pas lasser le lecteur. » Comme Zakhar avait jusqu'alors puisé des deux mains dans la sienne et commençait à être à court d'idées, le livre sur Leonov lui a permis de marquer un temps d'arrêt, semble-t-il.

Enfin – et c'est sans doute là le point le plus important –, en montrant l'art consommé dont Leonov fit preuve dans la partie qu'il jouait avec le régime, Prilepine adresse en quelque sorte un clin d'œil à Evgueni Lavlinski. En effet, Leonov dissimula toute sa vie durant cet épisode de sa jeunesse où, avec son père (*nota bene,* un poète du cercle de Drojjine que j'évoquais dernièrement), il avait publié à Arkhangelsk un brûlot de la Garde blanche favorable à une intervention des Anglais contre les bolcheviks. Dans la confusion de la guerre civile, il avait échappé par miracle aux dénonciations en changeant constamment d'adresse, et lorsque la situation du pays s'était un peu stabilisée, l'affaire était tombée aux oubliettes. Lors de son travail préparatoire à sa biographie de Leonov, Prilepine a fouillé les archives d'Arkhangelsk, mais les uniques traces qu'il a trouvées de son héros, ce sont les traces de pages arrachées. C'est alors qu'il a remarqué dans ses œuvres la présence récurrente d'un soldat de la Garde blanche qui, revenu clandestinement en Russie (à moins qu'il n'en fût jamais parti), faisait tout pour gommer son passé réactionnaire. Zakhar ne cache pas que ce jeu de l'écrivain soviétique avec la mort, qu'il frôla de très près en 1937, éveille son admiration et fait monter son taux d'adrénaline.

Leonid Maximovitch Leonov naquit en 1899 (comme Nabokov), et mourut en 1994. Sa vie reflète en miroir le siècle écoulé, de la fin du tsarisme à l'agonie de l'empire soviétique. Il y a d'abord son enfance – l'auteur des *Blaireaux* brosse un tableau pittoresque des odeurs du vieux quartier commerçant de Moscou où il habitait chez ses grands-parents – ; de nombreuses scènes de la révolution et de la guerre civile – vues des deux côtés puisque Leonid Maximovitch servit d'abord dans le 4e régiment du Nord à Arkhangelsk, puis comme volontaire dans l'Armée rouge – ; puis les années de la NEP[1] – laquelle trouve son écho dans *Le Voleur* (Prilepine compare ce roman au *Maître et Marguerite*, de Boulgakov) ; son mariage avec la fille de Sabachnikov, un riche marchand moscovite, mécène et éditeur ; des voyages à travers l'Europe, qui l'amènent à Sorrente, chez Gorki ; la collectivisation, le début du réalisme socialiste dans le roman *La Rivière*, et un voyage sur le Belomorkanal ; le jeu dangereux qu'il menait avec Staline dans *La Route vers l'océan*, et les grandes purges parmi ses frères de plume (avec l'exécution du poète polonais Bruno Jasieński, son ami) ; la Grande Guerre patriotique et le procès de Nuremberg auquel il assista en tant qu'envoyé spécial de *La Pravda* – c'est là, on le voit, qu'il perdit définitivement sa foi dans l'homme (qu'il appela désormais de la *tchelovetchina*, de la « chair humaine »). Après la guerre, Leonov rechercha du sens dans la protection de la nature et des monuments de l'architecture en bois. Il écrivit *La Forêt russe* (un roman précurseur du mouvement écologiste de la Russie actuelle) et, en tant que député au Conseil suprême de l'URSS, s'engagea dans la défense des forêts de Carélie et sauva de la dévastation la cathédrale de la Dormition de Kondopoga. Jusqu'au jour où il se tut tout à fait pour cultiver son jardin et bâtir pendant cinquante ans

1. Nouvelle Politique économique, mesure temporaire lancée par Lénine en 1921 et censée redynamiser le pays. Elle reposait sur le capitalisme d'État pour l'industrie et le capitalisme privé pour l'agriculture villageoise. Elle prit fin en 1929.

La Pyramide, sans qu'on sache réellement s'il l'a élevée pour lui-même ou pour son époque agonisante.

Le livre de Prilepine pose un regard neuf sur une époque que nous connaissions jusqu'à présent à travers les yeux des écrivains au service du régime ou des écrivains dissidents. Zakhar ne fait partie ni des uns ni des autres. Né en 1975, il n'est pas concerné par cette dichotomie parce qu'il a grandi à l'époque du déclin de l'Union soviétique, une époque où les chantres du régime s'étaient tus (ou étaient décédés) et où les dissidents avaient pris largement leur revanche. Qui plus est, l'âpre lutte pour la vie dans le capitalisme de voyous et la société de consommation sans foi ni loi a « rebranché » dans les cerveaux de sa génération tous les clichés du passé, positifs ou négatifs, et lorsque, vingt ans plus tard, il s'est retourné sur le passé, il a pu en réécrire le tableau. *Son jeu fut immense* est un vaste panorama du XXe siècle en Russie.

9 juin

« Quiconque s'occupe d'enseigner progresse chaque jour, dit le Maître. Quiconque incarne la Voie se dépouille un peu plus chaque jour. »

12 juin

Un nouveau mail de l'étudiante de Cracovie m'a fait prendre conscience que j'ai négligé un aspect très important de la *tropa*, du chemin, à savoir la possibilité de la fouler dans les mots... Je veux parler de l'analogie qu'il existe entre la vie et un texte qui naît selon les règles internes de la langue, où les mots jouent entre eux selon les lois définies du rythme, de la consonance et du sens. Autrement dit, lorsque l'ordre des mots est régi par l'esprit du discours, et non par le hasard ou le caprice de l'auteur.

Autre chose encore. Dans *Le Moine et le philosophe*, Matthieu Ricard remarque que « chaque instant de conscience naît d'un instant de conscience qui le précède et engendre un instant de conscience qui le suivra[1]. » Ricard appelle cela « le chemin de la conscience », pour le distinguer du « moi statique » qui domine dans la pensée occidentale.

Autrement dit, nous sommes le chemin que nous foulons nous-mêmes.

19 juin

« La frontière entre la littérature et l'industrie littéraire, Monsieur Thomson, tient au fait que la première évolue parmi les lettres et la deuxième parmi les chiffres », dit le rédacteur Hardlington, un des héros du roman *Pandore au Congo*[2] d'Albert Sánchez Piñol.

Hardlington insiste sur le fait que les intérêts de l'éditeur (alias le mécène) ne recouvrent pas ceux de l'écrivain. Les écrivains ne pensent pas au fric, à leur place sur la liste des best-sellers, des meilleures ventes et des livres à la mode. Ce qui intéresse les écrivains, c'est le temps, parce qu'ils ne sont pas pressés. Il est regrettable qu'éditeurs et directeurs de publication l'ignorent.

Chaque fois que quelqu'un me relance et me harcèle, je résiste à l'envie de lui raconter l'anecdote suivante de la vie de Léonard de Vinci. En guise d'avertissement.

En 1494, Léonard est envoyé chez le duc de Milan, Ludovic Sforza. Comme Sforza apprécie le son de la lyre, Léonard apporte un instrument qu'il a fabriqué (argenté, en forme de tête de cheval), pour lui montrer comment on en joue. Charmé par son jeu (et par ses autres talents), le prince Sforza lui commande une représentation de la Cène pour Santa Maria delle Grazie, le couvent des dominicains. Vinci se lance dans l'exécution de la fresque sous l'œil vigilant du prieur. Au bout de quelque temps, celui-ci se plaint au duc de la fainéantise de Léonard. Il lui est apparu étrange que

---

1. Jean-François Revel, Matthieu Ricard, *Le Moine et le philosophe*, Nil Éditions, 1997, p. 93.

2. Albert Sánchez Piñol, *Pandore au Congo*, trad. du catalan par Marianne Million, Actes Sud, 2007, p. 377.

le peintre passe des journées entières à méditer sans toucher à sa palette. Le prince Sforza fait appeler Léonard afin qu'il fournisse des explications.

« Tu vois, duc, quand j'en suis arrivé au visage du Christ, j'ai compris que la peinture des têtes des apôtres m'avait élevé à une hauteur d'où j'ai senti qu'il valait mieux ne pas achever Celle-là. »

Il explique au duc Sforza que les artistes obtiennent de leur œuvre des effets d'autant plus grands qu'ils se fatiguent moins. Ils créent leurs idées dans leur tête, les façonnent, puis, avec leurs mains (comme dans un théâtre d'ombres), montrent ce qui se reflète dans leur esprit.

La délation du prieur dominicain résolut un autre problème de Léonard, alors en quête d'un modèle pour Judas Iscariote.

28 juin

À chaque fois que je reviens à Konda après une assez longue absence, j'ai l'impression de sortir d'un somme. Je perçois de nouveau les changements du vent aux aurélies sur l'Onega, la pluie dans le murmure du peuplier, la présence d'un serpent dans le bruissement des herbes et les odeurs qui flottent dans les airs (Vassileva vient d'arroser les rondins dans la *bania* et des senteurs de résine de pin se répandent alentour), ainsi que le goût du millet à l'ail, d'une tartine de fromage de chèvre frais sur du pain bis, de la salade verte, du brochet fumé et de la perche grillée, des œufs et *kartochka* à la paysanne et de la tarte à la rhubarbe.

À Konda, que je marche ou que je m'arrête, que je sois assis ou que je dorme, que je veille, parle ou me taise, je suis toujours en éveil. Les bouddhistes appellent cela la *sati* et, d'après Magris, c'est une forme de prière, la connaissance de la réalité objective. Une manière de regarder au-delà et au-dessus de son « moi ».

Les meilleurs professeurs d'éveil sont les vipères. Elles lézardent au soleil dans l'herbe et il faut faire attention à ne pas mettre le pied dessus quand on va chercher de l'eau ou du bois. En effet, si vous marchez avec prudence, les vipères agitent la queue en signe d'avertissement et s'écartent d'elles-mêmes de votre chemin.

L'an dernier, Tamara Zakhartchenko s'est fait mordre par une vipère. Je n'en ai pas été surpris. Adventistes, les Zakhartchenko croient que les reptiles sont une incarnation du Mal et que ce n'est pas un hasard si c'est un serpent qui a tenté Ève au paradis. Aussi Andreï tue-t-il tous les serpents qu'il découvre sur son territoire. Et comme les vipères vivent en couple, l'une d'elles doit avoir fini par venger la mort de son conjoint ou de sa conjointe.

D'ailleurs, nul besoin d'être adventiste pour détester les reptiles. Il est possible de trouver des ennemis des vipères parmi les chrétiens d'autres confessions, pour les mêmes raisons (bibliques). Les orthodoxes de Kiji font la guerre aux vipères, et pourtant ils travaillent au musée local et ils ont reçu une éducation moderne, pourrait-on se dire. Dans *Terre incendiée*, le vieux-croyant Kliouïev prophétisait la victoire des vipères dans l'Outre-Onega, et la prédiction se vérifie sous nos yeux : des familles entières de reptiles nichent dans les ruines des maisons abandonnées.

La première fois que nous sommes venus à Konda Berejnaïa, il y a dix ans, notre maison disparaissait dans des fourrés d'égopode qui nous arrivaient à la poitrine. De l'isba d'en face, nous vîmes débouler sur des jambes flageolantes notre voisin Genia, armé d'une faux. Il bredouilla qu'il fallait absolument que je taille un sentier dans les mauvaises herbes à cause des serpents... Lorsque j'allai lui rendre sa faux, il m'invita à venir boire un coup pour faire connaissance. Au cours de la conversation, il me raconta avoir servi en Pologne, à Legnica[1], puis me demanda à brûle-pourpoint :

– Tu sais pourquoi on dit que l'Armée rouge a rehaussé de cinquante centimètres le niveau de la culture en Pologne ?

– Non.

– Parce que les seigneurs polonais, quand ils jurent, disent qu'ils vous foutent le cul, tandis que nous, on baise la gueule.

1. Ville du sud-ouest de la Pologne où une garnison de l'armée soviétique stationna de 1945 à 1993.

Encore heureux que je me sois tenu sur mes gardes, sinon j'aurais pu me sentir offensé, et les offensés, en russe, « portent l'eau et ne posent que dalle ». Après, Petchouguine et moi sommes devenus des amis et nous avons bu bien des fois chez lui en contemplant par la fenêtre la silhouette élancée de la *tchassovnia*. Nous discutions de la vie dans le kolkhoze voisin, où Genia avait grandi. Petchouguine était vigilant et, même soûl, il basculait rarement dans le fossé. Pourtant, il n'était jamais à jeun. Il vivait de sorte qu'aucune pensée ne vienne troubler son champ de vision. C'était comme s'il avait atteint de son vivant ce à quoi aspirait le poète Czesław Miłosz pour après sa mort : n'être que pure contemplation. Parfois, à le voir tirer sur sa Bielomor entre deux rangées de choux à sarcler, j'avais l'impression qu'il projetait dans sa tête le film de sa vie, car de quelque côté qu'il se tournât, il regardait le passé. Aussi, quand il m'a annoncé il y a deux ans qu'il ne viendrait plus parce que sa fille avait acheté une datcha près de Petrozavodsk et que, désormais, c'était là-bas qu'ils passeraient l'été, j'ai senti tout de suite que c'était le début de la fin d'Evgueni Petchouguine.

Aujourd'hui, dans les fenêtres latérales de mon bureau, les ombelles d'égopode s'assombrissent dans la lumière floue de la nuit blanche. Qui croirait qu'à la place de ces herbes d'où dépasse à peine le toit de la *bania* rapiécé avec de la toile goudronnée, Petchouguine sarclait encore les choux il y a deux ans ? Sa masure s'est affaissée jusqu'au sol et les vipères s'y sont installées. Genia lui-même a arrêté de s'en soucier, comme s'il était déjà mort.

2 juillet

Que Genia va *plokho*, nous le savons par Petro, son gendre. Petro est arrivé à Konda en taxi, complètement soûl. Un geste de grand seigneur pour un chômeur ! Le taxi le moins cher pour venir de Petrozavodsk jusqu'ici coûte plus de cent dollars ! Il avait aussi apporté plusieurs bouteilles de vodka, un gâteau pour Natacha et du vin. Il n'a retrouvé sa lucidité que le quatrième jour.

(Je glisse entre parenthèses que le mot *plokho*, en russe, signifie « mal », « pas bien », alors que le mot polonais *płocho*, qui signifiait « imprudemment », tombe en désuétude. Par conséquent, dans le contexte de ce que j'ai écrit plus haut sur la vigilance de Genia Petchouguine, le jeu entre les sens polonais et russe du mot *plokho* prend une saveur supplémentaire.)

J'ai parlé de Petro dans *La Maison au bord de l'Oniégo*. Déjà à l'époque, il se déconnectait périodiquement du temps, qui suivait son cours sans lui – comme s'il l'évitait –, puis il se reconnectait et l'on était déjà mardi… Il arrivait à Berejnaïa avec son beau-père et vivait dans son ombre, je ne savais donc pas grand-chose de lui, excepté que sa femme l'avait quitté pour un haut gradé originaire de Mourmansk. En revanche, maintenant, après chaque bouteille il se déboutonne. Les dernières années ont été difficiles. Il y a d'abord sa Louchka qui est morte dans ses bras (« Les derniers mots qu'elle m'a dits, c'est "j'ai envie de faire pipi" », radote-t-il avec un reniflement d'ivrogne) ; quand elle avait ses crises d'épilepsie, le haut gradé la frappait sur la tête pour qu'elle crève plus vite, et quand en plus elle avait attrapé la leucémie, il l'avait renvoyée. Trois mois après, ça a été le tour de sa mère et voilà qu'il a trouvé dans ses papiers un document qui dit noir sur blanc que son papa (il est mort quand il était enfant) était membre du NKVD. Pour finir, il a perdu son travail. Il a mis en location à trois cents dollars par mois l'appartement qu'il a hérité de sa mère, et est allé habiter chez sa sœur. Il traînait en ville, mais qu'est-ce qu'on peut faire en ville avec trois cents piastres ? Sa sœur a fini par lui sortir qu'elle en avait marre de lui, et l'a mis à la porte. Voilà pourquoi il est venu à Konda. Il a l'intention d'élever des lapins, parce que les animaux demandent des soins et que peut-être, du coup, il va s'arrêter de boire.

C'est bien que Petro soit là, car l'isba de Petchouguine me fait de la peine. C'est la plus vieille de Konda Berejnaïa (elle date du XIXe siècle), et la seule intégralement conservée, bien que le terme soit un peu inapproprié vu que la bicoque de Genia fait penser à un jeu de mikado – il suffirait de tirer une baguette par mégarde pour que toute la baraque s'effondre en un clin d'œil ; « intégralement conservée », c'est-à-dire que la partie agricole (qu'on appelle *skotny dvor*), où l'on gardait les bêtes en bas et le foin en haut, existe toujours. Dans les autres isbas de Konda, il y a longtemps que l'étable n'existe plus, les uns l'ont abattue pour récupérer du bois de chauffage, les autres l'ont simplement laissée pourrir. Chez Petchouguine, elle s'est conservée par miracle, mais au fur et à mesure qu'elle s'affaisse, elle entraîne avec elle la partie d'habitation. Genia n'avait pas pu la démonter car le conservateur des monuments historiques avait refusé de donner son accord (quand bien même l'État ne finançait pas les travaux de réfection) ; et pour la vendre, il faut d'abord avoir l'accord de toute la famille, ce qui n'est pas chose simple.

Les maisons inhabitées meurent. Ces dernières années, l'isba de Genia agonisait sous nos yeux. Peut-être que la venue de Petro va lui redonner vie. La question est juste de savoir si Petro tiendra le coup ici. Vivre à Konda demande de la trempe, surtout si l'on est seul, et en particulier l'hiver ! L'hiver ici, on peut le dire, est un test : soit il vous brise, soit il vous endurcit.

6 juillet

– Vous n'avez pas peur d'éprouver une sensation de claustrophobie, à votre retour en Pologne ? ai-je demandé à Jerzy Bahr, l'ambassadeur de Pologne à Moscou. Cette impression d'être enfermé dans une armoire qui n'a pas été aérée depuis longtemps, dont parlait Miłosz quand il évoquait le retour de son père en Pologne après son long séjour en Russie ?

– Nullement, m'a répondu l'ambassadeur. Je cherche plutôt à élargir les frontières de la patrie, il suffit de regarder la carte de mes postes au service de la diplomatie : Bucarest, Kaliningrad, Kiev, Vilnius, Moscou.

Bah, le Nord n'a pas de frontière, me suis-je dit en regardant par ma fenêtre d'où l'on n'en voit aucune. Au-delà de l'Onega, il y a la mer Blanche ; au-delà, la Nouvelle-Zemble, l'Arctique… Des solitudes.

L'ambassadeur Jerzy Bahr nous a rendu visite il y a quelques jours. Je dis toujours que pour venir jusqu'à Konda

Berejnaïa, il faut vraiment le vouloir, parce que c'est loin et que la route n'est pas facile. Beaucoup de mes amis nous ont menacés d'une visite, ils allaient venir, c'était sûr et certain, ils me demandaient des détails – comment arriver jusque chez nous, quoi nous apporter – et en fin de compte renonçaient pour diverses raisons, ou bien il leur arrivait quelque chose en route. Ils ne sont que quelques-uns à être venus ! Ainsi la route fait-elle seule le tri de nos hôtes.

Car c'est une chose de se rencontrer en ville, de se croiser dans un bar ou à une soirée et d'échanger une poignée de main et des banalités, c'en est une autre de parcourir une route défoncée en sachant que quelqu'un vous attend au bout. Ces rencontres-là sont inoubliables.

Nous ne nous étions encore jamais rencontrés. Jerzy Bahr me connaissait pour m'avoir lu dans *Kultura*. Pour ma part, je ne savais de lui que ce que l'on peut savoir d'un homme qui représente le pays dont vous êtes ressortissant dans le pays où vous habitez. Cependant, j'ai senti d'emblée une âme sœur, quelqu'un qui, pour reprendre ses mots, mène sa vie d'adulte – soit la période entre l'enfance et la retombée en enfance – d'une façon intéressante. Martoucha a confirmé mon impression en l'attrapant aussitôt par le nez, preuve chez elle de confiance et d'une très grande sympathie.

– Si petite, et elle mène déjà un ambassadeur par le bout du nez ! s'est exclamé Jerzy Bahr en riant. Qu'est-ce que ce sera plus tard !

Nous avons accueilli l'ambassadeur à la bonne franquette. Une soupe de truite et une truite cuite au four dans le poêle russe, des *kalitki*[1] de Carélie avec de la *kartochka* et du millet, du pain fait maison, du fromage de chèvre frais aux herbes du jardin et, comme dessert, du thé tiré du samovar et du miel bachkir. Notre hôte a été frappé par notre *lioubistok*. Nous avons cherché dans le dictionnaire. Quand on a su que c'était de la livèche, les plaisanteries ont fusé à n'en plus finir[2].

1. Tourtes aux pommes de terre.

2. Selon les croyances polonaises, la livèche a des pouvoirs aphrodisiaques favorables à l'entente conjugale.

Après le déjeuner, nous sommes allés à la *tchassovnia*. Du haut du clocher, on aperçoit le cap Elniak où sont enterrés, selon la légende locale, des seigneurs polonais qui sévirent à travers l'Outre-Onega durant le Temps des troubles, jusqu'à leur écrasement à proximité de Tolvouïa... Certains prétendent que Konda Berejnaïa aurait été fondée par des bretteurs polono-lituaniens faits alors prisonniers, comme je l'ai raconté à Jerzy Bahr.

– Et vous ajoutez du sel à cette légende !

Pendant ce temps, Natacha avait préparé un bouquet de livèche qu'elle a offert à l'ambassadeur au moment de son départ. Il s'en allait à regret, cela se voyait. Ensuite, sur la route de Petrozavodsk, il a blagué en disant que si je racontais sa visite, je devrais intituler son portrait « l'Ambassadeur à la livèche », comme *La Dame à l'hermine* de Léonard de Vinci, et il m'a promis de porter un brin de *lioubistok* à la boutonnière de sa veste lors de la réception qu'il donnait le lendemain à l'hôtel *Karelia*.

Nous avons pris le raccourci par Kosmozero et Klajma pour admirer en route l'église orthodoxe Alexandre-Svirski et la *tchassovnia* d'Ouzki. Le directeur de l'Institut polonais de Saint-Pétersbourg, Cezary Karpiński, qui accompagnait l'ambassadeur dans sa virée, photographiait les isbas moribondes tandis que nous discutions sur le siège arrière... C'est fou le nombre de choses qu'on peut dire sans pour autant beaucoup parler. Sur les nuages, par exemple.

Je ne sais pas si Bahr aura accroché la livèche à sa boutonnière parce que je n'ai pas assisté à la réception. Je n'ai pas eu envie de gâcher mon tableau pastel d'Outre-Onega avec d'autres couleurs. J'espère qu'il me comprendra. De retour à la maison, j'ai été très surpris de voir l'impression qu'avait laissée la visite de l'ambassadeur de Pologne. Petro, qui avait retrouvé sa lucidité après avoir descendu la grande bouteille de Żubrówka que lui avait offerte Karpiński dans le but de rehausser le niveau culturel de la consommation d'alcool dans l'Outre-Onega, a même commencé à se gausser en disant que les gens allaient désormais venir me voir comme on allait voir Léon Tolstoï à Iasnaïa Poliana.

16 juillet

Petchouguine et Bahr sont des gens issus de mondes différents. Les frontières de leurs mondes sont invisibles (pas de barrière de douane ni de visa), mais elles sont en même temps si hermétiques qu'elles se révèlent infranchissables pour l'un comme pour l'autre. Bien sûr, je ne parle pas des frontières entre leurs pays, mais des limites de leurs univers respectifs. Si Petchouguine avait été sur place, il n'y a que chez moi qu'ils auraient pu se rencontrer. Jerzy Bahr aurait retiré beaucoup de cette rencontre, me semble-t-il.

Notre maison est une zone frontalière où se croisent des gens qui ne se seraient jamais rencontrés ailleurs. L'écrivain voyageur italien Paolo Rumiz, par exemple, a rencontré chez nous le tractoriste Pesnine, et la Suissesse Fanny le marin explorateur polaire Ioura Naoumov. Par coïncidence, la *tchassovnia* de Konda Berejnaïa est dédiée à saint Sampson dit le *Strannopriimets*, qu'on peut traduire par l'Hospitalier, celui qui reçoit les *stranniki* : les pèlerins, les errants et les voyageurs. Le jour où le père Nikolaï (Ozoline) a procédé à sa nouvelle consécration après sa profanation par des antireligieux, il m'en a confié la garde et les clés en me disant qu'ainsi il me chargeait de la mission de poursuivre l'œuvre de saint Sampson. Il a encore précisé qu'autrefois, le mot *strannik* signifiait « qui circule dans les mondes ». La *tchassovnia* est donc devenue notre chapelle familiale (bien que, je le souligne encore une fois, il ne faille pas traduire « *tchassovnia* » par « chapelle » comme le suggère le Grand Dictionnaire polono-russe ; ces lieux ont des fonctions sacrées différentes), et nous y avons baptisé Martoucha, apparue chez nous d'un autre monde. Dans la *tchassovnia* de Konda Berejnaïa, je me sens comme chez moi, il n'y a à l'intérieur aucune marque d'une religion concrète – elle est *vide*.

Dans ma maison au bord de l'Onega, les gens apportent leur monde et on n'a pas à se déplacer pour y voyager. Et même s'ils ne se rencontrent pas chez nous, comme Petchouguine et Bahr, je n'ai qu'à les enfermer dans un texte pour qu'ils se rencontrent dans ta tête, lecteur.

27 juillet

Parfois, j'ai l'impression d'être tapi à Konda comme une araignée et de filer à partir d'ici une toile de courriels qui prend dans ses fils un nombre croissant de correspondants du monde entier ; c'est comme si je me nourrissais de leurs sucs, que je les aspirais et puisais mon inspiration en eux, pour produire ensuite de nouveaux pans de toile par mes fusules. Cependant, j'ai trouvé récemment, à la bibliothèque de La Grande-Baie, un court roman de Pascal Quignard, *Villa Amalia,* dont un passage donne à réfléchir : « On dit que la toile, selon son étendue, sa forme, sa solidité, ses leurres, sa beauté, au tout dernier moment tisse l'araignée qui lui est nécessaire. » De même, « les œuvres inventent l'auteur qu'il leur faut et construisent la biographie qui leur convient[1] », poursuit l'écrivain. Donc, il n'est pas impossible qu'une toile d'araignée tisse aussi une mouche. Et qu'une œuvre crée son lecteur.

29 juillet

Stefan Adamski compte parmi les correspondants qui m'inspirent le plus... Nous nous sommes rencontrés à Gdańsk, pendant les jours heureux de Solidarność. Je m'occupais alors du journal du syndicat. Stefan était venu m'aider et n'avait pas tardé à devenir un pilier de la rédaction. Nous nous comprenions à demi-mot et écrivions en alternance les éditoriaux, qui nous valurent à plusieurs reprises des coups à l'un comme à l'autre. Je me souviens d'un cas curieux : la bande des « vrais Polonais » du Comité pour le monument aux victimes des chantiers navals de 1970 projetait de nous attaquer pour avoir évoqué dans les colonnes du journal les coopératives d'Edward Abramowski[2].

1. Pascal Quignard, *Villa Amalia,* Gallimard, 2006, p. 274.

2. Edward Abramowski (1868-1918), philosophe politique polonais qui inspira le KOR, le Mouvement de résistance des ouvriers, et le syndicat

Mais le journal n'était pas notre seul point de rapprochement. Nous partagions les mêmes goûts et les mêmes sympathies, nous lisions les mêmes livres, les mêmes choses nous faisaient rire, nous divertissaient. Bref, nous étions très copains. Ensuite, chacun a suivi son chemin. Stefan a fondé une famille et s'est établi définitivement à Gdynia, et moi j'ai bourlingué... Lors de nos retrouvailles, l'an dernier, nous avons discuté toute la nuit en buvant des quantités d'alcool. Le matin, au lieu de la gueule de bois, j'ai senti le bonheur d'avoir retrouvé un ami. C'était comme si au lieu de trente ans, ça faisait seulement trois jours qu'on ne s'était pas vus.

Stefan m'a offert des livres et un recueil de ses chansons, l'œuvre de sa vie. J'ai lu *Inscription dans le carnet de Mlle S.* lors de plusieurs rencontres avec le public, quand on m'interrogeait sur Solidarność. À mes yeux, cette chanson est un éditorial d'adieu et je la chante ici en entier à l'occasion du trentième anniversaire de « S. », une sorte de mot de la rédaction du premier journal de Solidarność, né dans les Chantiers navals de Gdańsk pendant la grande grève de 1980[1].

Tout le monde t'aimait ! Jacek, Janek[2]...
Ce n'était pas les amants qui te manquaient.
Moi aussi, j'ai célébré tes charmes
Dans la foule de tes soupirants.

J'ai été ton chevalier errant,
j'ai rompu des lances pour défendre ton honneur
et ferraillé du mieux que je le pouvais.
Eh oui ! C'est pour toi que je me suis tant battu.

Tu étais arrivée à l'improviste, comme la poésie,
comme l'aube généralement si brève...

Solidarność. Il est considéré comme le guide spirituel des organisations anarchistes polonaises.

1. La chanson raconte l'histoire sentimentale de son auteur avec le syndicat Solidarność – « Mademoiselle S. » – de 1980 à 1989 et après.

2. Jacek Kuroń (1934-2004) et Jan Lityński (né en 1946), deux des principaux leaders de l'opposition démocratique.

Aucun d'entre nous ne connaissait l'heure de ta venue,
aucun d'entre nous n'en connaissait non plus le jour.

À l'époque, tu ne fréquentais pas les salons,
tu habitais par-ci par-là dans des caves.
Je l'avoue, tu avais belle tournure :
Une Emilia Plater[1]*, une fille formidable.*

Résolue mais en même temps si éthérée,
Ici, Grottger[2] *; là, Delacroix...*
Toi seule comptais pour nous,
Nous ne voulons qu'elle, répétions-nous.

Divers charlatans leurrent encore
les naïfs avec ta belle légende,
ils mentent encore et encore, prétendent
que tu es l'unique dame de leur cœur.

Ils bombent aussitôt le torse
avec un clin d'œil significatif,
frottent leurs deux index,
leurs paluches poisseuses les démangent.

D'autres sont aujourd'hui chauves et bedonnants...
Mon beau-frère et moi, jamais on n'aurait...
Plus rien ne tient et pour changer,
ils veulent se payer du Viagra.

Ils glorifient eux-mêmes leurs triomphes,
se repaissent de leur bravoure.
Ainsi mènent-ils un jeu pervers,
qualifiant sans honte la défaite de victoire.

Peut-être étais-tu, toi aussi, en ce temps-là,
naïve et sentimentale,

---

1. Emilia Plater (1806-1831), héroïne nationale polonaise qui combattit pendant l'Insurrection de novembre 1830 contre la Russie.

2. Artur Grottger (1837-1867), peintre romantique polonais qui soutint à travers son art la lutte de la Pologne pour son indépendance.

mais aujourd'hui, tu es, dirai-je succinctement,
non pas une femme fatale[1], *mais une pute lamentable.*

Si au moins tu avais voulu te corriger
et revenir à tes rêves anciens…
Hélas, une première fois dépravée,
Tu as cédé ton corps encore et encore.

Je m'exprime familièrement ?
Eh bien, je ne peux pas m'offrir de pathos
car le drapeau que tu persistes à brandir
n'est plus aujourd'hui qu'un chiffon délavé.

Tes charmes se sont fanés, ils ont pâli,
tes souteneurs te proposent à vil prix
et l'on est même surpris, à vrai dire,
qu'il se trouve toujours de bonnes poires.

Car malgré tout tu restes alléchante
avec tes écharpes, tes rubans pourris,
et tu continues à distinguer les chevaliers
de l'ordre de ta jarretière souillée.

Car en prière aux pieds de la Vierge,
tu avais réellement l'air angélique,
pourtant dès alors je craignais
de te voir devenir bigote.

Et quand ils glissaient dans ton décolleté
dollars, livres, francs, yens…
tu t'empourprais d'une rougeur charmante
en murmurant : Ah ! L'honneur n'a pas de prix !

Tu dansais bien la carmagnole
et conduisais le peuple sur les barricades…
Maintenant c'est moi qui t'envoie… Chante-le
Toi-même, car c'est ta trahison.

1. En français dans le texte.

Jacek est mort, Janek s'est tu,
les autres, quant à eux, bradent leurs valeurs.
Pourtant, il faut bien que quelqu'un te dise
tes quatre vérités, je le ferai donc...

Je ne saurais dire quand tu as changé.
Toi, le petit ange de vertu... Je ne me laisserai pas faire !
Voilà que tout à coup, les jupes retroussées,
Tu as dansé le cancan sur la table ronde.

Tu te montrais gentille avec chacun,
tu souriais gracieusement...
Et sur cette table, tu t'es fait sauter
sans façon par le premier venu.

Et sous la table, tu rendais aux hommes politiques
Toutes sortes de services...
Comment soupirer, aujourd'hui, après toi,
cynique, froide, méchante et vaniteuse ?

J'ai juste de la peine pour ces garçons
prêts à marcher même sur des chars,
car combien d'entre eux ont fini sous terre
pour une favorite comme toi ? Que le diable t'emporte !

Et j'ai de la peine pour tes amies,
obligées de fréquenter les services gynéco.
Surtout ne viens pas me raconter
que tu as été fidèle à tes amitiés.

Et j'ai de la peine pour tous les oubliés,
qui ont cru à ce rêve.
L'histoire les cite à la pelle,
leur nom est : Inconnu.

Ton front est maintenant ridé de cynisme,
botox et liftings seront inutiles,
les assemblées solennelles n'y feront rien,
pas plus que les discours et les meetings.

Ne viens pas me parler de tes devoirs !
Ne me fourgue pas la panoplie patriotique !
Je n'ai pas l'intention de mentir comme les autres,
je ne serai pas le chantre de ton mythe.

Je pars, rien ne me retient,
tout sentiment a son terme.
Dommage que tu aies fini ainsi,
vieille traînée vénale de S.

Ne m'embrasse pas pour me dire adieu !
Je n'en ai rien à foutre.
Ne t'en fais pas pour moi, chérie !
À toutes tes prières je répondrai non.

J'écris aujourd'hui des songs *pour une autre,*
la modeste et discrète Mlle E.
Car il est difficile de vivre sans Espérance,
aussi indispensable que l'oxygène.

Ceux qui, aujourd'hui, n'ont pas de quoi manger,
ceux qui sont sans travail, tu leur dis : T'es gauchiste ?
Moque-toi ! Mais dis-moi ce qu'ils vont devenir !
Qui chante aujourd'hui des chansons sur eux ? Dis-le.

Personne ne dresse encore de barricades,
mais quand elles seront là, j'irai les yeux fermés !
Car je préfère finir comme Baryka[1],
En marchant sur le château, et non à l'intérieur.

9 août

Je n'en suis pas sûr, mais il me semble bien que c'est Jonasz Kofta[2] qui chantait que les choses n'auraient guère

1. Héros romantique de *L'Avant-printemps* (1925), roman de Stefan Żeromski (1864-1925).

2. Jonasz Kofta (1942-1988), poète et chanteur polonais.

bougé lorsque les jeunes en colère que nous étions seraient devenus de vieux teigneux. Mes échanges de courriels avec Stefan font tout à fait penser à la conversation de deux pépés teigneux. Nous parlons de la vie et de la mort, des amis qui nous ont quittés – les uns pour l'autre monde, d'autres pour la politique, ce qui revient au même –, de nos anciennes amours et de nos récents enthousiasmes. Moi, par exemple, j'ai beaucoup aimé Sebald ; Stefan, lui, c'est Bouvier. Nous nous plaignons tous les deux de notre santé et ne croyons pas en Dieu, chacun à sa façon, car Stefan est un athée européen, et moi, je suis sans foi à l'orientale. Nous aimons l'un et l'autre nos femmes et nos enfants, et nous vivons sans nous presser car nous savons *d'ores et déjà* que de toute façon, nous n'aurons pas le temps de tout faire.

Dans son dernier courriel, Stefan me demande quand je pense aller en Pologne. Sa question touche là où ça fait mal, car se mettre en colère n'est bon ni pour la digestion ni pour la forme en général, or dès que je mets le pied en Pologne, je m'énerve. Il suffit que des Doda et autres Lady Gaga me sourient sur des panneaux publicitaires, à la gare, pour que j'aie aussitôt envie de recracher ce que je n'ai pas eu le temps de digérer. Et après, ça va de mal en pis.

À notre âge, la santé est l'une de nos premières préoccupations. Non pas que nous aimions les médecins. Au contraire, pour ne pas avoir à les fréquenter, nous prévenons la maladie en menant une vie saine. Je tâche donc d'aller en Pologne aussi rarement que possible, pour ne pas me tourner les sangs. Je l'aime trop et je suis exaspéré par ce qu'en font tous ces connards, peu importe leur couleur politique et leur religion. Ma Pologne est en moi.

Ma Pologne, c'est Giedroyc[1], Gombrowicz et Miłosz, que je lis tous les matins pour ne pas oublier le polonais. Ma Pologne, c'est Chopin et Stańko, et le groupe Breakout[2] sur la musique duquel nous dansons, Martoucha et moi. Ce sont

1. Jerzy Giedroyc (1906-2000), rédacteur en chef de la revue *Kultura*, personnage éminent de l'émigration polonaise après la Seconde Guerre mondiale.

2. Tomasz Stańko (1942), trompettiste et compositeur de jazz polonais. Breakout, groupe de blues-rock polonais créé en 1968.

aussi quelques paysages que je vois la nuit dans mes rêves, et les « Dieu vous bénisse[1] » même s'Il n'existe pas. Ma Pologne, c'est une poignée d'amis qui ont gardé la tête sur les épaules, et quelques fous garants d'une certaine normalité. C'est cette Pologne que je veux apprendre à Martoucha.

Voilà pourquoi je l'amènerai tôt ou tard en Pologne, cher Stefan. Nous nous terrerons quelque part dans la cuvette de Kłodzko, tout près de la frontière avec la Tchéquie, pour équilibrer le verbiage politique polonais avec le bon sens tchèque. Je boirai de la bière à *La Chaumière d'Adam* en grignotant un petit *knedel* pendant que Martoucha engloutira une glace ou un gâteau, et après, la nuit, j'écrirai pour elle des histoires de loups, de loups-garous et autres créatures de Dieu.

Différents experts m'ont interrogé (et conseillé) sur la manière dont il fallait lui apprendre le polonais pour qu'elle soit bilingue. Et aussi l'anglais, parce que de nos jours, on ne peut pas s'en passer ! Il y a diverses méthodes et plusieurs écoles, ajoutaient-ils, *niet problema*, pas de problème ! Mais je ne peux lui apprendre que le volapük du loup[2].

10 août

Les maîtres de wushu disaient : Maîtriser le temps, c'est parfois s'exclure des événements pour les dominer.

11 août

Pendant ce temps, les nuits redeviennent noires et rallongent. Le matin, une épaisse vapeur s'élève au-dessus de l'Outre-Onega embrasé (d'après Piotr, c'est le *gar'*, la fournaise de Poudoj). Dans le ciel, des mugissements, et des orages d'une violence inouïe éclatent tous les jours. La terre en aurait-elle marre et chercherait-elle à se débarras-

1. Formule de salutation très courante dans la province polonaise il y a encore quelques dizaines d'années.

2. Le nom de l'auteur, Wilk, signifie « loup ».

ser de nous en s'ébrouant, comme les rennes s'ébrouent pour chasser les parasites et les mouches d'une extrême virulence ?

Du fait de l'état inquiétant de la nature, j'ai ouvert *La Route*, de Cormac McCarthy, bien que je ne sois pas fanatique des romans catastrophe. *La Route* raconte un monde post-apocalyptique dans lequel errent un père et son petit garçon. On ignore l'origine du cataclysme, peut-être une guerre atomique ou un astéroïde qui aurait heurté la planète Terre – d'ailleurs, peu importe... Le monde est réduit en cendres, le soleil ne perce pas, il n'y a plus d'oiseaux, plus de bêtes ni aucune nourriture, aussi les rares survivants sont-ils à l'affût les uns des autres. J'aurais vite abandonné *La Route* si une réflexion de l'auteur n'avait résonné en moi : si vous êtes un bon père, votre enfant est tout ce qu'il y a entre vous et la mort.

Depuis la venue au monde de Martoucha, je médite très souvent sur ma propre route. La naissance de ma fille a rendu ma fin prochaine plus concrète. Elle a été une forme de réveil, comme le coup de bâton qu'assène un maître zen à son disciple pour le sortir de la léthargie dans lequel l'a plongé la méditation bienheureuse. On peut s'agacer de cette évocation de ma fin prochaine alors que j'ai à peine cinquante-cinq ans. Certes, mais Martoucha a le chemin de toute sa vie devant elle, or je ne puis l'accompagner que sur un court tronçon, tant que mes jambes me porteront. C'est la raison pour laquelle cette idée de McCarthy m'a tant remué.

J'ai repris le livre au début et en ai parcouru chaque page en soulignant des phrases du type : « Il ne savait qu'une chose, que l'enfant était son garant » ou « ... chacun était tout l'univers de l'autre », et quand j'en suis arrivé au passage où le père assis près de son fils endormi caresse ses pâles cheveux blonds emmêlés et compare la tête de l'enfant à un « calice d'or, bon pour abriter un dieu[1] », je n'ai plus eu aucun doute : c'était bien un roman sur l'amour tardif d'un père pour son enfant.

---

1. Cormac McCarthy, *La Route*, trad. par François Hirsch, Éditions de l'Olivier, 2008, p. 31, p. 10, p. 69.

Cormac McCarthy l'a d'ailleurs confirmé dans une interview menée par Oprah Winfrey au cours de laquelle il racontait son expérience de la paternité à un âge avancé. La paternité a été la principale inspiration de son roman.

12 août

Le vent ébouriffe le peuplier devant la fenêtre et projette sur le mur – comme sur un écran – le filet mobile de son feuillage où le soleil clignote, parsemant le plancher de sequins de lumière. Les lueurs au plafond reproduisent le jeu des aurélies sur le lac. Même la pipe suspendue à une poutre du plafond se balance au rythme de l'Onega. Toute la maison est prise dans la toile délicate de la lumière frémissante.

Martoucha a un an. Bien qu'en fait, elle ait déjà un peu plus. En effet, comme les Samis, je pense que la vie de l'individu ne commence pas le jour de sa mise au monde mais dès sa conception. Je me souviens de cet instant où nous l'avons vue à l'échographie. Elle nageait dans le liquide amniotique qui ressemblait à l'océan cosmique du film *Solaris* de Tarkovski.

Où habiter avec un nourrisson ? En ville, ou ici, dans un village à moitié mort ? Nous avons attendu la naissance de Martoucha pour trancher le dilemme. Nos amis nous conseillaient la ville, avec ses médecins sous la main et l'eau chaude au robinet, alors qu'ici, comme on le sait, la route n'est pas déblayée l'hiver et, à Dieu ne plaise, si jamais il arrivait quoi que ce soit, aucun secours n'arriverait jamais à temps. Et puis comment ferez-vous sans eau courante, demandaient-ils encore, dans des pièces vétustes impossibles à chauffer à la température moyenne d'une chambre ? Où ferez-vous la lessive ? Où donnerez-vous son bain à la petite ?

Je ne voulais pas penser aux médecins, parce que si je commençais à envisager la vie avec Martoucha sous l'angle des hôpitaux, je ne me serais sans doute jamais décidé à lui faire une chose pareille. La question du confort, l'eau courante et les toilettes chauffées sont des commodités qui nous concernent nous, les parents, le bébé ne doit pas être un prétexte. En revanche, vivre à Konda présente quantité d'avantages par rapport à Petrozavodsk. D'abord, la tranquillité et le silence, aucune alarme antivol de voitures dont les hurlements effrayants déchirent la nuit en ville, pas de voisins. Ensuite, ici, on est au milieu de la nature, nul besoin d'aller au parc ou sur le quai pour respirer une bouffée d'air frais, il suffit de mettre la poussette de la petite devant la fenêtre, pour l'avoir sous les yeux, le murmure du lac et les chuchotements des peupliers la bercent. Et puis ici, Martoucha commence sa vie dans la beauté, or l'environnement est le premier élément à former l'*oum* (la langue et l'école ne viennent qu'après), par conséquent l'important, depuis le début, c'est ce qu'elle voit, ce qu'elle sent, ce qu'elle touche et ce qu'elle met dans sa bouche : du bois, de la terre et de l'herbe, ou bien de l'aluminium, du polyéthylène et du béton. Ici, ce qui forme sa conscience, c'est l'espace de notre grande maison, les sequins d'ambre de la lumière sur le plancher, le feu vif dans le poêle, le rythme de la nature, le chant des oiseaux et les senteurs du dehors. En ville, elle serait agressée en permanence par les publicités (qui s'infiltrent partout), les lumières au néon et l'odeur des déodorants ou des gaz d'échappement. Enfin, ici, elle découvre la saveur des produits frais en provenance directe du jardin, du lac ou de la forêt, qui développent chez elle le goût. Il n'est donc pas étonnant que Martoucha adore le pain bis fait par sa maman et la ciboulette qu'elle cueille elle-même dans le potager ; en ville, elle aurait sans doute appris à aimer les petits pots… Je pourrais allonger encore la liste des vertus de la vie à Konda avec un enfant, mais je pense que le lecteur qui réfléchit en est d'ores et déjà convaincu.

Je ne vais pas faire croire que tout a été facile. L'hiver, surtout, a été éprouvant, même si nous nous y étions préparés en faisant refaire le plancher pour que le froid ne remonte pas du sol, et isoler la pièce au-dessus de la nôtre pour que la chaleur ne s'échappe pas par le plafond. Qui aurait pu prévoir que ce serait un nouvel hiver du siècle (le deuxième en cent ans !), que nous serions bloqués par les grands froids et que nous aurions de la neige jusqu'au cou, ce qui m'obligerait à consacrer la plus grande partie de la journée à déblayer ?

Malgré les incommodités, cet hiver a été le plus merveilleux de ma vie car tout, pour Martoucha, était sa *première* fois, sa deuxième première fois : sa première neige, ses premières bougies sur le sapin, son premier Noël, son premier réveillon du Nouvel An. J'avais connu, moi aussi, mes premières fois, sans rien comprendre, mais la contemplation de Martoucha m'a permis de les revivre avec elle. Pour être franc, grâce à ma fille, j'ai entrepris le plus grand voyage de ma vie, une expédition qui me ramène aux origines. Il ne s'agit d'ailleurs pas tant d'un retour à mes racines personnelles à travers les liens du sang – cela viendra plus tard, lorsque nous commencerons à lire des histoires ensemble – que de la genèse de l'Homme en général.

Assis le soir près du poêle en attendant avec Martoucha que Natacha ait fait chauffer l'eau du bain, j'observais, je me souviens, ses yeux qui s'écarquillaient de ravissement à la vue des flammes et le calme qui l'envahissait petit à petit, succédant à son agitation. Je méditais alors sur le grand mystère de l'homme primitif tapi au tréfonds de notre être et donc insaisissable pour la conscience d'aujourd'hui qui se disperse constamment à cause de la multitude des impressions. Je me souviens aussi de la grande fierté de Martoucha le jour où elle s'est tenue debout toute seule... C'était la véritable exultation de l'*homo erectus.*

Nous avons passé son premier hiver sur le poêle. Et comme sur le poêle, on n'est pas à l'aise avec un ordinateur portable, je n'ai pas beaucoup écrit... Cet hiver s'est gravé dans ma mémoire comme une période de grand silence, comparable à l'époque préhistorique de l'homme, l'ère du mythe.

Au commencement était le rythme. Du rythme est née la danse. La danse au son des tambours est la première forme d'expression artistique de l'être humain. Et pas uniquement de l'homme. En effet, Jane Goodall a remarqué dans la réserve du Gombe Stream, en Tanzanie, qu'à la saison des pluies, les chimpanzés cassent des branches et, en pleine extase, se mettent à courir en frappant le sol et les arbres qu'ils rencontrent. L'anthropologue anglaise a appelé ce phénomène la danse de la pluie.

Chaque soir, je danse avec Martoucha dans mes bras. Martoucha apprend le rythme à travers nos corps (tels deux vaisseaux sanguins qu'on relie, nous accordons nos pouls) et reproduit ainsi l'expression artistique de l'homme primitif... Je me souviens de notre premier réveillon de la Saint-Sylvestre, nous avons dansé sur la musique de Cohen. En regardant le désert dehors, j'avais évoqué les paroles de Thomas Merton : « Le monde et le temps sont la danse du Seigneur dans le vide. »

23 août

Ma vie avec Martouchka au bord de l'Onega a encore une autre dimension, dont je me demande si elle n'est pas la plus importante : la dimension du temps, ou plutôt du non-temps. Nous vivons ici *en dehors du temps*. À chaque fois que Roma C., une bonne amie de Gdańsk, passe nous voir à l'occasion de ses déplacements professionnels à Kiji, elle se laisse tomber pesamment sur l'ottomane et pousse un profond soupir.

– Chez vous, à Konda, je me déconnecte du temps.

Roma est pourchassée par le temps, elle est éternellement pressée et je comprends pleinement ses soupirs. Chez nous, on ne ressent pas la pression du temps parce que chez nous, le temps tourne comme les oies sauvages au-dessus de nos têtes – elles s'envolent à l'automne et reviennent au printemps – et ne court pas d'une manière absurde sur une ligne qui ne mène nulle part. Ici, aucune horloge ne nous poursuit, le calendrier est établi par la nature, en fonction de la floraison, du mûrissement et de la cueillette des fruits de la terre ; nous ne comptons pas les jours de la semaine, chaque jour que Dieu fait est une fête, c'est tous les jours dimanche, on se réveille avec le soleil (en hiver, on dort plus longtemps), et une heure ou deux de plus ou de moins ne changent rien. Bref, ici, nous avons tout le temps pour nous.

Le paradoxe du temps, c'est que plus vous êtes pressé, moins il vous en reste. Sénèque, je crois, disait que la question n'est pas que nous avons trop peu de temps, mais que nous le gaspillons. Donc si vous limitez votre vie à l'essentiel, vous découvrirez très vite que vous avez du temps pour tout… Nos voisins s'étonnent de me voir arroser le jardin à la main alors que le précédent propriétaire avait installé une pompe au bord du lac et que l'arrosage des plates-bandes serait beaucoup plus rapide si j'utilisais un tuyau. Ça paraît pertinent, mais je ne suis pas convaincu que ce serait une économie de temps. Arroser en actionnant mécaniquement le bras d'une pompe – un coup en haut, un coup en bas – est en soi une perte de temps, une occupation stérile. En revanche, quand chaque jour je déambule entre les plates-bandes avec mes seaux en foulant la terre de mes pieds nus, je fais de l'exercice et je me masse la plante des pieds, sans parler du fait que je prends soin de chaque plante en particulier. Car les choux n'ont pas besoin de la même quantité d'eau que les salades : vous arrosez les premiers d'un large jet et aspergez juste les feuilles des secondes ; les uns ont besoin d'un seau par rangée, les autres, d'un seau et demi, et d'autres encore, d'un demi-seau par pied. C'est la même chose avec l'herbe à faucher. On peut se torturer avec une faucheuse à essence bruyante qui dégage des nuages nauséabonds, ou manier la faux en savourant le silence et les effluves des herbes. Je pourrais multiplier les exemples à l'infini.

Sinon, pour changer de sujet, les amis se demandent pourquoi je ne fais pas installer l'eau courante. Le lac est à trois pas, disent-ils, il te faut juste un *nassos* – une pompe électrique – et quelques tuyaux, et tu auras l'eau dans la maison. De mon côté, je me demande à quoi cela nous servirait d'avoir l'eau courante, de toute façon, en hiver, elle gèlerait et ici, je ne trouverais pas de plombier. Les tuyaux éclateraient, au printemps l'eau monterait jusqu'à la maison et nous nous retrouverions dans l'Onega. Creuser un trou dans la glace et apporter des seaux n'est pas si pénible, même quand souffle la *pourga*, le blizzard de Sibérie. En plus, quel bonheur ! Car, bon gré mal gré, il faut mettre le nez dehors par tous les temps et c'est l'occasion de me dégourdir les jambes après les longs moments passés devant mon ordinateur, de humer le vent pour prévoir le temps qu'il va faire dans la journée, et puis de vérifier les centimètres de glace qui se sont ajoutés pendant la nuit.

Eh oui ! Toutes ces commodités techniques qui prétendent nous économiser du temps, en réalité, nous appauvrissent la vie par l'ennui de la mécanique. En effet, le hic, c'est que soit vous vivez chaque instant comme un moment sacré et donc ouvert sur l'éternité, soit vous tuez le temps tous les jours pour pouvoir faire la fête de temps en temps. Autrement dit, soit vous célébrez la vie à travers vos activités, même la plus insignifiante ; soit vous la gaspillez en poursuivant on ne sait trop quel but...

Le rapport de l'homme à son propre temps est la mesure du rapport de l'homme à soi.

Dans *Autres rivages*, son autobiographie, Nabokov dit qu'explorer son enfance est « ce que l'on a de mieux à faire, à défaut de pouvoir explorer son éternité[1] ». L'écrivain entend par là son retour autobiographique à l'enfance grâce à la mémoire, les années ayant passé. Cette exploration peut être tellement plus profonde si vous contemplez (ici et maintenant) l'éternité de l'enfance en participant attentivement à la vie de votre propre enfant.

La contemplation demande du temps et des conditions favorables, rien ne doit venir la troubler. Pour ma part, j'ai en outre l'avantage de l'âge mûr. Les jeunes pères sont en général très occupés, ils doivent se tailler une place, accéder à une position sociale, s'installer dans la vie, et une fois tout cela atteint, ils découvrent qu'ils sont déjà grands-pères. Moi, j'ai le privilège d'être devenu papa à un âge de jeune grand-père, ma vie est faite et je peux donc consacrer à Martoucha tout le temps qui m'est compté (dont mon écriture) et frayer le début de son chemin, aussi bien dans la vie que dans les mots. Elle finira de le frayer toute seule.

Pour moi, un « journal chemin » est une forme d'autobiographie écrite au jour le jour. Selon la vénérable Doris

1. Vladimir Nabokov, *Autres rivages. Autobiographie*, trad. de l'anglais par Yvonne Davet, Mirèse Akar et Maurice Couturier, Éditions Gallimard, 1961 et 1999, p. 25.

Lessing, « […] dans le récit d'une vie, si on respecte la proportion du temps réellement vécu, soixante-dix pour cent du livre vous mèneront à l'âge de dix ans. À quatre-vingts pour cent, vous aurez atteint quinze ans. À quatre-vingt-quinze pour cent, vous aurez environ trente ans. Le reste est une course – vers l'éternité[1] ». Si l'on s'en tient à ce calcul, alors j'ai une chance d'écrire entre soixante-dix et quatre-vingts pour cent de la vie de ma fille – si je vis jusque-là. Ce sera *notre* autobiographie car enfin je continuerai à vivre dans Martoucha.

Dans sa propre autobiographie, qui porte le titre intriguant de *Dans ma peau*, Lessing s'interroge sur la perception de l'évolution que l'enfant a dans le sein de sa mère. « Le fœtus répète l'évolution : le poisson, l'oiseau, la bête, puis l'humain. […] Est-il possible que la malheureuse créature soit submergée dans une sorte d'éternité[2] ? » Il est utile de souligner que ce sont là les propos d'une écrivaine parvenue au terme d'une longue vie, déjà tournée en pensée vers l'éternité. Par conséquent, elle sait certainement ce qu'elle dit ! D'autant plus que c'est une femme.

Martoucha est arrivée pour moi au bon moment. Aurait-elle senti que sans elle, ma vie n'avait pas de sens ? J'aurais écrit encore trois ou quatre livres, fait quelques expéditions à travers le monde, vu une chose ou l'autre, puis la mort serait venue. L'arrivée de Martoucha m'a ouvert les yeux. J'ai subitement entrevu l'autre monde.

Quelques jours avant sa naissance, une *vedounia*[3] aveugle d'Outre-Onega m'avait dit que les nouveau-nés vivent quelque temps à la frontière des mondes, un pied déjà dans celui-ci, le second encore dans l'autre. « Si tu te montres attentif, tu verras qu'elle parlera avec les anges », m'avait-elle murmuré. Je ne sais pas si c'étaient des anges ou les esprits de la maison qui s'étaient rassemblés, poussés par la curiosité, mais j'ai vu Martoucha regarder dans l'espace entre le visage de sa mère et le mien et sourire en tendant ses menottes. Je

1. Doris Lessing, *Dans ma peau. Autobiographie, 1919-1949*, trad. de l'anglais par Anne Rabinovitch, Albin Michel, 1995, p. 130.

2. *Ibid.*

3. « Celle qui sait », voir le mot sanscrit *Veda* : « la connaissance ».

me suis dit, alors, que je lui apprendrais des choses, certes, mais qu'elle m'en apprendrait aussi.

Durant cette année, elle m'en a appris beaucoup. D'abord, que le temps s'écosse comme les haricots, qu'on peut tourner chaque instant entre ses doigts afin d'en égrener l'éternité et que le temps et l'espace ont des dimensions différentes – malheureusement, à la longue, nous cessons de les voir, mais il suffit de sortir de soi pour les retrouver. Elle m'a aussi appris que la vie peut être une danse magnifique si nous sentons en commun le rythme de notre sang.

11 septembre

> … chaque voyage est unique en son genre.
> PAUL THEROUX

Ce soir, je suis rentré d'une excursion[1] de quelques jours sur la péninsule de Kola. De nos jours, on ne part plus en excursion. Aujourd'hui, soit l'on voyage, soit l'on part en expédition, le plus souvent vers un pôle (de froid, de chaleur, de jungle), ou dans une boue extrême pour remonter un fleuve, parcourir une route qu'on n'a pas encore « faits », et ensuite raconter son voyage dans un livre ou encore tourner un film qu'on montrera à la télévision. Une excursion, elle, n'engage à rien. On n'a rien à prouver à personne ni à se vanter de quoi que ce soit. En excursion, nul n'attend de vous de performances, vous n'êtes pas obligé de faire la course avec quiconque. Bah, maintenant, c'est même déplacé de parler d'excursions.

---

1. Quand je parle d'*excursion*, j'entretiens la tradition polonaise qui veut qu'on traduise l'idéogramme *you* de l'expression *xiao yao you* comme « excursion libre de toute contrainte ». C'est ainsi que les sinologues polonais intitulent le premier chapitre du traité de Zhuangzi, quoique le terme de « vagabondage sans contrainte » tel que l'interprète le Russe Vladimir Malavine, traducteur et auteur de commentaires au traité taoïste, correspondrait mieux à notre voyage à Kola. Malavine rappelle qu'à l'origine, l'idéogramme *you* désignait le flottement d'un drapeau au vent et le bercement léger des poissons dans l'eau… C'est ainsi que Romek N. et moi avons flâné, tantôt en flottant, tantôt en dansant. *(N.d.A.)*

Mais puisque j'en parle, alors, c'est sur le chemin de la péninsule de Kola (que j'ai traversée plus d'une fois dans les deux sens par le passé) que j'ai réfléchi à ce que dit Paul Theroux, à savoir que pour parler de ses voyages, on commence d'abord par écrire un reportage, ensuite une fiction, et l'on finit généralement par une autobiographie. Moi-même, j'ai circulé dans les confins du Grand Nord en quête d'informations, puis j'ai bâti des histoires sur ce canevas, parfois plus inventives que de la fiction, et je peux lire maintenant dans les méandres de ma route un gros chapitre de ma vie. Près de vingt ans ! J'ai tant écrit sur les espaces du Nord que je me suis inscrit dedans – totalement. Lors de mes récentes excursions dans le Grand Nord, je flâne surtout sur les traces de mon passé, mais j'en rapporte parfois des souvenirs tout frais.

De ma toute dernière excursion, j'ai rapporté un demi-renne pour Martoucha et quatre belles pièces de saumon du Lovozero, deux seaux de myrtilles des pentes du Pounkarouaïv – le mont du Crâne chauve –, et quelques photos sur lesquelles j'ai immortalisé des amis plus vieux de quelques années et des paysages indifférents à quelques années de plus ou de moins. En revanche, je me suis fait avoir par l'été indien. J'allais à sa rencontre, mais c'est à la maison que je l'ai trouvé.

Grisaille dorée des feuilles,
langueurs d'araignée,
herbes roussâtres.

À ma fenêtre,
ton visage.

En somme, comme pour toutes mes excursions, le principal intérêt de la dernière résidait dans les rencontres. Car les gens que je rencontre sur mon chemin ne sont pas seulement les personnages de mes récits, ils sont aussi les co-auteurs de ce chemin. Comme les grains d'un chapelet enfilés sur le fil de la Route que je récite et que je suis.

L'on retrouve beaucoup d'entre eux d'un livre à l'autre. Avec Vassia, par exemple, je suis allé à Kanin Nos dans *Le*

Journal d'un loup, puis nous avons descendu le Belomorkanal à bord de l'Antur dans *Portage* et là, je lui rends visite à Soum-Possad. J'ai peine à croire que cela fait déjà dix ans qu'on ne s'est vus. Vassia a des cheveux blancs, il ne chasse plus car en vieillissant, il a pitié des bêtes ; il a lâché son travail aux chemins de fer (je le lui avais moi-même conseillé) et désormais, pendant la saison d'été, il balade des touristes sur la mer Blanche à bord de son nouveau bateau. L'hiver, il reste à la maison et se dispute avec sa femme à propos des nanas. Les nanas, c'est du pognon ! Après quelques verres de Żubrówka, je lui ai proposé une expédition à Vaïgatch l'été prochain. Vassili s'est gratté la tête puis il a coulé un regard en biais vers sa femme avant de soupirer que ce n'était pas possible, l'été est court et il doit gagner de l'argent pour l'hiver. Voilà à quoi le tourisme réduit les gens ! Autrefois, quand il réparait ses voies ferrées, Vassia assurait le service au Nouvel An et les jours fériés pour pouvoir naviguer davantage l'été, mais à présent il promène les touristes, ce qui lui a quand même permis de s'acheter une nouvelle voiture.

À Lovozero, nous sommes passés chez le *noïd*[1] Iakov Iakovlev qui habite toujours dans ce bloc de la rue Vokouïeva où je l'avais connu, une rencontre que j'évoque dans *Dans les pas du renne.* Iacha a beaucoup changé. Aussitôt qu'il nous a ouvert, on a remarqué que quelque chose n'allait pas, on aurait dit qu'il ne me reconnaissait pas, il n'arrêtait pas d'écarquiller un œil. Ce n'est qu'à la quatrième bouteille de vin qu'il a fini par nous avouer qu'on lui avait crevé l'autre. Le malheur est arrivé au cours du *kamlané* – la chamanisation –, pendant que son esprit errait dans les régions supérieures et que son corps était insensible. Des touristes ivres qui l'avaient découvert se sont acharnés sur lui. Ils ont d'abord essayé de le réveiller avec un fer à repasser (il nous a montré l'empreinte sur son ventre), puis ils lui ont arraché un œil. Il a réintégré son corps à l'hôpital. Depuis, il ne chamanise plus mais fume du cannabis. Pour que la milice ne sente pas la fumée dans la cage d'escalier, il fait fondre du sucre dans une poêle, l'odeur du caramel tue celle de l'herbe.

1. Chaman sami.

Valerka Teplakov, surnommé Lemming, est le seul qui n'ait pas changé malgré les années qu'il a passées « dans la zone[1] » pour avoir tiré sur le touriste braconnier qui avait abattu Pylessos, son renne préféré. Je ne sais pas s'il l'a tué ou seulement blessé, Lemming est resté vague sur le sujet et je n'ai pas voulu lui poser davantage de questions. À sa base, située au pied du Pounkarouaïv, rien n'a changé non plus, c'est toujours le même *tchoum* et la même vie entre hommes, ça pue le poisson, les chaussettes sales et le tabac bon marché. Une aurore boréale s'est même déroulée dans le ciel nocturne exactement comme la fois où j'étais venu avec Tadeusz[2]. Allongé près du feu dans le *tchoum*, je me suis promis d'amener Martouchka dans les toundras du Lovozero. Nous aurons donc l'occasion de revenir à la base de Valerka dans un prochain livre.

Sur le chemin du retour, nous avons fait un détour vers l'est et sommes allés à Kirovsk en passant par Apatity voir les toundras de Khibiny que je n'avais jamais observées de près. J'avais beaucoup entendu parler de Kirovsk, ce centre de sports d'hiver ultramoderne où tout Piter[3] et tout Mourmansk se retrouvent pendant la saison de ski ! De ses super remonte-pentes, ses pistes et ses tremplins ! De ses hôtels et de ses bars extraordinaires, sans parler des filles et des *bania* avec massages ! Or nous sommes arrivés dans un trou paumé avec des vestiges de l'architecture soviétique des années trente entremêlés d'immeubles khrouchtchéviens. Les ruines de la gare de chemin de fer en plein cœur de la ville, avec un buste de Lénine en bas-relief, m'ont beaucoup impressionné. C'est à cela que devaient ressembler les possessions coloniales sur le Continent Noir après le départ des Blancs, me suis-je dit en les prenant en photo. Une statue du bolchevik Sergueï Kirov, assassiné en 1934 (son assassinat fut le prétexte des Grandes Purges), se dressait en face de l'hôtel. Au resto du coin, deux jeunes putes faisaient une partie de quilles. Je n'ai pas vu les Khibiny, enfouies dans les nuages.

---

1. Dans un camp de détention.
2. Voir *Dans les pas du renne.*
3. Nom familier de Saint-Pétersbourg.

La seule vraie différence entre la grand-route de Mourmansk actuelle et celle de mes anciennes expéditions, ce sont les restoroutes, où l'on peut manger, se reposer en regardant l'émission *Autour du monde* à la télévision et ensuite prendre une douche en payant tout avec une carte bancaire. Cela facilite indiscutablement notre excursion et la rend encore plus insouciante.

Il n'existe pas de miroirs vides.

14 septembre

Dans le premier chapitre du *Zhuangzi*, une minuscule cigale se moque du grand oiseau Péng qui doit s'élever à quatre-vingt-dix mille li pour rejoindre le Sud alors qu'elle se contente de voleter jusqu'à la branche d'un orme et d'y faire une courte halte avant de redescendre à terre. J'ai mis longtemps à comprendre ce que Zhuangzi voulait dire par là. Jusqu'au jour où tout s'est éclairé… Dans un car entre Medvejegorsk et La Grande-Baie.

C'était à la fin de l'automne 2008. Je rentrais du festival d'écrivains vagabonds *Fuorirotta* à Udine, où j'avais raconté l'excursion que j'avais faite au Labrador deux mois plus tôt, et rencontré Maria Silvia Codecasa, dame d'un âge respectable, qui avait voyagé toute sa vie et venait d'achever un nouveau livre sur les traces, cette fois, de l'aubergine – elle avait suivi la piste de la diffusion de ce légume à travers le monde. D'Udine, j'étais allé à Trieste avec Monika Bulaj rencontrer le globe-trotter Paolo Rumiz, visiter le château de Duino où Rilke commença ses *Élégies* et boire un café au *San Marco* en comparant les masques au-dessus du bar à leur description par Magris. Ensuite, j'avais fait un saut à Venise puis traversé les Alpes en train (quel voyage !), pour me rendre à la Foire du livre de Vienne. Là, rencontres avec Martin Pollack et Gerhard Roth ; après la foire, virée en voiture à Krems-sur-Danube avec Helene Belendorfer et son mari pour visiter la cave Ehn, puis envol, légèrement éméché, à destination de Saint-Pétersbourg pour la soupe traditionnelle avec Ivan Limbakh, mon éditeur russe. Et enfin, train de nuit jusqu'à Petrozavodsk ; le matin, changement de train pour Medgora[1], et l'après-midi, traversée de l'Outre-Onega en car jusqu'à La Grande-Baie.

La nuit tombait et il bruinait. La saleté dessinait d'horribles dégoulinades sur les vitres. Une odeur désagréable flottait dans le car, la touffeur du feutre mouillé dominait les infimes effluves d'un parfum d'Yves Rocher à l'avant. Les passagers étaient plongés dans un silence morne. Le jeune à côté de moi sommeillait avec, sur les oreilles, ses écouteurs dans lesquels du rap russe cognait ; les téléphones mobiles de gamins qui jouaient sans prêter attention à ce qui se passait dehors brillaient dans la pénombre ; à l'arrière, deux babouchkas finissaient de grignoter des petits pains qu'elles tiraient d'un sac en plastique ; et la blonde opulente assise de l'autre côté de l'allée croquait des graines dont elle crachait les écorces dans son poing. Mon Dieu ! me disais-je. Dire que ces gens ont vu si peu de choses, que certains ne sont même jamais allés à Moscou, alors à Udine ! Pendant ce dernier voyage, j'ai vu plus de villes et de paysages qu'ils n'en verront jamais de toute leur vie, et pourtant, par rapport à Rumiz ou Codecasa, je n'ai rien vu.

L'autocar freina brusquement. On apercevait sur la gauche la bifurcation d'Ajepnavolok, mais il n'y avait pas d'arrêt. Trois moujiks surgirent de l'obscurité. Le chauffeur descendit. Des passagers l'imitèrent et se dispersèrent sur les bas-côtés, certains pour fumer, d'autres pour aller pisser un peu plus loin. En fait, les moujiks et le conducteur du car s'étaient donné rendez-vous là. Lui avait apporté de la gnôle, eux, du poisson fraîchement pêché qu'ils étalèrent sur une toile de bâche. Il y avait de tout : lottes, sandres, saumons, truites... et j'entrevis même un omble. Les gens s'agglutinèrent autour. Ils échangeaient des blagues et les potins du coin. Même les gamins avaient abandonné un instant leur « portable » pour s'associer à l'agitation générale. Le jeune qui somnolait à côté de moi retira ses écouteurs et se mit à draguer la blonde. Manifestement, personne n'était pressé. J'imaginai un touriste parmi les passagers du car. Sans doute aurait-il râlé en

1. Nom familier de Medvejegorsk.

demandant la raison de cet arrêt, on avait déjà un tel retard, or il était pressé, il devait encore « faire » Kiji.

C'est à ce moment que j'ai compris.

Je pris conscience que cet attroupement était composé de cigales qui se trouvaient heureuses sur leur branche d'orme et qui, si elles ignoraient qu'il existait des vols lointains, n'en étaient pas malheureuses pour autant. À l'inverse, il se peut qu'elles aient été plus heureuses de ne pas en connaître l'existence.

Une question de Zhuangzi m'est revenue plus tard : « Le bleu est-il la couleur naturelle du ciel, ou est-il le simple reflet d'une distance infinie ? Car de là-haut, le Péng aperçoit vers le bas la même couleur que nous apercevons ici de bas en haut. »

Si un touriste semblable à l'oiseau Péng avait voyagé avec nous, de sa hauteur, il n'aurait probablement aperçu que la nuit tombante et la lueur des portables. Même s'il avait connu le russe, ni les comptines d'Outre-Onega que fredonnait le chauffeur, ni les noms des villages abandonnés sur les pancartes rouillées n'auraient évoqué d'image chez lui. Que ce désert, ces terres en friche puissent être des champs et que le parfum qui émanait de la fille assise à l'avant était un parfum d'Yves Rocher ne l'aurait pas effleuré.

20 septembre

Bien des touristes de ce genre passent par chez nous ! Ils foncent de Kiji aux Solovki ou des Solovki à Kiji quand quelqu'un leur dit en cours de route (ou ils l'ont appris par ailleurs) que j'habite au bord de l'Onega. Ils sont donc juste de passage. À peine arrivés, ils me demandent ce qu'il y a d'autre d'intéressant à voir ici, puis ils sortent une carte de leur sac à dos pour repérer l'endroit où ils se trouvent et le moyen le plus simple pour repartir parce qu'ils doivent être à l'heure pour leur train ou leur car (ils ont déjà leur billet).

– Alors, qu'est-ce qu'il y a d'intéressant à voir par ici ? redemandent-ils dès qu'ils ont un peu récupéré de la fatigue du voyage.

– *Silentium,* le silence, leur dis-je.

En général, ils ne l'entendent pas, ils ont l'esprit trop en effervescence ; or pour remarquer le silence, il faut faire le silence en soi, ce qui n'a rien de facile, surtout au pied levé. Ce n'est qu'au bout de plusieurs jours passés chez nous que mon amie suisse Fanny M. a pris conscience que ce silence n'existe pas même dans les Alpes : dans l'Outre-Onega, on n'entend pas les avions qui, chez eux, vrombissent dans les lieux les plus tranquilles. « Peut-être verrez-vous un jour une taxe de *dostoprimetchatelnost'* – d'attrait – frapper le silence de l'Outre-Onega », nous a-t-elle dit.

Pour être franc, je préfèrerais ne jamais voir ce jour car cela signifierait que la demande de silence irait croissant et donc qu'il disparaîtrait brutalement. « Le tourisme facilite l'accès à des lieux qu'il faut visiter tant qu'ils demeurent d'un accès difficile », répétait Gómez Dávila. Par bonheur, il n'est pas facile d'arriver jusque chez nous bien que nous y voyions depuis quelque temps des touristes dits de l'extrême, c'est-à-dire des types en quad équipés jusqu'aux dents. À leurs yeux, la route de la Kolyma est de la gnognote, alors, l'Outre-Onega, vous pensez ! Mais leurs quads ne leur feront pas rattraper l'été indien.

21 septembre

Avec l'âge, je ne planifie l'avenir, y compris l'avenir proche, qu'avec réticence. En revanche, je prête une oreille plus attentive aux murmures de la réalité. Que va-t-elle bien me souffler ? Certaines fois, il faut vraiment que je tende l'oreille pour déchiffrer ses grognements indistincts, mais d'autres fois, elle mugit et tonne comme un orage de juillet et, même si je me bouche les oreilles, elle me dictera clairement ce que je dois faire.

Au printemps, nous avons discuté pour savoir ce que nous ferions avec le bois forestier qui allait nous être attribué : une nouvelle *bania* ou une nouvelle toiture ? En Carélie, les propriétaires de vieilles isbas et ceux qui en construisent des neuves se voient attribuer une fois tous les vingt-cinq ans cent quatre-vingts mètres cubes de bois sur pied. Voilà ! Vous recevez votre *delianka* – votre parcelle de forêt – et les problèmes commencent. Qui va abattre le bois et le charrier jusque chez vous ? Qui le transportera jusqu'à la scierie en camion ? Quelle scierie sera la moins malhonnête ? Combien de planches faudrait-il tailler dans les grumes ? Quelle quantité de bois garder pour les poutres et quelle quantité revendre pour payer toutes ces opérations et la livraison sur place ?

Nous avons acheté le bon d'attribution en mai (douze mille roubles), et le bazar a commencé. Les bûcherons ont abattu les arbres, mais ils n'ont pas assuré le transport en prenant la pluie pour excuse. Quand la pluie a cessé, aucun camion n'était en état de marche. Quand notre bois est enfin arrivé à la scierie, le propriétaire a traîné en avançant tous les prétextes imaginables, jusqu'au jour où il a arrêté de nous répondre au téléphone. Avec tout cela, l'été est arrivé, la pleine canicule, la chaleur était si torride que les mouches tombaient en vol, l'eau de l'Onega était aussi brûlante que de la soupe et il n'y a guère qu'à l'ombre du peuplier qu'on pouvait réfléchir à ce qu'on allait faire de notre bois. Le dilemme – la *bania* ou le toit ? – est passé au second plan.

Jusqu'au jour où la foudre a frappé. Nous avions bien entendu des rumeurs inquiétantes sur le temps qui se détraquait partout. Dans la région, les orages et les ouragans se déchaînaient. Chaque matin on apprenait de nouveaux incendies, mais ils nous évitaient. Par moments, des étincelles jaillissaient dans les airs, le ciel dégagé se couvrait d'éclairs, si nombreux que nous en avions les poils qui se hérissaient tant l'air était chargé d'électricité, et les odeurs de brûlé suite aux incendies nous arrivaient de plus en plus fréquemment mais, semblables à des guêpes tombées dans de la bière, nous avions du mal à nous remuer. Ainsi, l'arrivée impromptue de la tempête au-dessus de Konda Berejnaïa nous laissa, sans que nous ayons eu le temps de réaliser ce qui se passait, sans… toit !

Le matin, rien encore n'annonçait le malheur. Seules les *tchaïki*, les mouettes, devaient l'avoir pressenti, car elles décrivaient des cercles autour de leur nid dans les chevrons du toit en poussant des cris inquiets. Elles nous tapaient sur les nerfs. Le premier signe annonciateur de la tempête fut une grosse vague que l'Onega projeta sans prévenir sur la berge alors que, la minute d'avant, aucun souffle ne ridait le miroir d'eau. En un clin d'œil, tout s'assombrit, tout bouillonna, et les flots se répandirent comme si d'un geste brusque quelqu'un avait soulevé la cuvette du lac pour la déverser sur notre maison. Les éclairs zébraient le ciel et le tonnerre grondait sans arrêt ; des branches, des planches, de la tôle et des lambeaux de toile goudronnée voltigeaient dans tous les sens ; des tas de choses s'abattaient lourdement sur l'isba, les carreaux des fenêtres tremblaient, la charpente du toit gémissait et l'on avait l'impression que la tourmente allait arracher les pignons aux angles. Soudain, il y eut un grand fracas, comme un coup de canon, suivi de craquements et d'un bruit de ruissellement. Qu'est-ce qui pouvait ruisseler ? Et où ?

C'était dans mon bureau. De l'eau dégoulinait sur les murs, mouillait les livres de ma bibliothèque (de grosses gouttes faisaient flic floc sur la photo de Jerzy Giedroyc), des torrents s'abattaient sur le lit à travers le plafond ; sur le sol, des flaques. Devant ce cataclysme, je restai sans voix pendant que Martoucha hurlait. J'étais incapable de décider si la priorité était de sauver mes livres ou de calmer la petite. La seule à ne pas perdre la tête fut Natacha qui s'était précipitée sur une serpillière et des seaux. Dans la panique, nous n'avions pas remarqué qu'entre-temps la tempête était passée : le ciel s'éclaircissait, la pluie avait cessé et le vent s'était apaisé. Mais le plafond gouttait encore et les livres, sur les rayonnages, gonflaient comme des noyés.

Nous sortîmes en courant et là, un spectacle de désolation digne d'un film de science-fiction s'offrit à nos yeux. Le jardin était jonché de branches de peuplier sectionnées et de morceaux de toiture (dans les plates-bandes, les ardoises avaient haché les choux au sens propre) ; partout des monceaux d'ordures et de sacs en plastique qui faisaient penser à la steppe bouriate près d'Oulan-Oude, avec, trônant au milieu de la planche de pommes de terre… la barque de Vassilev que la tourmente avait arrachée à son ancre, transportée au-dessus de la maison et fichée dans le sol. La façade nord de la maison, près de laquelle se trouvait un bouleau fourchu, venait compléter le tableau de désolation : la foudre avait fendu l'arbre en deux et une branche maîtresse était tombée sur le toit. Au-dessus de mon bureau, béait un trou d'où sortaient des poutres brisées.

Voilà comment cet orage de juillet trancha la question de la *bania* ou de la toiture et comment je sentis que je perdais la tête, ma *kricha,* mon toit.

22 septembre

Le mot russe *kricha* a plusieurs significations avec lesquelles on peut jouer à loisir. La première, c'est « toit ». La deuxième, c'est « bon sens ». Si l'on dit de quelqu'un que sa *kricha poekhala,* mot à mot : que son « toit est parti », cela signifie que cette personne a perdu son bon sens, qu'elle « travaille du chapeau ». Troisième signification : en argot, *avoir une kricha,* c'est avoir des appuis, un piston. C'est aussi avoir un soutien. Dans notre cas, c'est Vera Michalski notre *kricha,* qui est à la fois mon éditeur et la marraine de Martouchka. C'est à Vera que nous devons notre toiture neuve. Je citerai quelques passages du journal de cette opération inhabituelle.

26 septembre

La réfection de la toiture a enfin démarré. Après des jours et des jours de pluie et les explications confuses du chef d'équipe Kolia – tantôt il n'avait personne à qui confier la garde de ses taurillons, tantôt il devait butter sa *kartochka,* tantôt l'un ou l'autre s'était enrhumé –, les couvreurs ont fini par venir. Nikolaï et Ivan Stepanov forment avec leur aide Andreï l'équipe venue de Volkostrov.

Ils ont commencé par ébrancher le peuplier, puis ils ont ensuite monté des échafaudages sur les façades sud et nord. Il y a plus de poutres pourries qu'ils ne pensaient. Ils travaillent bien, on voit qu'ils connaissent leur affaire.

27 septembre

Aujourd'hui, c'est la fête de l'Exaltation de la Sainte Croix à la *tchassovnia.* Pour respecter la tradition, nous avons invité le père Nikolaï (Ozoline). Il est arrivé en bateau avec Natalia, la *poslouchnitsa,* la novice, et Guena Ioloupov, qui possède une maison d'hôtes à Oïatevchtchina.

À peine arrivé, le père Nikolaï nous a confirmé le bruit qui court : il a bien été expulsé de son *osobniak* de la Naberejnaïa à Petrozavodsk et va l'être de Kiji. Il s'est plaint des menaces de l'évêque Manouïl qui veut l'envoyer à Looukhi, au-delà du cercle polaire. Du vivant d'Alexis II, le père Nikolaï avait des appuis à Moscou, mais le patriarche Cyrille l'a tout de suite pris de haut. Manouïl a demandé à Ozoline pourquoi il avait quitté Paris pour venir ici « s'occuper du bétail » !

Le père Nikolaï n'est plus qu'une boule de nerfs. L'idée ne lui est même pas venue d'aller prier à la *tchassovnia,* et pourtant c'est un jour de fête ! Il mastiquait maladivement tout ce qu'il trouvait à manger sur la table et nous a confié souffrir de diabète depuis deux ou trois mois. Ses entrailles sont désormais sa seule et unique obsession. Ça fait peine à voir.

Pendant le repas, je comparais l'équipe de Volkostrov et le père Nikolaï. Les ouvriers sont des hommes calmes, concentrés sur leur travail, concrets. Ozoline, le visage défait, s'emportait à propos d'intrigues et de racontars. Les couvreurs parlaient de la pêche, des marées, et lui, des guerres de jalousie au sein de l'épiscopat. Je me demande s'il réapparaîtra dans mes notes.

Martouchka s'est si bien habituée aux moujiks qu'elle grimpe sur les genoux d'Ivan. Le père Nikolaï lui fait peur.

28 septembre

Les premières oies sauvages s'envolent vers le Sud. J'ai d'abord entendu leurs cris mélancoliques haut dans le ciel, puis, en le scrutant, j'ai aperçu deux formations en V. On aimerait partir avec elles pour la Crimée et ne revenir ici qu'au printemps. Vivre au rythme des oiseaux migrateurs : direction le Sud à l'automne, direction le Nord au printemps !

Un jour, Gengis Khan demanda à son conseiller où puiser de la force. Son conseiller lui répondit que la force vient du mouvement perpétuel :

« Nous sommes forts parce que nous menons une vie de nomades. Si nous avons toujours su résister, nous le devons justement au fait que nous nous déplaçons sans cesse à la recherche d'eau et d'herbe, que nous n'avons pas de lieu de résidence permanent, que nous vivons de la chasse. Notre peuple connaît l'art de la guerre. Lorsque nous sommes forts, nous sommes capables de rassembler nos guerriers et les lancer contre l'ennemi, mais lorsque nous perdons notre force, nous savons fuir et nous dissimuler dans les montagnes. Quand nous construirons des châteaux pour y vivre et changerons nos habitudes ancestrales, alors, un beau jour, nous serons vaincus[1]. »

29 septembre

Aujourd'hui, ils ont fini d'installer les échafaudages et ont commencé à retirer les ardoises. Maintenant, on voit la pourriture dessous. Il est même étonnant que notre maison ne se soit pas encore effondrée. Les coûts de réfection vont tripler, je le sens, et nous n'allons pas pouvoir aller en Crimée parce que nous serons... à sec.

30 septembre

Nouvelle journée où les poumons bourdonnent sous l'effet de l'air vif et transparent comme du cristal. La petite gelée blanche de cette nuit a cuit les salades et les soucis. On voit que le Domovoï (le bon esprit de la maison) fait son possible pour que le temps soit favorable à la *kricha*.

1. In : Vassili Golovanov, *Espace et labyrinthes*, trad. du russe par Hélène Châtelain, Verdier, coll. « Slovo », 2012, p. 181-182.

Les couvreurs ont passé la journée à démonter la partie orientée vers la *tchassovnia.* La maison tremblait dans ses fondations, les poutres craquaient, je ressentais comme des élancements dans les os. En même temps, cette réfection, c'est pour la maison comme une cure de jeûne – elle élimine ses impuretés.

1er octobre

Jamais je n'ai guetté le ciel avec une telle attention pour prévoir le temps des jours à venir. Depuis lundi, pas une goutte de pluie, même si depuis hier soir, de gros nuages s'amoncellent et qu'il souffle un fort vent de nord-ouest.

Sur le toit, le travail bat son plein. Ils ont défait deux pignons pourris, la poutre sablière de la charpente du côté de la *tchassovnia,* et ont commencé à poser le quadrillage de pannes et de liteaux qui supporteront les tuiles métalliques. Pourvu que le beau temps se maintienne !

2 octobre

Ce matin, du givre. La nature paraît peinte par la lumière. Le soleil ardent, oblique, filtre à travers les feuillages qui commencent à s'éclaircir en mouchetant d'ombre la route jonchée de feuilles de bouleaux dorées. Tout frémit et chatoie dans mes yeux tandis que je file à vélo vers La Grande-Baie. J'ai l'impression de traverser un tableau de Seurat.

3 octobre

Je lis *Le Règne de la Quantité et les Signes des Temps,* de Guénon, que j'ai découvert grâce à Vassili Golovanov qui cite dans *Éloge des voyages insensés*[1] ses propos sur « l'espace dévoré par le temps ». René Guénon écrit :

1. Vassili Golovanov, *Éloge des voyages insensés ou L'île,* trad. du russe par Hélène Châtelain, Verdier, coll. « Slovo », 2008.

« [...] ceux des modernes qui se considèrent en dehors de toute religion sont à l'extrême opposé des hommes qui, ayant pénétré l'unité principielle de toutes les traditions, ne sont plus liés exclusivement à une forme traditionnelle particulière. » Il illustre cette pensée d'une citation de Mohyiddin ibn Arabi : « Mon cœur est devenu capable de toute forme : il est un pâturage pour les gazelles et un couvent pour les moines chrétiens, et un temple pour les idoles, et la Kaabah du pèlerin, et la table de la Thorah et le livre du Qorân[1]. »

7 octobre

Au terme de quatre semaines de *volokita*, de reports et de contrariétés, la panne faîtière et les arbalétriers viennent enfin d'être livrés pour qu'on puisse changer les autres, tout pourris ! D'abord, il n'y en avait pas à La Grande-Baie ; ensuite, il n'y avait pas de camion de levage pour le transport ; et après, pas de moujiks capables de les charger à la force des bras sur une remorque de tracteur. Mais je ne vais pas raconter toute cette *volokita.* L'important, c'est que les poutres soient là et que, demain, l'équipe puisse remplacer la seconde moitié de la *kricha.*

11 octobre

Première neige de l'année. Pour le moment, il n'est tombé que quelques gros flocons mouillés, mais le ciel est bas. C'est une chance que le vent souffle du sud-ouest (à en juger d'après les aurélies sur l'Onega), les frères Stepanov travaillent côté nord et sont donc protégés. Ils changent les poutres au-dessus de mon bureau, ce qui fait que j'ai la tête vrillée par le grincement des scies... Je me croirais chez le dentiste.

1. René Guénon, *Le Règne de la Quantité et les Signes des Temps,* Gallimard, 1945, rééd. 1989, p. 66-67.

12 octobre

Il a plu toute la journée. L'équipe n'est pas venue. Avant-hier, ils avaient découpé les quatre pignons du haut pour le côté nord. Hier, ils ont posé les faîtières en laissant une grosse fente et l'eau s'est introduite par là. Elle a inondé le vestibule, une chambre du premier étage et, dans la soirée, elle a commencé à suinter le long des murs et à goutter sur le lit. J'ai poussé le lit au milieu de la pièce, mais si ça continue comme ça, il va falloir évacuer les livres, sinon ils seront complètement trempés.

15 octobre

Hier, les Stepanov ont achevé de remplacer les pannes vermoulues sous le toit. Ils avaient l'intention de retirer les ardoises aujourd'hui, mais malheureusement il tombe des averses de grésil depuis ce matin, et du coup, ils ne sont pas venus.

Météo dépressive. Depuis mardi, Petro ne dessoûle pas (il a reçu de l'argent de sa sœur). D'après Tikhonov, il est raide de froid sur son poêle glacé et ne montre pas signe de vie. Voilà ce que signifie « se soûler la gueule à mort ». Notre voisin Piotrovski est ivre mort, lui aussi…

À La Grande-Baie, Vassia le fléau est mort en pleine rue. Il n'a pas réussi à aller jusqu'au magasin s'acheter de quoi boire un coup pour faire passer sa gueule de bois.

Depuis quelque temps, je réfléchis aux avantages qu'il y a à appeler les gens par leur prénom et leur patronyme comme on fait en Russie. Plus tard, si Martouchka se marie, elle changera de nom mais elle restera Mariouchevna[1] jusqu'à la fin de ses jours. Je poursuis ma réflexion en notant la convergence des mots *otchestvo*, patronyme, et *otetchestvo*, pays natal, et j'en déduis que le pays de Martouchka peut être le monde de son père, ce monde que je vais créer pour elle et lui lais-

1. Mariusz [Mariouch] est le prénom de l'auteur. Mariouchevna, fille de Mariusz.

serai en héritage. À quoi bon inventer une éducation ? Il vaut mieux vivre comme il faut, être soi-même et donner l'exemple.

16 octobre

La restauration de notre maison au bord de l'Onega me donne l'impression d'élever une forteresse pour protéger Martouchka, où nous pourrons attendre la fin de la bêtise du monde, comme les anachorètes du IVe siècle qui attendaient dans le désert la chute de l'Empire romain.

17 octobre

J'observais hier Martouchka en train de jouer avec les enfants Zakhartchenko, qui baignent dans le sectarisme depuis le berceau, et je me suis promis de faire tout ce qui est en mon pouvoir pour que le cœur de ma fille soit ouvert aux autres. Comme celui de Mohyiddin ibn Arabi.

18 octobre

La tempête souffle sur l'Onega, il tombe une pluie battante : encore une journée de perdue pour les travaux. Dire qu'hier, on avait l'impression que tout allait marcher sans problème (la dernière poutre dans la façade nord a été remplacée), et que la météo annonçait deux semaines de temps ensoleillé. Comptant sur des jours secs, j'avais même commencé à fendre du bois et voilà que la pluie mouille ma *koutcha* – mon tas. Oh là là ! Je rêve de notre départ pour la Crimée !

20 octobre

Mes craintes se sont révélées fondées. Aujourd'hui, les Stepanov ont ôté les ardoises côté nord et ont donc découvert la partie de la maison où se trouve mon bureau. Or en fin de journée, le vent a tourné, le soleil a disparu et il s'est mis à pleuvoir. Pour l'instant, ce n'est qu'un petit crachin en diagonale, mais qu'est-ce que ça va donner cette nuit ?

Ce soir, Marek Grechuta[1]. J'ai dansé sur quelques-unes de ses chansons avec Martoucha, dont « Tu seras ma dame ». J'ai eu un instant la nostalgie de la Pologne. Non pas de la Pologne de maintenant, en plein délire, mais de l'autre Pologne, la mienne, celle des années soixante et soixante-dix.

> Nous partons pour trouver. Nous trouvons pour rentrer.
>
> VASSILI GOLOVANOV, *La Porte*

21 octobre

Il a pleuviné toute la nuit. Le premier étage est inondé, mais l'eau n'a pas filtré dans les pièces du rez-de-chaussée. Les couvreurs sont venus ce matin malgré la pluie qui n'arrêtait pas. Ils ont eu le temps de clouer les liteaux et les pannes du toit et de poser les premières feuilles de tuiles métalliques. *Molodtsy*[2] ! Le vent s'est calmé et le temps n'est plus à la pluie. Pourvu que ça dure !

Pendant que je faisais la queue à la poste pour retirer un paquet de livres de Gómez Dávila, j'ai vu une jeune assez jolie, des bords de la Grande Baie, déballer devant moi un colis d'Yves Rocher – des parfums et une crème. Yves Rocher et Nicolás Gómez Dávila se sont donc rencontrés sur le comptoir de la poste du *posiolok* de La Grande-Baie.

---

1. Marek Grechuta (1945-2006), chanteur et compositeur polonais très célèbre dans les années soixante-dix.

2. En russe : « Sacrés gaillards ! » Le mot *molodets* exprime l'admiration et les félicitations ; il a le sens de « Bravo ! ».

22 octobre

Des torrents encore toute la nuit, qui ont inondé le premier étage. Comme de l'eau goutte sur les fils et les connexions électriques, on risque un court-circuit. Le vent glacial du nord (comment les ouvriers peuvent-ils résister dehors par un froid pareil ?) qui souffle depuis ce matin a peu à peu chassé les nuages et la pluie a enfin cessé.

Qui a dit : « Meurs avant de mourir ! » ? Djalāl ad-Dīn Rūmī ou Angelus Silesius ? Ou encore Ananda Coomaraswamy ?

23 octobre

J'ai veillé jusqu'à point d'heure à renifler les différents volumes des scolies de Gómez Dávila et les deux recueils d'essais sur lui pour m'en faire une idée. La préface de Krzysztof Urbanek aux *Nouvelles Scolies* et plusieurs articles ont retenu mon attention. *Entre le scepticisme et la foi*, de Franco Volpi et Łukasz Dominiak, et *La Purification de l'intelligentsia*, de Sebastian Stodolak et Till Kinzel, m'ont particulièrement ému. Je commence à apprécier les scolies en elles-mêmes. Certaines sont déjà enfoncées en moi comme des échardes et suppurent sous ma peau, comme celle-ci : « La médiocrité est agitée et voyage. »

Je suis resté stupéfait devant certaines *Notas* de Dávila citées par Volpi : « Une courte note n'abuse pas de la patience du lecteur et permet en même temps que ce que nous avons l'intention d'écrire soit achevé avant que la conscience de sa médiocrité nous empêche de poursuivre. » Plus loin, c'est Volpi lui-même qui écrit : « Un Scholium est un certain style : c'est le seul qui convienne à celui qui sait que la littérature se meurt – non pas que plus personne n'écrive, mais au contraire, parce que tout le monde le fait. » Et encore ce passage : « Écrire est un acte totalement opposé à ce que font la plupart des gens qui écrivent. »

Ce qui m'a stupéfié, c'est que ces quelques citations correspondent au fond des réflexions qui sont les miennes depuis un bon moment.

24 octobre

Dans *Zeszyty Literackie* [*Les Cahiers littéraires*], Agnieszka Kosińska, la secrétaire de Czesław Miłosz, évoque les derniers mois du poète : « Il s'agissait véritablement d'un *ars bene moriendi*, l'art de bien mourir. C'était la clôture, très calme, pleine d'assurance, de ses affaires terrestres dans la dignité ; son esprit se détachait de tout le reste, sa volonté se détachait de son esprit. Rien ne se faisait dans le chaos, dans la nervosité ou dans la névrose, absolument rien. Le processus s'est amorcé au début de 2004. Nous savions tous qu'il se mourait, qu'il voulait mourir et que tel était son choix. Il m'a dit qu'il en avait fini de dicter. Qu'il en avait fini avec tout son travail littéraire, son courrier, ses histoires avec les éditeurs, qu'il me confiait tout cela. Qu'on le laisse tranquille ! »

27 octobre

Nous avons dû abattre le bouleau responsable de toute la catastrophe. Il aurait risqué de basculer sur la toiture neuve dès le premier orage. Nous en avons bu le jus, je suis resté en face de lui dans la posture de l'arbre. Il nous a protégés de la foudre et du feu, qu'il ait fallu l'abattre nous cause du chagrin ! Je pense que le poète Kazimierz Brakoniecki[1], d'Olsztyn, nous comprendrait. Dommage qu'il ne soit pas là ! Nous aurions organisé une prière pour le défunt bouleau.

Extrait d'un mail à Vlad[2]

Quand je te disais avoir été frappé par le rapport de Nicolás Gómez Dávila à la démocratie, je ne voulais pas dire qu'il m'a dessillé les yeux – je partage cette opinion depuis

1. Kazimierz Brakoniecki (né en 1952), poète, essayiste et critique littéraire polonais.

2. Vlad Dvoretski, dont il sera question plus loin.

longtemps –, mais que j'ai trouvé en lui un complice. Dans la pensée politiquement correcte d'aujourd'hui, la démocratie est une « vache sacrée », tu le reconnaîtras, or déjà au début des années quatre-vingt-dix, dans une interview à une radio de Saint-Pétersbourg, j'ai déclaré que contrairement au marquis de Custine, arrivé en Russie partisan de la monarchie et reparti démocrate convaincu, j'y étais arrivé militant de l'opposition démocratique et que j'en repartirai partisan du pouvoir autoritaire et du travail forcé. Cette interview m'a ouvert sans que je le veuille les écluses du Belomorkanal, car Amigoud (le directeur du BBK[1]) l'avait tellement appréciée que lorsque je suis allé six mois plus tard solliciter son autorisation de descendre le canal, il me l'a accordée sur-le-champ et a même demandé à sa secrétaire de nous apporter du cognac arménien avec du caviar et du citron.

31 octobre

Fini les travaux ! Hourra ! La *kricha* est flambant neuve, l'eau ne coule plus le long des murs et nous sommes en droit d'espérer que la maison va tenir encore un peu. D'autant plus que l'année prochaine, nous tâcherons de faire remplacer les poutres vermoulues dans les murs, *l'obchivka* – l'habillage –, et le reste. J'escompte que la maison au bord de l'Onega verra mes petits-enfants quand bien même je ne les verrai pas. Maintenant, il est temps de penser à notre hiver en Crimée.

2 novembre

Le Jour des Défunts... J'allume un cierge à la mémoire de Maciek Płażyński et d'Aram Rybicki[2].

1. Belomorsko-Baltiïski Kanal, le canal de la mer Blanche à la mer Baltique.

2. Maciej Płażyński (1958-2010), Arkadiusz Rybicki (1953-2010), hommes politiques polonais décédés l'un et l'autre lors du crash de l'avion prési-

14 novembre

Nous avons accueilli ces trois derniers jours une journaliste française, Anne Nivat, la fille du grand russisant Georges Nivat. Anne, qui est en train d'écrire un livre sur les vingt ans de la nouvelle Russie, m'avait envoyé un mail en juin pour me demander si elle pourrait venir à Konda pour un entretien avec moi. Que je le veuille ou non, j'avais passé toute cette période en Russie et, du reste, je n'avais pas seulement vu la chute de Gorbatchev, le putsch de Moscou et la guerre en Abkhazie, j'avais aussi un peu vadrouillé à travers le pays et vécu dans la *gloubinka*, la Russie profonde.

En général, je fuis les journalistes, mais cette fois j'ai accepté tout de suite, d'abord à cause de son père, que j'apprécie depuis l'époque de *Kultura*, et aussi parce que Anne elle-même connaît plutôt bien la Russie et que je pouvais escompter qu'elle ne me poserait pas de questions idiotes. Et puis, c'est une Française qui parle très bien le russe et j'aime bien discuter de la Russie en russe avec les *nastaïachtchié Evropeïtsy*, les vrais Européens. La seule chose qui me chiffonnait un peu, c'était de savoir qu'elle est une correspondante de guerre renommée (Tchétchénie, Irak, Afghanistan), car j'ai une opinion arrêtée sur les femmes qui écrivent sur la guerre (je me suis exprimé là-dessus dans *La Maison au bord de l'Oniégo*). Je me suis dit toutefois qu'à Konda Berejnaïa, nous ne menions aucune guerre et que l'interview se passerait probablement sans exécution.

Anne nous a apporté de la fourme d'Ambert d'Auvergne et un Château Maucaillou 1995, de la cave de son mari. Je suis tombé immédiatement sous son charme ! Brune, mince et souple (elle fait du yoga, du jogging et a pratiqué le trapèze), à peine a-t-elle eu franchi le pas de la porte que c'était comme si une nouvelle source de lumière s'était ajoutée dans la pièce. Dès qu'on s'est dit bonjour, elle m'a déclaré être un peu mal à l'aise, parce qu'elle avait lu tous mes livres et venait du coup chez nous comme chez des amis, alors que

---

dentiel polonais le 10 avril 2010 à Smolensk. Ils avaient été actifs dans Solidarność, comme l'auteur.

nous ne savions rien d'elle. Aussi, le premier soir, nous a-t-elle raconté sa vie. Nous avons veillé tard.

Anne a grandi dans le culte de la culture russe. Soljenitsyne et Boulat Okoudjava étaient des familiers de la maison. La première fois qu'elle est allée à Moscou, c'était en 1990, elle avait vingt et un ans. À l'époque, elle ne parlait pas très bien le russe et elle a fait le voyage en train pour mieux sentir la distance depuis Paris. C'est peut-être la raison de cette impression de *déjà-vu* qu'elle a éprouvée à la lecture du récit de mon arrivée en Russie, dans *Portage*. Après, elle est revenue plusieurs fois à Moscou dans le cadre de sa thèse sur le rôle des médias russes au tournant de l'époque Gorbatchev et de l'époque Eltsine, qu'elle a soutenue en 1994, à l'Institut d'études politiques de Paris. Elle a poursuivi ses recherches sur la Russie au Davis Center for Russian and Eurasian Studies, à Harvard, et passé pas mal de temps à Cape Cod, dans la maison d'été de Helene Levin, la veuve du professeur Henry Levin, le spécialiste de Joyce.

– J'ai retrouvé la même impression de *déjà-vu* lorsque j'ai lu que c'est à Cape Cod que tu avais pris la décision d'aller vivre en Russie, m'a-t-elle dit dans un éclat de rire. C'est un endroit magique ! C'est aussi là-bas que je me suis dit que je voulais aller m'installer en Russie. Ça doit être le cap qui nous en a indiqué la direction, comme un doigt tendu depuis l'Amérique du Nord vers l'est.

Arrivée en Russie en août 1998 (à la fin de l'époque Eltsine), elle est allée dans le Caucase en septembre 1999. Quelques jours après, l'armée fédérale lançait son opération antiterroriste, et elle a été prise au piège dans la Tchétchénie assiégée. Déguisée en Tchétchène (elle réutilisera ce subterfuge en Irak et en Afghanistan, où son physique lui permettait de se camoufler parmi les autochtones), elle y a passé neuf mois comme unique correspondant européen du côté tchétchène. Elle envoyait chaque jour une dépêche au journal *Libération*. En 2000, elle a publié un livre, *Chienne de guerre*[1], dans lequel elle raconte la vie des gens ordinaires pendant le conflit.

1. Anne Nivat, *Chienne de guerre : une femme reporter en Tchétchénie*, Fayard, 2000.

– Des gens ordinaires, c'est-à-dire des gens qui n'étaient pas des combattants, des gens comme toi et moi. Car nous préférons faire l'amour plutôt que de tuer, nous aimons le vin, pas le sang, et nous voudrions voir nos enfants devenir des êtres pondérés et non pas des rapaces qui vivent au jour le jour.

Ensuite, sa vie s'est accélérée, avec de nouvelles guerres et de nouveaux livres, le dernier sur Bagdad. Entre-temps, elle a acheté une maison dans le village de Petrouchino, elle s'est mariée. Elle a un fils. Elle le confie à une nounou pendant qu'elle est en Afghanistan, en Irak ou chez nous, à Konda, mais il lui manque.

Elle a fini par aller se coucher, et j'ai passé la moitié de la nuit à lire *Svolotchnaïa Voïna* [Une guerre bâtarde[1]] dans la revue *Znamia* [*L'Étendard*], et au fil de ma lecture, une évidence s'est imposée : je ne veux plus être qu'un père, je ne veux pas être un écrivain ni un correspondant de presse ou que sais-je encore.

15 novembre

Le lendemain, il a plu. Avec une telle violence qu'on n'avait aucune envie de mettre le nez dehors. Aussi nous sommes-nous mis au travail sitôt le petit-déjeuner avalé. Premières questions bateau – pourquoi la Russie ? Quelques mots sur la Pologne –, puis la conversation a réellement démarré quand nous avons parlé de la guerre en Abkhazie, parce que c'est là-bas que j'ai compris que voyager en tant que correspondant de presse ne m'amusait pas.

– J'étais en train de boire du champagne avec une bande de combattants géorgiens sur la plage de Soukhoumi, quand un couple d'amoureux, main dans la main, est arrivé à notre rencontre ; ils devaient séjourner dans une maison de repos russe, la guerre ne les concernait pas. Sous mes yeux, les combattants ont violé la femme, ensuite ils ont scalpé l'homme puis ils ont fourré son scalp dans le vagin de sa compagne.

1. Anne Nivat, *La guerre qui n'aura pas eu lieu*, Fayard, 2004.

– Quelle horreur !

– Je ne me suis jamais senti aussi lâche. Au lieu de me battre pour les empêcher de le faire, de me conduire en homme et protéger la femme, comme un être humain face à l'inhumanité, je me suis comporté en correspondant de guerre. Qui, de plus, était leur invité. Sur cette plage de Soukhoumi, j'ai compris qu'à la guerre, on fait la guerre ; on ne la regarde pas, on ne la raconte pas à des gens confortablement installés dans leur canapé pour en lire le récit. Ensuite, aux Solovki, j'ai senti que je devais faire une halte, et maintenant, je sais que soit on vit dans le monde où l'on est, soit on se laisse glisser dessus.

Voyeur et *voyageur*. Ces deux mots de la langue française, à la consonance proche, rendent bien ce que je disais à Anne. Car tous deux participent d'un même comportement de voyeurisme (aujourd'hui dominant) vis-à-vis d'un monde auquel on ne participe pas.

– De nos jours, il est plus facile de parler dans un téléphone que de rencontrer les gens en face à face. À l'heure actuelle, il est plus simple de détruire une ville avec un missile que de tuer un homme de ses mains en le regardant dans les yeux. Je recommande donc aux correspondants de guerre de commencer par tuer au moins un homme avant de se mettre à raconter les guerres. Varlam Chalamov disait : « Vis à la Kolyma et tu verras si tu veux écrire là-dessus. » Aujourd'hui, la Kolyma est envahie de journalistes qui sont payés par leur journal pour parcourir chaque verste de la fameuse route de la Kolyma et écrire trois mots dessus. Certes, ainsi ils voyagent.

– Pourquoi est-ce précisément sur les îles Solovki que tu as senti la nécessité de faire un arrêt ?

– Parce que c'est là que j'ai rencontré le père Guerman. Il m'a d'abord écouté lui raconter ma vie (une forme de confession), puis il m'a demandé s'il n'était pas dommage de gaspiller son temps à des voyages incessants alors qu'il est possible de parcourir le monde sans quitter sa cellule. « Arrête-toi ! m'a-t-il dit. Et tu verras comme tu iras loin. » J'ai beaucoup médité ce kōan du vieillard des Solovki. Pendant une durée presque aussi longue que ma vie depuis l'explosion de Solidarność jusqu'à la destruction du mur de Berlin, plus un séjour aux États-Unis et un bout de Russie. Pendant ces dix années, j'avais foncé droit devant moi porté par les événements et par la curiosité, mais je n'avais abouti à rien. Les dix suivantes m'ont apporté la rencontre avec Giedroyc, les articles que j'écrivais pour *Kultura*, puis *Le Journal d'un loup*. En d'autres termes, la halte à laquelle le père Guerman m'avait poussé m'a permis de trouver mon rythme... Et une fois ce rythme trouvé, j'ai senti que je pouvais reprendre ma route.

– Laquelle t'a amené à Konda Berejnaïa.

– Où tu m'as trouvé. J'imagine que dans la Kolyma ou au Tibet, dans le bassin de l'Amazonie ou celui de la Léna, tu ne m'aurais même pas cherché. Pourquoi l'aurais-tu fait ? On peut les voir à la télévision !

Natacha nous a interrompus : il était l'heure de déjeuner, Martouchka avait faim et elle avait l'habitude de manger avec son *pa*. Au menu, du corégone à l'étouffée accompagné de *kartochka* à la carélienne, du pain fait maison, des lactaires au sel – cueillis en octobre avec Martoucha – et une tarte aux myrtilles. Quoi de meilleur qu'un corégone pêché le matin même ? La petite se bourre de poisson. Ses oreilles frétillent comme les drapeaux à prière de l'Ivolginski Datsan et les yeux de son papa rient de voir sa fille apprécier les bonnes choses.

Nous avons repris après le déjeuner. Nous avons parlé des maisons qui peuvent être une route, et de la route qui peut être une maison. Car lorsque tu comprends que ta maison, c'est ta famille, alors tu réfléchis. Si tu as une famille. Mais si tu n'en as pas, tu ne réfléchis pas. Tu comprends ? Chut...

16 novembre

– Qu'est-ce que c'est pour toi, une famille ?

– Une famille, ce sont des enfants... Des enfants de nous ! Pas des enfants issus d'une éprouvette ou d'un spermatozoïde inséminé dans un ovaire. Des enfants bien à nous, nés de l'amour. « L'esprit dépend de l'heureuse rencontre d'une éjaculation et d'un spasme », disait Gómez Dávila. « Heureuse » dans le sens de « chanceuse ». Tu as de la chance, tu as un enfant, tu n'en as pas, pleure et ne te leurre pas avec la méthode *in vitro* ! Un enfant est une récompense du Seigneur. Le fœtus ne t'appartient pas !

Ainsi devisions-nous sur le trajet de l'hôpital de La Grande-Baie. Anne avait la gorge rouge et du mal à parler, or nous avions encore deux journées de travail devant nous, un travail qui consistait à parler, justement.

Les gens de La Grande-Baie ont fait la conquête de Nivat. À l'hôpital, la vieille doctoresse s'est occupée d'elle comme une mère en lui reprochant gentiment d'être sortie sans bonnet. La pharmacienne, pour être sûre que la Française ne se trompe pas, lui a noté bien lisiblement sur chaque boîte le nombre de comprimés à prendre et à quelle fréquence. Même les babouchkas qu'on a croisées dans la rue s'arrêtaient, curieuses de savoir qui m'accompagnait.

– À l'Ouest, cette gentillesse a disparu. Là-bas, tout le monde est pressé, plongé dans ses pensées. Ici, on trouve encore l'ouverture à l'autre, la générosité, le désir de venir en aide, les gens ont encore un visage humain.

– C'est pour cela que j'appelle l'Outre-Onega l'Outre-Miroir, le monde de l'autre côté du miroir. En effet, les gens d'ici restent eux-mêmes, ils ne s'observent pas dans un miroir pour contrôler en permanence la manière dont les autres les perçoivent. Aux États-Unis, j'avais des amis qui buvaient tout seuls dans leur coin pour que personne ne les voie en état d'ébriété. En revanche, dans l'Outre-Miroir, on boit *droug s drougim* – en compagnie –, et une fois dégrisé, on n'a pas honte d'avoir trop bu.

– Oui. Et les touristes ? Ils ne vous dérangent pas trop ?

– Les touristes dérangent tout le monde partout, parce qu'ils apportent avec eux « les lois du miroir » et dépravent les autochtones... J'ai vu cela aux Solovki et au Labrador. Heureusement, la plaie du tourisme n'est pas arrivée jusqu'ici, mais ça ne saurait tarder et les habitants de l'Outre-Onega, je le crains, deviendront retors, suspicieux et avides de richesses. Nous devrons partir nous installer ailleurs. La Russie est immense et j'escompte toujours parvenir aussi longtemps que je vivrai, à trouver un coin où me réfugier pour échapper à ce fléau. Ce sera moins bien pour l'avenir de Martoucha, car les gens pullulent et circulent de plus en plus, il n'est donc pas exclu qu'avant d'avoir terminé son adolescence, elle ait déjà du mal à trouver sa place peut-être même en Sibérie. Une place où elle pourra demeurer elle-même sans avoir à se regarder dans une glace.

– Et l'école ? En vivant dans des coins perdus, tu ne lui donnes pas les moyens de faire de bonnes études.

– Anne, à quoi servent les études si les gens sont bêtes ? Partout autour de moi, je ne vois plus que des êtres unicellulaires qui ne font qu'un avec leur téléphone portable. Et alors ? Ils en savent plus que nous ? Ce qui distingue notre génération de la jeunesse d'aujourd'hui, dit Jerzy Bahr – il est venu nous voir cet été –, c'est que nous, nous avions encore un tant soit peu de connaissances alors que les jeunes ne savent plus que chercher sur Internet. Vera Michalski, la marraine de Martoucha, m'a assuré que pour une fille, les choses sérieuses commencent à partir de quatorze, quinze ans, et que jusque-là, je peux l'instruire moi-même. Ce qui ne veut pas dire que je souhaite l'isoler des autres enfants. Qu'elle aille à l'école de La Grande-Baie si elle en a envie, ou dans une école tatare si ma route nous conduit dans les steppes de Crimée. Note bien qu'il ne s'agit pas là d'éducation, mais juste de contacts avec des enfants de son âge... Cela dit, plus ils seront pauvres, mieux ce sera pour elle. Je préfère la voir faire la course à cheval avec des petits Tatars que frimer avec des gadgets électroniques au milieu de Varsoviens. D'ailleurs, on a encore le temps d'y penser.

– Pour qui écris-tu ? Pour elle ?

– Et pour qui laisse-t-on des traces dans la mousse ou sur le sable ? Uniquement pour le pisteur, me semble-t-il. Je suis sûr que Martoucha me dépistera un jour.

Je voudrais que Martouchka soit comme un oiseau. Qu'elle puisse à tout moment s'envoler ! Sur mes ailes. Sur ces ailes qui me poussent pour elle.

17 novembre

– Oh ! Les dernières oies s'envolent vers le Sud. Pour nous aussi, le moment est venu de partir. Tu vois le nid sur notre toiture neuve ? Elles auront où revenir l'été prochain.

Nous étions avec Anne dans le clocher de la *tchassovnia.* À nos pieds, Konda Berejnaïa ; au-dessus de nos têtes, une formation d'oies sauvages qui cacardait.

– À ton avis, les oies sauvages sont des voyageuses ou des autochtones ? Si ce sont des autochtones, alors où est leur patrie ? Dans le Nord ou dans le Sud ? En Nouvelle-Zemble ou en Crimée ?

– Leur patrie, ce sont les airs, le ciel. Elles reviennent dans le Nord s'aimer, couver leurs œufs dans le silence puis apprendre à voler à leurs petits et ensuite repartent dans le Sud passer l'hiver au chaud.

– Pourquoi as-tu fait baptiser Marta selon le rite orthodoxe ?

– Les choses sont un peu plus compliquées, Anne. Martoucha a été baptisée par un pope orthodoxe, le père Nikolaï, de Kiji, mais sa marraine, Vera Michalski, est protestante. Pour le baptême, elle a dû dire le Credo de Nicée en français, c'était une exigence du père Nikolaï. Tu imagines la résonance qu'avait ce Credo dans la *tchassovnia* vide : « Je crois en un seul Dieu, le Père tout-puissant, créateur du ciel et de la terre, de l'univers visible et invisible » ? Quant à son parrain, c'est Ioura Naoumov, un ami explorateur polaire qui vénère le Dieu orthodoxe autant que le Bacchus romain. Pour ma part, j'avais adressé des prières à la Tara verte encore avant sa naissance.

– La Tara verte ?

– À l'Ivolginski Datsan. Sur les thangkas, la déesse Tara est représentée assise sur un lotus avec la jambe droite déployée, prompte à bondir au secours des mères en train d'enfanter. J'étais en Bouriatie en mai, pendant la grossesse de Natacha, et là-bas, j'avais donné quelques roubles à des lamas bouriates en échange de prières pour que l'accouchement se passe bien. Ils m'avaient offert le chapelet en bois de santal sur lequel Martoucha se fait maintenant les dents. Comme tu le vois, je n'attache pas d'importance à une religion en particulier. Dieu, notre Seigneur, est le même partout, quels que soient la langue et le rite dans lequel on L'honore.

Ce ne sont là que quelques-uns de nos sujets de conversation, ceux que j'ai trouvés les plus intéressants à noter. Anne, partie tôt le lendemain matin, m'a envoyé un mail de Saint-Pétersbourg – en russe : « Mar, Encore merci. J'ai l'impression d'être partie ce matin différente de celle que j'étais à mon arrivée. C'est une sensation très agréable. Dans le train, j'ai relu *Dans les pas du renne*, un récit à lire absolument, tout simplement magique. Bonne nuit. Anne. »

29 novembre

Vivre au rythme des oies sauvages, c'est s'élever suffisamment haut pour du Nord voir le Sud, et du Sud voir le Nord.
Demain, nous partons pour la Crimée.

ÉPILOGUE

> Nous nous rencontrons sur les routes des oies sauvages…
>
> KENNETH WHITE

En chemin pour la Crimée, nous avons fait un crochet par Moscou, où je devais rencontrer Vassili Golovanov, l'auteur d'*Éloge des voyages insensés ou L'île.* C'est grâce à Kenneth White que je l'ai découvert. Les histoires et les intrigues tissent dans la vie d'étranges dessins. Voici comment les choses se sont passées.

J'avais recommandé White à Vlad Dvoretski. Il trouva sur Internet *Les Cygnes sauvages* traduits en russe par Golovanov et m'envoya le livre. Je me rappelai alors que Fanny, de Noir sur Blanc, m'avait demandé si je connaissais cet écrivain russe, qui lui avait fait une forte impression lors d'une conférence qu'il avait donnée au festival de Saint-Malo. Je demandai donc à Vlad de me trouver des livres de lui. Outre *Éloge des voyages insensés,* Vlad m'expédia *Soprotivlené ne bespolezno* [*La résistance n'est pas inutile*[1]], dans lequel Vassili Golovanov raconte sa rencontre avec White en France, au festival Étonnants Voyageurs. C'était en 2008. Je retournai à Saint-Malo l'année

1. Non traduit en français.

suivante pour raconter mon expédition au Labrador sur les traces de *La Route bleue.* Michel Le Bris avait organisé une rencontre sous le titre « Les poètes » à la terrasse du café *Chateaubriand.* Kenneth expliqua au public que nous étions lui et moi des géopoètes, des bardes de la Terre.

Or il se trouve que la géopoétique de Kenneth White avait intrigué Golovanov lorsqu'il avait croisé ce terme pour la première fois dans le texte de Ken intitulé « Une vision d'Asie[1] » (dans un album qu'il avait admiré chez le photographe Vladimir Bogdanov) et il avait eu l'idée du club de Géopoétique de Crimée. Ainsi ces chaînes de personnes qui échangent livres et idées évoquent-elles des formations d'oies sauvages dans le ciel.

Nota bene, c'est à Goose Bay que White a rêvé sa compagnie d'oies sauvages humaines : « Tout en déambulant, j'imagine un groupe d'hommes et de femmes venus de toutes les parties du monde, formant un archipel d'esprits ouverts. Non pas tant artistes qu'explorateurs de l'être et du néant. Erratiques et extravagants, à la recherche de nouvelles configurations, à l'écart du champ de la culture ordinaire. Nouvelles énergies mentales. De l'air frais qui soufflerait sur le monde ! D'accord, tout ça, c'est de l'utopie. Je sais que la cité des rêves morts en a encore pour longtemps[2]. » Le rêve que White fit à Goose Bay s'est réalisé plus vite qu'il ne le pensait. Il n'avait pas prévu que ses idées essaimeraient en Russie.

J'avais lu *Éloge des voyages insensés* de Golovanov d'une traite, non sans un sentiment de jalousie. C'est un livre sur le Grand Nord et, plus concrètement, sur l'île de Kolgouïev, dans la mer de Barents. Bah ! C'est même le meilleur livre sur le Nord que j'aie jamais lu… Ma lecture me donnait par endroits une impression de *déjà-vu,* car j'aurais pu être l'auteur de certains passages. Nous avions bien des routes communes, de la guerre en Abkhazie, après laquelle Vassili décida

1. In : Louis Marin, *Frontières d'Asie.* Avant-propos de Jean-François Jarrige, présentation de Jérôme Ghesquière, texte de Kenneth White, Imprimerie nationale, 1993.

2. Kenneth White, *La Route bleue, op. cit.,* p. 186.

de partir pour le Grand Nord, aux Sejðr des toundras du Lovozero et à sa fascination pour l'œuvre d'Alexandre Borissov[1], en passant par les Solovki, où il connut son premier enchantement pour les paysages du Nord.

Et de surcroît, il y avait White, la géopoétique, Saint-Malo. Que nous ayons tant de points communs était presque incroyable ! Donc, j'avais demandé à Limbakh, mon éditeur russe, de trouver Golovanov et de m'organiser un rendez-vous avec lui lors de mon passage à Moscou sur la route de la Crimée.

Et la rencontre a eu lieu ! Vassili ne savait pas trop qui était la personne avec laquelle il avait rendez-vous. Cependant, il a suffi que, dès les présentations, je lui lance le nom de White pour qu'il sache qui j'étais. Il m'a noté des adresses en Crimée de gens qui s'intéressent à la géopoétique (il a même passé un coup de fil en ma présence pour avertir quelqu'un de la visite d'un type *iz Polchi* – de Pologne – qui connaissait White), et m'a confié également que lui aussi caressait depuis longtemps le projet d'aller expérimenter les espaces de la mer Caspienne, car comme une lentille, elle focalise les rayons de plusieurs cultures ainsi que les trajectoires migratoires des oiseaux reliant le Nord et le Sud. Au moment de nous quitter, il m'a offert son recueil de récits *Espace et labyrinthes*[2]. J'ai appris dans l'un d'eux, « *Nouvelle Philosophie de la taïga* », que Vassili est un ami proche de Mikhaïl Tarkovski et a séjourné chez lui au bord de l'Enisseï. Pour la compagnie des hommes-oies sauvages, le monde est réellement petit.

Radek Nowakowski, qui a traduit *Les Cygnes sauvages* en polonais, m'en a envoyé il y a deux ans un exemplaire, un petit livre fait à la main qu'il a édité à son compte. La couverture, en carton à la cuve et de la couleur du sable marin, porte l'empreinte d'une feuille d'arbre telle une trace dans

---

1. Alexandre Alexeïevitch Borissov (1866-1934), peintre paysagiste russe connu pour ses paysages de l'Arctique.

2. Vassili Golovanov, *Espace et labyrinthes*, trad. du russe par Hélène Châtelain, Verdier, coll. « Slovo », 2012. Le texte mentionné par l'auteur ne figure pas dans l'ouvrage en français.

le sable. À l'intérieur, un haïku calligraphié à l'encre ! Radek disait n'avoir fabriqué que quelques exemplaires et chercher encore un éditeur intéressé par une publication à grand tirage… Hélas, sans résultat.

White vagabonda à travers le Japon en 1985. Ce fut, comme il le dit, « un pèlerinage géopoétique de plus […] et un voyage haïku dans le sillage de Bashō, un récit rêveur de routes et d'îles, un plongeon elliptique dans le Vide[1]. » Il entama son pèlerinage à Tokyo, mais son but était l'île d'Hokkaïdo où hivernent les cygnes sauvages venus de Sibérie. *Les Cygnes sauvages* sont des notes de cette *tropa,* « un petit livre nippon extravagant, plein d'images et de pensées zigzagantes, écrit dans le "style blanc volant"[2] ».

Matsuo Bashō laissa quelques journaux de voyage incrustés de haïku. Kenneth White estime, et je partage son opinion, que *Oku no hosomichi*[3] est le plus complet. Ken précise toutefois qu'il s'agit d'une « route étroite vers le Nord profond ». Du reste, le Nord profond avait plusieurs connotations dans la culture japonaise et évoquait aussi bien le quartier des plaisirs, situé au-delà des limites septentrionales de Kyoto, que le théâtre kabuki, jugé « trop débridé » et également exilé vers le nord. En d'autres termes, le nord, au Japon, était associé à tout ce qui était « libertin, licencieux ». « Quand un certain artiste sentit qu'il était si "loin", si "haut" (à l'instar d'une étoile du nord), […] il [éprouva] le besoin de changer de nom[4]. »

Bashō partit pour le Nord en 1689, soit cinq ans avant sa mort. D'après Ken, il voulait suivre les exemples de Saigyō et de Soji, qui avaient parcouru le Japon (j'ai parlé de Saigyō dans *La Maison au bord de l'Oniégo*), ainsi que l'exemple d'Ennin, qui avait vagabondé dans la Chine des Tang. Le but de ces voyages n'était pas « de couvrir des kilomètres, mais d'ouvrir un espace pour l'esprit. […] Le voyage […] était tenu

1. Kenneth White, *Les Cygnes sauvages,* trad. de l'anglais par Marie-Claude White, Grasset, 1990, p. 9.

2. *Ibid.*

3. Matsuo Bashō, *Le Chemin étroit vers les contrées du Nord,* trad. de Nicolas Bouvier, Éditions Héros-Limite, 2006.

4. Kenneth White, *Les Cygnes sauvages, op. cit.,* p. 59.

pour un exercice de contemplation digne de respect, complément de la "méditation assise" (*zazen*)[1] ».

Le zen n'est donc pas loin, même si Bashō n'était pas un moine zen. Kenneth soupçonne chez lui « une angoisse fondamentale qu'aucune religion à elle toute seule, même une religion éclairée, ne pouvait soulager[2] ». Le voyage méditatif (*tabi*) est un voyage sans but, c'est vivre avec le sens de la beauté éphémère, et le reflet dans son cœur du mouvement du ciel… C'est la variante japonaise de l'excursion insouciante de Zhuangzi. Dans *Les Cygnes sauvages,* son « livre de la voie et du vent, plus qu'un récit de voyage, plus qu'un simple recueil de haïku, *quelque chose d'autre*[3] », Ken refait la route de Bashō dans *Oku no hosomichi.* Et il profite de l'occasion pour, à l'*Hôtel de la Mer du Nord,* esquisser d'une plume légère la philosophie du cygne.

Ken aborde ses réflexions en rappelant qu'« au XVIIIe siècle, la dernière fois que des questions profondes furent débattues *en public,* les cygnes étaient au centre des débats concernant le sauvage et le domestique, le civilisé et le primitif, le barbare et le cultivé[4] ». Dans la superbe édition du XVIIIe siècle de l'*Histoire naturelle des oiseaux* de Buffon, qu'il avait consultée à la bibliothèque de la Sorbonne, « la seule et unique illustration [de cygne] se trouve être une gravure représentant un cygne apprivoisé (il a peut-être même les ailes coupées), flottant sur un bassin […] dans le jardin du Roi ». Il cite Buffon : « Si la plupart des esprits occidentaux ne peuvent imaginer les cygnes que flottant, c'est parce qu'ils ont oublié ce qu'est un cygne sauvage. […] Tandis qu'Hésiode, lui, savait, qui appelle le cygne *altivolans,* oiseau de haut vol[5]. » Homère, pour sa part, le rangeait à côté des oies et des grues parmi les plus grands voyageurs du monde.

Le XVIIIe siècle, d'après White, marqua la fin de la philosophie naturelle, « discipline dans laquelle la poésie, les

1. *Ibid.*, p. 57.
2. *Ibid.*, p. 58.
3. *Ibid.*
4. *Ibid.*, p. 154.
5. *Ibid.*, p. 155-156.

sciences et la philosophie sont réunies, et où l'attention se porte sur un questionnement *total*, ainsi que sur la recherche d'une appréhension, d'une compréhension globales du monde[1] ». Vint ensuite l'époque de la spécialisation et de la domestication des cygnes sauvages.

Les voyageurs du monde ont été chassés par les touristes.

Nous avions un temps formé le projet, Ken et moi, de rejoindre ensemble, après le festival Étonnants Voyageurs, son observatoire géopoétique de la côte bretonne. Hélas, cela n'avait pas pu se faire… Je le regrette parce que les récits de Kenneth me laissaient croire que c'était le nid d'un cygne sauvage qui ressemblait à mon nid du bord de l'Onega.

Au cours des deux dernières années, Ken avait beaucoup vieilli. Il fut incapable de me dire quel itinéraire il avait suivi pour revenir d'Ungava, il l'avait oublié. Savoir ce qu'étaient devenus ses amis indiens de Mingan avec lesquels il avait fait la noce la nuit précédant son départ pour le Labrador ne l'intéressait pas davantage. À la réserve, j'avais essayé en vain de retrouver leur trace. Avec Jean Pietacho, le chef des Innus de Mingan, et Christine Basili, nous avions épluché les registres d'état civil, mais dans les années quatre-vingt, au moment où White était chez eux, aucun acte de mariage n'avait été établi ! Personne non plus ne se souvenait de Mathieu ni de Joseph. Ken les aurait-il inventés ? Je lui avais demandé, à Saint-Malo, en quelle année il était allé au Labrador. Il m'avait dit de vérifier la date de parution de *La Route bleue*.

Golovanov m'a écrit que Kenneth n'effectue plus de voyages au long cours comme autrefois. « Quand j'ai eu quarante-six ans (pas quarante-cinq, mais bien quarante-six), j'ai éprouvé comme un choc, j'ai brusquement pris conscience du poids des ans, j'ai senti mon cœur fatigué, mes dents gâtées, mes articulations usées, mon sang froid et clair. Je peux donc imaginer ce qu'il en est de Ken qui en a plus de soixante-dix ! »

Il n'empêche que Kenneth est toujours entouré d'un groupe d'admirateurs et de jeunes filles prêtes à sauter dans

1. *Ibid.*, p. 159.

son lit au moindre signe de sa part. À Saint-Malo, nous avions descendu plusieurs bouteilles ensemble et décidé que j'irais lui rendre visite dans sa solitude bretonne l'hiver suivant.

– Tu verras la carte du monde accrochée dans mon bureau. J'ai porté dessus tous mes trajets. Le Labrador et la Papouasie-Nouvelle-Guinée, la Corée et le Hokkaïdo, le Kamtchatka, la Terre de Feu…

Il s'était brusquement plongé dans la rêverie et seul un baiser de Marie-Claude sur sa tête l'en avait arraché. Il avait frissonné.

Je ne lui ai pas rendu visite l'hiver suivant parce que Martoucha est venue au monde en août 2009 et que mon monde à moi en a été bouleversé, il s'est retrouvé à l'envers. Quoique certains de mes amis affirment qu'il s'est, au contraire, remis à l'endroit ! Quoi qu'il en soit, tout a pris dès lors une forme nouvelle. L'hiver suivant, par conséquent, je n'avais pas la tête à aller voir Ken. L'hiver suivant, nous avons hiverné avec Martoucha à Konda – son premier hiver.

À présent, nous faisons notre promenade quotidienne à Aloupka, sur la côte sud de la Crimée, dans le parc du prince Vorontsov. L'ethnographe Evgueni Markov, dans ses célèbres *Essais sur la Crimée*, écrivait en 1872 : « Aloupka est le sanctuaire de la côte sud – elle en est le cœur. Aloupka en concentre toutes les beautés, toute la beauté sauvage, les délices de l'air, des couleurs et des formes. Qui connaît Aloupka connaît la côte sud de la Crimée et ses plus précieux détails. » « J'ai vu le ciel, et la terre s'est dérobée sous mes pieds », s'exclama la baronne Barbara von Krüdener en découvrant Aloupka.

Le parc Vorontsov a été dessiné par le paysagiste allemand Karl Kebach sur commande du prince, et les plants fournis par le directeur du jardin botanique de Nikita, Nikolaï Gartvis. Ce dernier cultiva spécialement pour l'épouse de Vorontsov, Elizaveta (née Branicka), une variété de rose de couleur pâle qu'il appela « Princesse Elizaveta Vorontsova » et qui est la seule et unique rose russe à figurer au catalogue mondial.

Je reviendrai une autre fois sur le parc et le palais Vorontsov. Pour le moment, je veux juste dire qu'au cours de nos promenades jusqu'à la mer, nous passons avec Martoucha devant deux bassins où nagent deux cygnes – séparément. À chaque fois que je les vois, je me demande s'ils ne volent pas parce qu'on leur a rogné les ailes ou parce qu'ils se sont habitués aux touristes et préfèrent leur manger dans la main plutôt que de se nourrir tout seuls.

Une dernière chose – pour finir. On est en droit de s'interroger sur les raisons qui me poussent à qualifier encore mon journal de « journal du Nord » puisque désormais j'écris sur la côte méridionale de la Crimée. Pour moi, le nord n'est pas seulement une direction géographique, c'est aussi un état de l'*oum*, un état d'esprit spécifique où règne le Vide. Peu importe l'endroit où je me trouve, l'important est que je sache entretenir le vide dans mon esprit. Seuls ceux dont l'*oum* est vide ont une chance de laisser entrer en eux le monde extérieur, afin de le mieux décrire. Le mot *oum* n'est pas un russisme ! Dans les siècles passés, le poète Kniajnine et le prince Czartoryski employaient l'un et l'autre le mot *oum*. Ce n'est que plus tard que le mot *oum* polonais fut écarté au profit du mot *umysł*, la philosophie naturelle remplacée par les sciences exactes et les cygnes sauvages domestiqués, leurs ailes coupées.

Aloupka, janvier 2011

TABLE DES MATIÈRES

CET OUVRAGE
A ÉTÉ COMPOSÉ PAR NORD COMPO

ACHEVÉ D'IMPRIMER
PAR L'IMPRIMERIE FLOCH
À MAYENNE EN MARS 2013

N° d'impression : 84546
Dépôt légal : avril 2013
Imprimé en France